北京文物与考古系列丛书

北京市考古研究院田野考古报告（第72号）

丰台西铁营明清墓地考古发掘报告

北京市考古研究院　编著

科学出版社

北京

内 容 简 介

本书是"北京文物与考古系列丛书"之一。2013年5～8月，北京市文物研究所（现北京市考古研究院）对丰台区亚林西居住商业项目开发建设用地进行了考古发掘，在其第十六期地块共发掘明代墓葬2座、清代墓葬83座，发掘总面积620平方米，出土了陶、瓷、银、铜等不同质地文物108件（不计铜钱）。这些发现丰富了丰台区的明清考古学研究资料，增添了北京西南部地区的物质文化史信息，为了解和研究丰台地区的历史文化与社会发展提供了新的资料。

本书可供从事考古、文物、历史等研究的专家学者及相关院校师生阅读和参考。

图书在版编目（CIP）数据

丰台西铁营明清墓地考古发掘报告 / 北京市考古研究院编著. -- 北京：科学出版社，2025.3. --（北京文物与考古系列丛书）（北京市考古研究院田野考古报告）. -- ISBN 978-7-03-081590-3

Ⅰ. K878.85

中国国家版本馆CIP数据核字第2025KM7315号

责任编辑：王光明 / 责任校对：邹慧卿
责任印制：肖　兴 / 封面设计：张　放

科学出版社 出版
北京东黄城根北街16号
邮政编码：100717
http://www.sciencep.com

北京汇瑞嘉合文化发展有限公司印刷
科学出版社发行　各地新华书店经销

*

2025年3月第　一　版　　开本：889×1194　1/16
2025年3月第一次印刷　　印张：11 1/4　插页：30
字数：432 000

定价：258.00元
（如有印装质量问题，我社负责调换）

目 录

第一章　绪言 ·· （1）

　　一、地理环境与建置沿革 ··· （1）

　　二、遗址概况与发掘经过 ··· （3）

　　三、资料整理与报告编写 ··· （3）

第二章　地层堆积 ·· （6）

第三章　遗迹及遗物 ·· （7）

　　一、明代墓葬 ·· （7）

　　二、清代墓葬 ··· （15）

第四章　初步研究 ·· （128）

　　一、墓葬年代 ··· （128）

　　二、墓葬形制、葬俗与随葬器物 ·· （129）

　　三、周边地区考古发现及认识 ··· （141）

附表 ··· （151）

后记 ··· （165）

插图目录

图一	发掘区位置示意图	（4）
图二	发掘总平面图	（5）
图三	地层堆积图	（6）
图四	M7平、剖面图	（8）
图五	M7出土瓷器	（8）
图六	M7出土铜钱	（11）
图七	M84平、剖面图	（13）
图八	M84出土器物	（14）
图九	M84出土铜钱	（14）
图一〇	M1平、剖面图	（16）
图一一	M1出土器物	（16）
图一二	M2平、剖面图	（17）
图一三	M2出土釉陶罐（M2∶1）	（18）
图一四	M3平、剖面图	（18）
图一五	M3出土器物	（19）
图一六	M4平、剖面图	（20）
图一七	M4出土器物	（21）
图一八	M5平、剖面图	（21）
图一九	M5出土康熙通宝（M5∶1-1）	（22）
图二〇	M6平、剖面图	（22）
图二一	M6出土铜钱	（23）
图二二	M8平、剖面图	（24）
图二三	M8出土康熙通宝	（24）
图二四	M14平、剖面图	（25）

图二五	M14出土银簪	（26）
图二六	M15平、剖面图	（27）
图二七	M17平、剖面图	（27）
图二八	M17出土银器	（28）
图二九	M20平、剖面图	（29）
图三〇	M21平、剖面图	（30）
图三一	M21出土器物	（31）
图三二	M23平、剖面图	（32）
图三三	M25平、剖面图	（33）
图三四	M25出土器物	（33）
图三五	M26平、剖面图	（34）
图三六	M26出土康熙通宝	（35）
图三七	M27平、剖面图	（35）
图三八	M27出土器物	（36）
图三九	M28平、剖面图	（37）
图四〇	M28出土康熙通宝（M28：1-1）	（37）
图四一	M29平、剖面图	（38）
图四二	M29出土康熙通宝	（38）
图四三	M30平、剖面图	（39）
图四四	M31平、剖面图	（40）
图四五	M31出土釉陶罐（M31：1）	（40）
图四六	M32平、剖面图	（41）
图四七	M33平、剖面图	（42）
图四八	M33出土器物	（42）
图四九	M34平、剖面图	（43）
图五〇	M34出土青花瓷瓶（M34：1）	（44）
图五一	M36平、剖面图	（45）
图五二	M37平、剖面图	（45）
图五三	M38平、剖面图	（46）
图五四	M38出土器物	（47）
图五五	M39平、剖面图	（48）
图五六	M40平、剖面图	（49）
图五七	M40出土器物	（49）

图五八	M41平、剖面图	（50）
图五九	M41出土器物	（51）
图六〇	M43平、剖面图	（52）
图六一	M43出土料扣	（52）
图六二	M45平、剖面图	（53）
图六三	M45出土乾隆通宝	（54）
图六四	M46平、剖面图	（54）
图六五	M47平、剖面图	（55）
图六六	M48平、剖面图	（56）
图六七	M48出土康熙通宝（M48∶1-1）	（56）
图六八	M51平、剖面图	（57）
图六九	M51出土釉陶罐（M51∶1）	（57）
图七〇	M52平、剖面图	（58）
图七一	M52出土康熙通宝（M52∶1-1）	（58）
图七二	M53平、剖面图	（59）
图七三	M53出土康熙通宝（M53∶1）	（59）
图七四	M54平、剖面图	（60）
图七五	M56平、剖面图	（61）
图七六	M57平、剖面图	（62）
图七七	M57出土银簪（M57∶1）	（62）
图七八	M58平、剖面图	（63）
图七九	M58出土器物	（64）
图八〇	M59平、剖面图	（65）
图八一	M63平、剖面图	（66）
图八二	M63出土器物	（66）
图八三	M67平、剖面图	（67）
图八四	M67出土器物	（68）
图八五	M74平、剖面图	（68）
图八六	M74出土康熙通宝（M74∶1-1）	（69）
图八七	M75平、剖面图	（69）
图八八	M75出土器物	（70）
图八九	M76平、剖面图	（71）
图九〇	M77平、剖面图	（72）

图九一	M77出土器物	（72）
图九二	M79平、剖面图	（73）
图九三	M79出土大定通宝（M79∶1-1）	（73）
图九四	M80平、剖面图	（74）
图九五	M80出土瓷罐（M80∶1）	（75）
图九六	M81平、剖面图	（75）
图九七	M81出土器物	（76）
图九八	M82平、剖面图	（78）
图九九	M82出土铜钱	（78）
图一〇〇	M83平、剖面图	（79）
图一〇一	M83出土器物	（80）
图一〇二	M85平、剖面图	（81）
图一〇三	M85出土器物	（81）
图一〇四	M9平、剖面图	（82）
图一〇五	M10平、剖面图	（83）
图一〇六	M10出土器物	（84）
图一〇七	M11平、剖面图	（85）
图一〇八	M11出土釉陶罐（M11∶1）	（85）
图一〇九	M12平、剖面图	（86）
图一一〇	M12出土器物	（87）
图一一一	M16平、剖面图	（88）
图一一二	M16出土器物	（89）
图一一三	M18平、剖面图	（90）
图一一四	M18出土器物	（91）
图一一五	M19平、剖面图	（92）
图一一六	M19出土乾隆通宝（M19∶1）	（92）
图一一七	M22平、剖面图	（93）
图一一八	M22出土釉陶罐（M22∶1）	（93）
图一一九	M24平、剖面图	（94）
图一二〇	M24出土康熙通宝（M24∶1）	（94）
图一二一	M35平、剖面图	（95）
图一二二	M35出土青花瓷罐（M35∶1）	（96）
图一二三	M44平、剖面图	（97）

图一二四	M49平、剖面图	(98)
图一二五	M50平、剖面图	(99)
图一二六	M50出土瓷罐	(100)
图一二七	M55平、剖面图	(101)
图一二八	M55出土器物	(101)
图一二九	M60平、剖面图	(102)
图一三〇	M60出土器物	(103)
图一三一	M61平、剖面图	(104)
图一三二	M62平、剖面图	(105)
图一三三	M62出土器物	(106)
图一三四	M64平、剖面图	(108)
图一三五	M64出土器物	(109)
图一三六	M66平、剖面图	(110)
图一三七	M66出土瓷罐（M66∶1）	(110)
图一三八	M68平、剖面图	(111)
图一三九	M68出土器物	(112)
图一四〇	M69平、剖面图	(113)
图一四一	M69出土器物	(114)
图一四二	M70平、剖面图	(115)
图一四三	M70出土器物	(116)
图一四四	M71平、剖面图	(118)
图一四五	M71出土釉陶罐（M71∶1）	(118)
图一四六	M72平、剖面图	(119)
图一四七	M72出土器物	(120)
图一四八	M73平、剖面图	(121)
图一四九	M73出土器物	(121)
图一五〇	M78平、剖面图	(122)
图一五一	M13平、剖面图	(123)
图一五二	M42平、剖面图	(124)
图一五三	M42出土康熙通宝	(125)
图一五四	M65平、剖面图	(126)
图一五五	M65出土器物	(127)
图一五六	清代各形制墓葬百分比图	(129)

图一五七　中顶庙建筑遗址航拍图（上为北）……………………………………（146）

图一五八　中顶庙建筑遗址平面图……………………………………………………（147）

图一五九　北顶娘娘庙遗址总平面图…………………………………………………（150）

图版目录

图版一　勘探工作现场

图版二　发掘工作现场

图版三　明代墓葬M7、M84

图版四　清代单棺墓葬M1、M2

图版五　清代单棺墓葬M3、M4

图版六　清代单棺墓葬M5、M6、M8、M14

图版七　清代单棺墓葬M15、M17、M20、M21

图版八　清代单棺墓葬M23、M25～M27

图版九　清代单棺墓葬M28～M31

图版一〇　清代单棺墓葬M32～M34、M36

图版一一　清代单棺墓葬M37～M40

图版一二　清代单棺墓葬M41、M43、M45、M47

图版一三　清代单棺墓葬M48、M51～M53

图版一四　清代单棺墓葬M54、M56～M58

图版一五　清代单棺墓葬M59、M63、M67、M74

图版一六　清代单棺墓葬M75～M77、M79

图版一七　清代单棺墓葬M80～M82

图版一八　清代单棺墓葬M83、M85

图版一九　清代双棺墓葬M9、M10

图版二〇　清代双棺墓葬M11、M12

图版二一　清代双棺墓葬M16、M18

图版二二　清代双棺墓葬M19、M22

图版二三　清代双棺墓葬M24、M35、M44

图版二四　清代双棺墓葬M49、M50

图版二五　　清代双棺墓葬M55、M60
图版二六　　清代双棺墓葬M61、M62
图版二七　　清代双棺墓葬M64、M66、M68
图版二八　　清代双棺墓葬M69、M70
图版二九　　清代双棺墓葬M71、M72
图版三〇　　清代双棺墓葬M73、M78
图版三一　　清代三棺墓葬M13、M42
图版三二　　清代三棺墓葬M65
图版三三　　明代墓葬随葬器物
图版三四　　清代单棺墓葬随葬器物
图版三五　　清代单棺墓葬随葬器物
图版三六　　清代单棺墓葬随葬银器
图版三七　　清代单棺墓葬随葬器物
图版三八　　清代单棺墓葬随葬器物
图版三九　　清代单棺墓葬随葬器物
图版四〇　　清代单棺墓葬随葬青花瓷瓶（M34：1）
图版四一　　清代单棺墓葬随葬器物
图版四二　　清代单棺墓葬随葬银器
图版四三　　清代单棺墓葬随葬器物
图版四四　　清代单棺墓葬随葬器物
图版四五　　清代单棺墓葬随葬器物
图版四六　　清代单棺墓葬随葬器物
图版四七　　清代单棺墓葬随葬银器
图版四八　　清代单棺墓葬随葬银簪
图版四九　　清代单棺墓葬随葬器物
图版五〇　　清代双棺墓葬随葬陶器
图版五一　　清代双棺墓葬随葬银器
图版五二　　清代双棺墓葬随葬银押发（M12：5）
图版五三　　清代双棺墓葬随葬器物
图版五四　　清代双棺墓葬随葬青花瓷罐（M35：1）
图版五五　　清代双棺墓葬随葬器物
图版五六　　清代双棺墓葬随葬银器
图版五七　　清代双棺墓葬随葬器物

图版五八　清代双棺墓葬随葬器物
图版五九　清代双棺墓葬随葬器物
图版六〇　清代双棺、三棺墓葬随葬器物

第一章 绪　　言

一、地理环境与建置沿革

北京市丰台区位于北京市主城区西南，东邻朝阳区，北与东城区、西城区、海淀区、石景山区相邻，西北与门头沟区、西南与房山区、东南与大兴区相邻。区域范围为北纬39°51′~39°53′，东经116°18′~116°20′。东西长35千米，南北宽15千米，总面积约306平方千米，截止到2023年末，下辖24个街道、2个镇，人口201.1万。丰台区人民政府驻丰台街道。丰台区交通发达，由北京西站、丰台站、丰台西站及若干卫星站构成了全国最大的铁路枢纽，也是北京的科研基地和工业基地之一。

丰台区地形东西狭长，地势西北高、东南低，呈阶梯下降。永定河是区内最大的过境河流，自北而南由石景山区流经丰台进入大兴区，境内长约15千米的河段，将丰台区分为东、西两部分，两侧皆有季节性河流、小溪汇入。河东部邻近北京市区部分及永定河两岸大都为冲积平原地带，面积约225平方千米，占丰台区面积的四分之三；西部多丘陵，面积约80平方千米。平均海拔62米。

丰台区地处华北大平原北部，西去20余千米即太行山余脉，东南距渤海150千米。气候类型属于暖温带半湿润季风型气候，冬季受高纬度内陆季风影响，寒冷干燥；夏季受海洋季风影响，高温多雨。年平均气温11.7℃，全年日照时数为2700小时左右。多年平均降水量约584毫米（1956~2016年），无霜期203天左右。

丰台区历史悠久[①]。商、周时期属古北京——蓟城的郊野。周初属蓟，后属燕。秦灭燕后属广阳郡蓟县，治所阴乡城在今丰台镇南葆一带。西汉时为燕国、广阳郡蓟县和广阳国阴乡县的属地。东汉时为幽州，治所在蓟。建安十八年（213年），幽州并入冀州，属广阳郡地。三国时期，改为燕郡，属幽州燕郡。太和六年（232年），改郡为国，蓟县属幽州燕国。魏、

---

① 北京市丰台区地方志编纂委员会：《北京市丰台区志》，北京出版社，2001年。

晋、北魏为蓟、广阳县地。北齐时广阳县入蓟县，至隋代则为蓟县和良乡县地。唐代为蓟县、幽都县和良乡县地。唐建中二年（781年），析蓟县西境为幽都县。今丰台区中部（卢沟桥乡和花乡）当时属幽都县；东部（南苑乡）属蓟县。五代其东部属蓟县、幽都县地，西部当为良乡、玉河县地。辽为析津府析津、宛平、玉河县地。辽会同元年（938年），改蓟县为蓟北县。开泰元年（1012年），改幽都、蓟北为宛平和析津。金贞元元年（1153年），改析津为大兴。元为大都路大兴、宛平、良乡县地，今右安门以东的南苑乡地区属大兴县，西部的北宫以南属良乡县，中间大部分属宛平县。明清为顺天府大兴、宛平、良乡县地。明时今右安门以东的南苑乡属大兴县，西部王佐北部及大灰厂一带属房山县，王庄—怪村以南属良乡县。清朝称"丰台镇"。清末丰台镇以东、大红门以北划为城属区。民国初期，为京兆大兴、宛平、良乡三县地。民国十七年（1928年）6月，丰台区东部属南郊区，中、西部分属宛平县、房山县和良乡县。1949年1月，丰台、长辛店、南苑及附近地区划归北平市，并相继建立区级人民政府。1949年4月，北平市统一划区，南苑区为第二十三区，丰台区为第二十五区，长辛店为第二十六区。1949年6月，原第十五区与第二十三区合并为第十四区，原第十六区南部并入第二十五区成为第十五区，原第二十六区改为第十八区。1949年，中华人民共和国成立后，曾设丰台、南苑和长辛店三镇，并各置政府。1950年6月，经北京市人民政府报中央人民政府政务院批准，撤销建制的北京市第十八区（长辛店）并入第十五区。1950年8月，北京市人民政府决定郊区名称与城区衔接，原第十四区（南苑）改为第十一区，第十五区（丰台）改为第十二区。1952年，撤销宛平县，成立丰台区、南苑区、石景山区，隶属北京市。1958年，南苑区、石景山区大部并入丰台区。1963年7月，成立市属的石景山办事处，北辛安、金顶街、苹果园、广宁坟、新古城等五个街道由丰台区划归石景山办事处。1967年8月，石景山区建制恢复，石景山公社划出丰台区，现丰台区管辖范围大致确定。

西铁营村位于丰台区中部，南苑乡东北部，地处北京二环路与三环路之间。距离区政府东北方5.9千米。村域北至凉水河，东至右安门外大街，南至南三环西路，西至双营路。村域面积1.15平方千米。明代成村，原为打造兵器的场所，人称铁匠营。为区别东铁匠营，1949年以后改称西铁匠营，后称为西铁营村。该地区原有西铁匠营村公所、南苑乡辖村公所，驻地在释迦寺。原辖西铁匠营、中顶村、释迦寺3个自然村。1958年属南苑人民公社，设右安门管理站，辖花园、右安门、马家堡、西铁匠营4个生产中队。1963年右安门管理站撤销，设西铁匠营生产大队。1983年政企分开，属南苑农村办事处，设西铁匠营乡。1987年，南苑农村办事处改制南苑乡，设西铁匠营村公所，代行乡政府部分职权[1]。1998年西铁营村公所改称西铁营村村委会。文物古迹有区级文物保护单位中顶村的碧霞元君庙（娘娘庙），古迹释迦寺现已不存。

---

[1] 丰台区地名志编辑委员会：《北京市丰台区地名志》，北京出版社，1993年。

丰台地区民间花会众多，始于明代，盛于清代，遍及农村各乡，闻名于京郊。其中，中顶村的中顶庙及庙会在北京地区享有盛名，被称为"北京的五顶"之一[①]。西铁营非物质文化遗产丰富，民间花会有著名的"大鼓会""开路会"，部分花会被列入区级、市级非物质文化遗产。2007年，西铁营馨春开路会被正式收入丰台区非物质文化遗产名录。

在丰台区，仅西铁营村还保留着本区唯一的一档花钹挎鼓会。相传该会于清代乾隆三十六年（1771年）被赐封会号为"一统万年大鼓老会"。西铁营花钹挎鼓于每年农历六月初一参加中顶庙的庙会活动。20世纪80年代西铁营的花钹挎鼓经历了一次挖掘整理，被收录到《中国民族民间舞蹈集成·北京卷》。2010年，西铁营花钹挎鼓被正式列入第三批市级非物质文化遗产名录。

二、遗址概况与发掘经过

丰台区亚林西居住商业项目地处北京二环路与三环路之间，位于右安门街道西铁营村南部，北邻福宜街，南邻中顶庙西街，西邻西铁营西路，东邻西铁营中路（图一）。地理位置坐标为东经116°20′961″、北纬39°51′451″，海拔41米。发掘区位于平原地区，地表地形平坦，起伏较小。

2013年5~8月，为了配合丰台区亚林西居住商业项目开发建设，北京市文物研究所（现北京市考古研究院）对其第十六期用地范围内的古代墓葬进行了考古发掘（图版一、图版二）。本次共发掘遗迹85座，包括明代墓葬2座、清代墓葬83座（图二），发掘总面积620平方米，墓葬出土器物共计108件（不计铜钱）。

三、资料整理与报告编写

项目发掘结束后，原计划马上开展资料整理和报告的编写工作。由于项目负责人申红宝工作岗位的变动，承担了新的工作任务。2017年3月起，又参与北京市文物研究所北京城市副中心通州临时考古工作站的工程建设工作，故资料整理和报告的编写工作进展缓慢。直到2023年10月，才开始系统整理。

---

① 北京市丰台区地方志编纂委员会：《北京市丰台区志》，北京出版社，2001年。

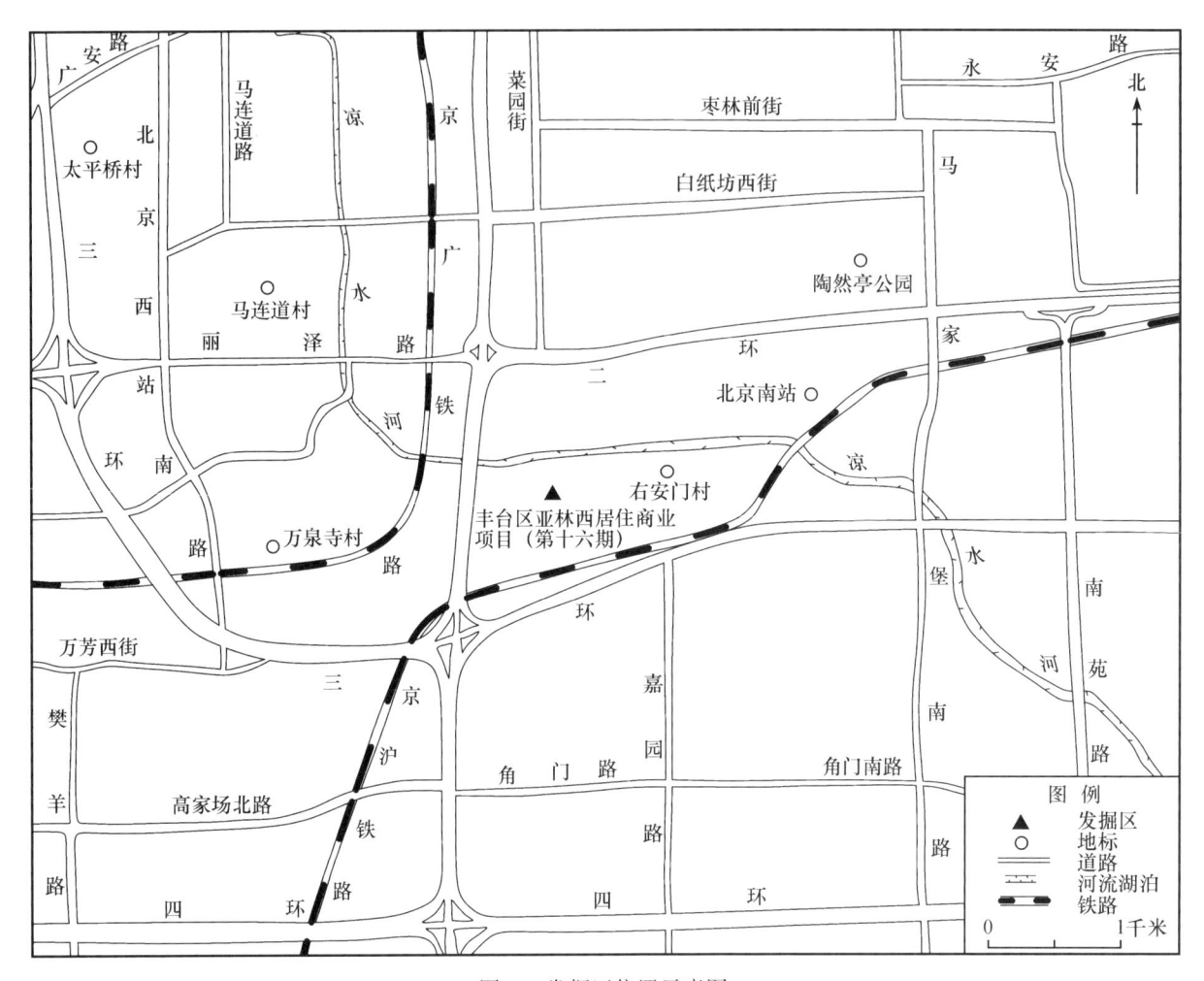

图一　发掘区位置示意图

2023年10~12月，对出土文物开展了整理工作，整理者有申红宝、罗娇、杨茜、秦舒碧、陈宏、李雪凤，器物绘图由刘丽、王玉心完成，器物修复由郑克、袁九思完成，器物摄影由艾小力、申红宝完成。2024年1~8月，由申红宝整合资料，完成报告的编写。整理过程中，还得到了李伟伦、闫博君、刘红艳等的协助，在此一并致谢。

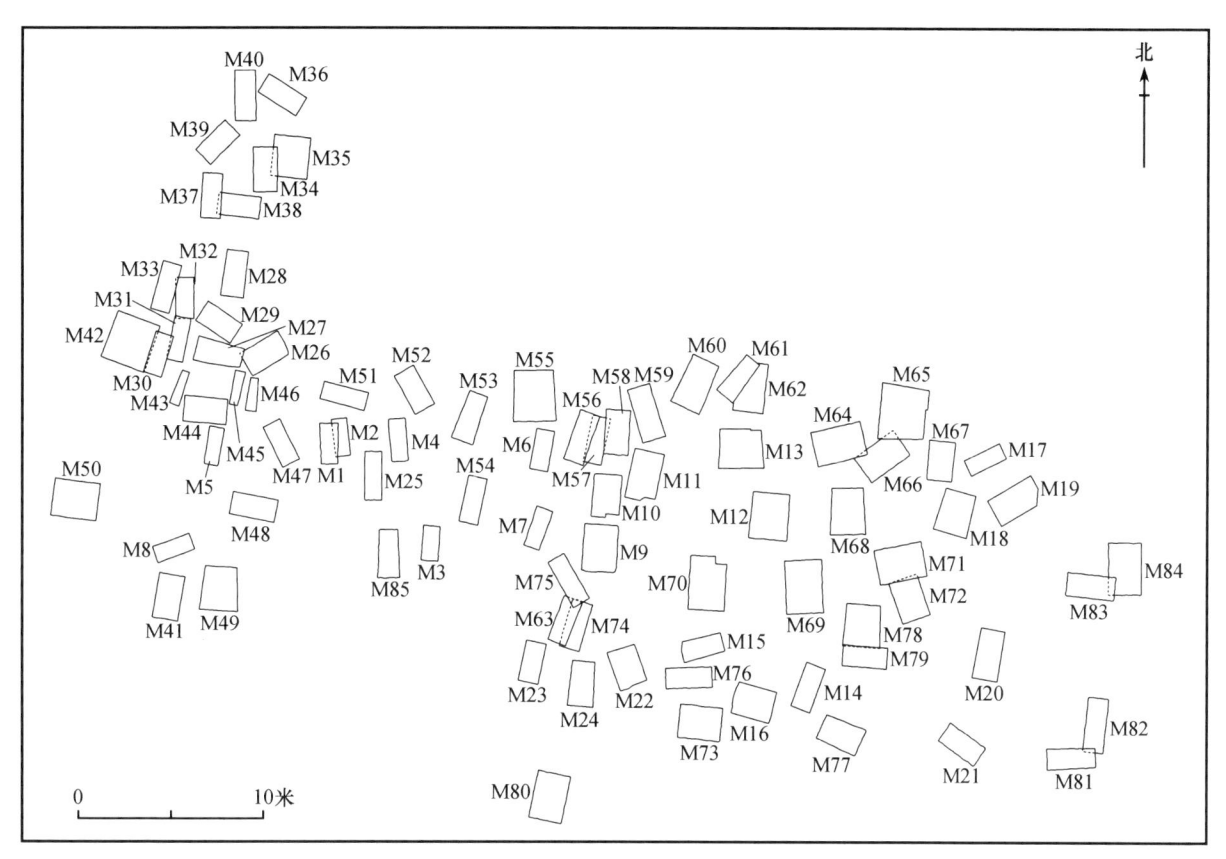

图二　发掘总平面图

第二章 地层堆积

本次发掘区域整体地形平坦，起伏较小，四周均为现代建筑。根据土质、土色将现存地层堆积由上至下划分为4层（图三）。

第1层：渣土层。厚0.1~0.2米。灰黄色，土质疏松，含植物根系。

第2层：沙土层。厚0.3~0.49米。浅灰褐色，土质疏松，含少量青砖颗粒、白灰颗粒。

第3层：粉沙土层。厚0.6~0.81米。黄褐色，土质较疏松，含少量碎砖颗粒。

第4层：黏土层。厚0.1~0.24米。黄褐色，土质较致密，含少量碎砖颗粒。

第4层以下为生土层，浅黄褐色，土质致密。

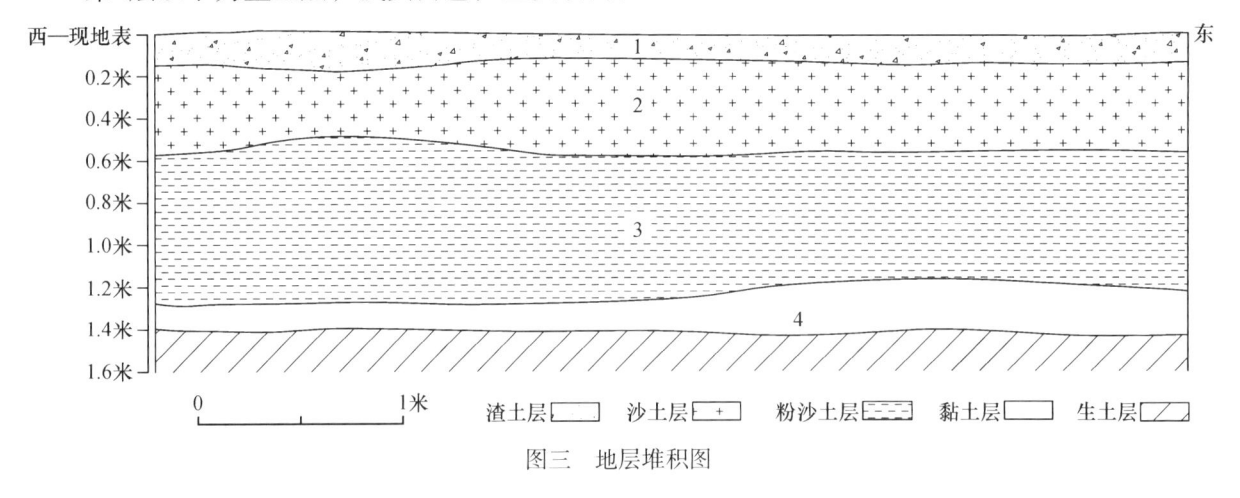

图三　地层堆积图

第三章　遗迹及遗物

本次共发掘墓葬85座，其中明代墓葬2座、清代墓葬83座。墓葬出土器物共计108件（不计铜钱）。现按年代分述如下。

一、明　代　墓　葬

本次共发掘明代墓葬2座，其中单棺墓1座，编号M7；双棺墓1座，编号M84。

（一）单棺墓

M7　位于发掘区东区的西部，北邻M6，东南邻M75，开口于第3层下，方向19°。长方形竖穴土圹单棺墓。墓口距地表1.3米，墓底距地表2.1米。墓圹南北长2.2米，东西宽0.9米，深0.8米。墓圹四壁较规整，内填花土，土质较疏松。

葬具为单木棺，棺木已朽，仅存朽痕。棺痕南北长1.87米，东西宽0.56~0.66米，残高0.2米。内葬置人骨一具，保存较完整，头向北，面向西，仰身直肢葬，为成年男性（图四；图版三，1）。

出土器物：棺外北部偏西出土瓷瓶1件，北部偏东出土瓷碗1件；棺内股骨内侧出土铜钱95枚。

瓷瓶　1件。M7:1，侈口，方唇，唇下方有一周凸棱，短束颈，溜肩，深曲腹，平底。灰胎，夹细砂，胎质较粗糙。内外壁满施褐釉。内、外壁有明显轮制痕迹。口径4.8厘米，腹径12厘米，底径5.5厘米，高19.8厘米（图五，1；图版三三，1）。

瓷碗　1件。M7:2，敞口，尖唇，斜直腹，圈足，足墙微外撇，挖足过肩。灰白胎，胎

图四　M7平、剖面图

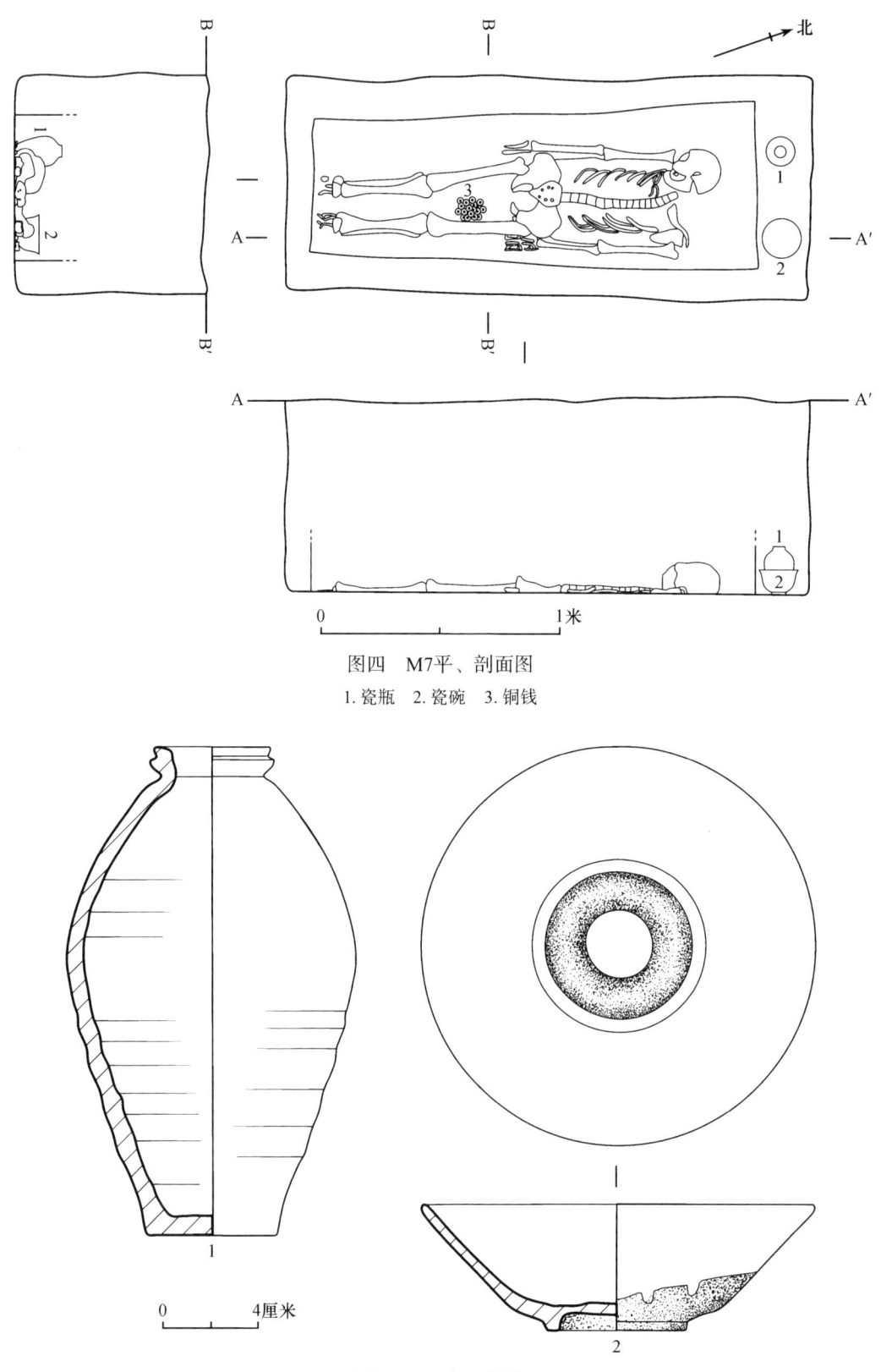

1. 瓷瓶　2. 瓷碗　3. 铜钱

图五　M7出土瓷器

1. 瓶（M7∶1）　2. 碗（M7∶2）

质较细腻。内壁至外壁上腹施酱色釉，下腹及底部无釉露胎。釉面粗糙，施釉不均匀，外壁有流釉现象。素面。内底有涩圈痕迹。口径16.2厘米，底径5.8厘米，高5.1厘米（图五，2；图版三三，2）。

铜钱　95枚。其中开元通宝1枚、景德元宝1枚、祥符元宝1枚、天禧通宝1枚、皇宋通宝2枚、元丰通宝2枚、绍圣元宝1枚、圣宋元宝1枚、大定通宝8枚、弘治通宝1枚、隆庆通宝2枚、万历通宝20枚、嘉靖通宝44枚，其余10枚锈蚀较甚，字迹模糊不清。

开元通宝　1枚。M7∶3-1，圆形、方穿，正、背面皆有内、外郭，正面书"开元通宝"四字，隶书，对读，光背。钱径2.46厘米，穿径0.65厘米，郭宽0.18厘米，郭厚0.12厘米，重3.21克（图六，1）。

景德元宝　1枚。M7∶3-2，圆形、方穿，正、背面皆有内、外郭，正面书"景德元宝"四字，楷书，旋读，光背。钱径2.45厘米，穿径0.54厘米，郭宽0.29厘米，郭厚0.12厘米，重3.21克（图六，2）。

祥符元宝　1枚。M7∶3-3，圆形、方穿，正、背面皆有内、外郭，正面书"祥符元宝"四字，楷书，旋读，光背。钱径2.47厘米，穿径0.57厘米，郭宽0.28厘米，郭厚0.11厘米，重3.9克（图六，3）。

天禧通宝　1枚。M7∶3-4，圆形、方穿，正、背面皆有内、外郭，正面书"天禧通宝"四字，楷书，旋读，光背。钱径2.48厘米，穿径0.61厘米，郭宽0.27厘米，郭厚0.11厘米，重3.17克（图六，4）。

皇宋通宝　2枚。均圆形、方穿，正、背面皆有内、外郭，正面书"皇宋通宝"四字。M7∶3-5，篆书，对读，光背。钱径2.5厘米，穿径0.71厘米，郭宽0.26厘米，郭厚0.14厘米，重4克（图六，5）。M7∶3-6，楷书，对读，光背。钱径2.41厘米，穿径0.65厘米，郭宽0.28厘米，郭厚0.14厘米，重4.09克（图六，6）。

元丰通宝　2枚。均圆形、方穿，正、背面皆有内、外郭，正面书"元丰通宝"四字，篆书，旋读，光背。M7∶3-7，钱径2.5厘米，穿径0.62厘米，郭宽0.3厘米，郭厚0.15厘米，重4.54克（图八，7）。M7∶3-8，钱径2.34厘米，穿径0.56厘米，郭宽0.22厘米，郭厚0.12厘米，重3.9克（图六，8）。

绍圣元宝　1枚。M7∶3-9，圆形、方穿，正、背面皆有内、外郭，正面书"绍圣元宝"四字，篆书，旋读，光背。钱径2.41厘米，穿径0.66厘米，郭宽0.28厘米，郭厚0.1厘米，重3.18克（图六，9）。

圣宋元宝　1枚。M7∶3-10，圆形、方穿，正、背面皆有内、外郭，正面书"圣宋元宝"四字，篆书，旋读，光背。钱径2.41厘米，穿径0.65厘米，郭宽0.2厘米，郭厚0.18厘米，重4.64克（图六，10）。

1　　　　　　　　2　　　　　　　　3　　　　　　　　4

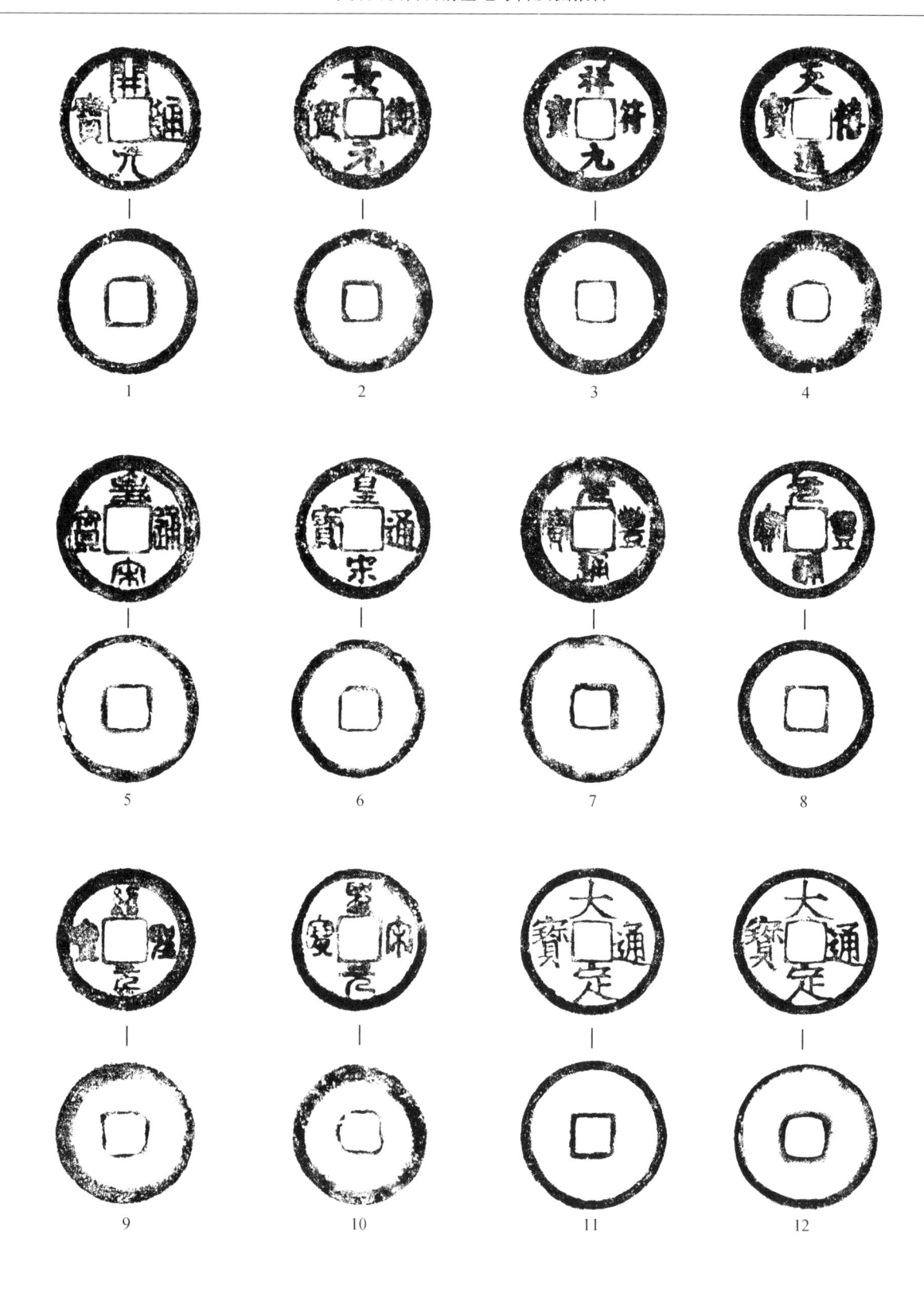

5　　　　　　　　6　　　　　　　　7　　　　　　　　8

9　　　　　　　　10　　　　　　　11　　　　　　　12

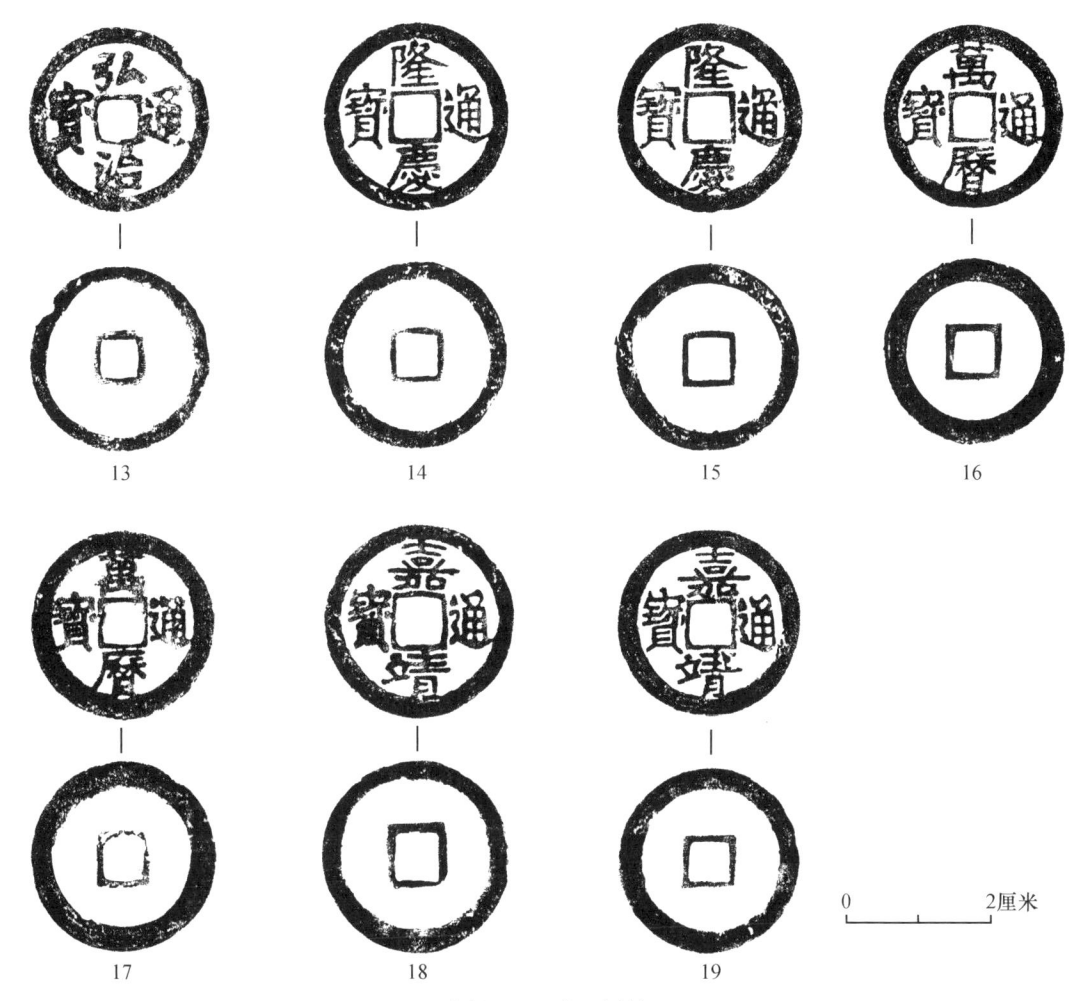

图六　M7出土铜钱

1. 开元通宝（M7：3-1）　2. 景德元宝（M7：3-2）　3. 祥符元宝（M7：3-3）　4. 天禧通宝（M7：3-4）　5、6. 皇宋通宝（M7：3-5、M7：3-6）　7、8. 元丰通宝（M7：3-7、M7：3-8）　9. 绍圣元宝（M7：3-9）　10. 圣宋元宝（M7：3-10）　11、12. 大定通宝（M7：3-11、M7：3-12）　13. 弘治通宝（M7：3-13）　14、15. 隆庆通宝（M7：3-14、M7：3-15）　16、17. 万历通宝（M7：3-16、M7：3-17）　18、19. 嘉靖通宝（M7：3-18、M7：3-19）

大定通宝　8枚。均圆形、方穿，正、背面皆有内、外郭，正面书"大定通宝"四字，楷书，对读，光背。标本M7：3-11，钱径2.53厘米，穿径0.59厘米，郭宽0.17厘米，郭厚0.14厘米，重3.69克（图六，11）。标本M7：3-12，钱径2.5厘米，穿径0.66厘米，郭宽0.18厘米，郭厚0.11厘米，重3.13克（图六，12）。

弘治通宝　1枚。M7：3-13，圆形、方穿，正、背面皆有内、外郭，正面书"弘治通宝"四字，楷书，对读，光背。钱径2.46厘米，穿径0.51厘米，郭宽0.23厘米，郭厚0.12厘米，重3.54克（图六，13）。

隆庆通宝　2枚。均圆形、方穿，正、背面皆有内、外郭，正面书"隆庆通宝"四字，楷书，对读，光背。M7：3-14，钱径2.55厘米，穿径0.56厘米，郭宽0.27厘米，郭厚0.15厘米，重4.18克（图六，14）。M7：3-15，钱径2.54厘米，穿径0.54厘米，郭宽0.27厘米，郭厚0.16厘米，重4.86克（图六，15）。

万历通宝　20枚。均圆形、方穿，正、背面皆有内、外郭，正面书"万历通宝"四字，楷书，对读，光背。标本M7：3-16，钱径2.51厘米，穿径0.53厘米，郭宽0.26厘米，郭厚0.16厘米，重4.45克（图六，16）。标本M7：3-17，钱径2.54厘米，穿径0.52厘米，郭宽0.35厘米，郭厚0.16厘米，重4.95克（图六，17）。

嘉靖通宝　44枚。均圆形、方穿，正、背面皆有内、外郭，正面书"嘉靖通宝"四字，楷书，对读，光背。标本M7：3-18，钱径2.6厘米，穿径0.57厘米，郭宽0.29厘米，郭厚0.12厘米，重4.42克（图六，18）。标本M7：3-19，钱径2.53厘米，穿径0.51厘米，郭宽0.26厘米，郭厚0.13厘米，重4.48克（图六，19）。

（二）双棺墓

M84　位于发掘区东区的东部，西邻M83，西南部被M83打破，开口于第3层下，方向3°。长方形竖穴土圹双棺合葬墓。墓口距地表1.3米，墓底距地表2.6米。墓圹南北长2.8米，东西宽1.8米，深1.3米。墓圹四壁较规整，内填花土，土质较疏松。

葬具为双木棺，部分棺木已朽，残存东、西棺东、西两侧棺板和底板。西棺打破东棺。东棺棺木南北长1.83米，宽0.5～0.55米，残高0.2米，残厚0.04米。内葬置人骨一具，保存较完整，头向北，面向东，仰身直肢葬，为成年女性。西棺棺木南北长2.04米，东西宽0.54米，残高0.2米，残厚0.04米。内葬置人骨一具，保存较完整，头向北，面向北，仰身直肢葬，为成年男性（图七；图版三，2）。

出土器物：东棺棺外北部出土带盖釉陶罐1件；棺内头骨西侧出土铜簪1件，髋骨西侧出土铜钱8枚。西棺棺外北部出土陶罐1件；棺内椎骨东侧出土铜钱6枚。

陶罐　1件。M84：4，泥质灰陶，夹细砂，胎质较粗糙。直口微敛，方唇，短颈，鼓肩，曲腹斜内收，平底内凹。外壁有明显轮制痕迹。口径8.2厘米，肩径15.4厘米，底径8.2厘米，高16厘米（图八，1；图版三三，5）。

带盖釉陶罐　1件。M84：1，罐盖呈圆帽状，顶部带圆纽，出边，直口，盖与罐口不吻合，略小于罐口；罐口微侈，圆唇，短颈，曲鼓腹，矮圈足，足内墙微外撇，外底微凸。灰胎，胎质较细腻。施黄褐色釉，口沿内侧至外壁上腹部施釉，其余部分皆露胎。釉面粗糙，施釉不均匀。素面。外壁有明显轮制痕迹。口径8.4厘米，腹径16厘米，底径8.2厘米，高18厘米（图八，2；图版三三，3）。

铜簪　1件。M84：3，簪首呈伞形，为5瓣花朵状，花瓣錾刻旋纹，中部凸起，背素面；

图七　M84平、剖面图

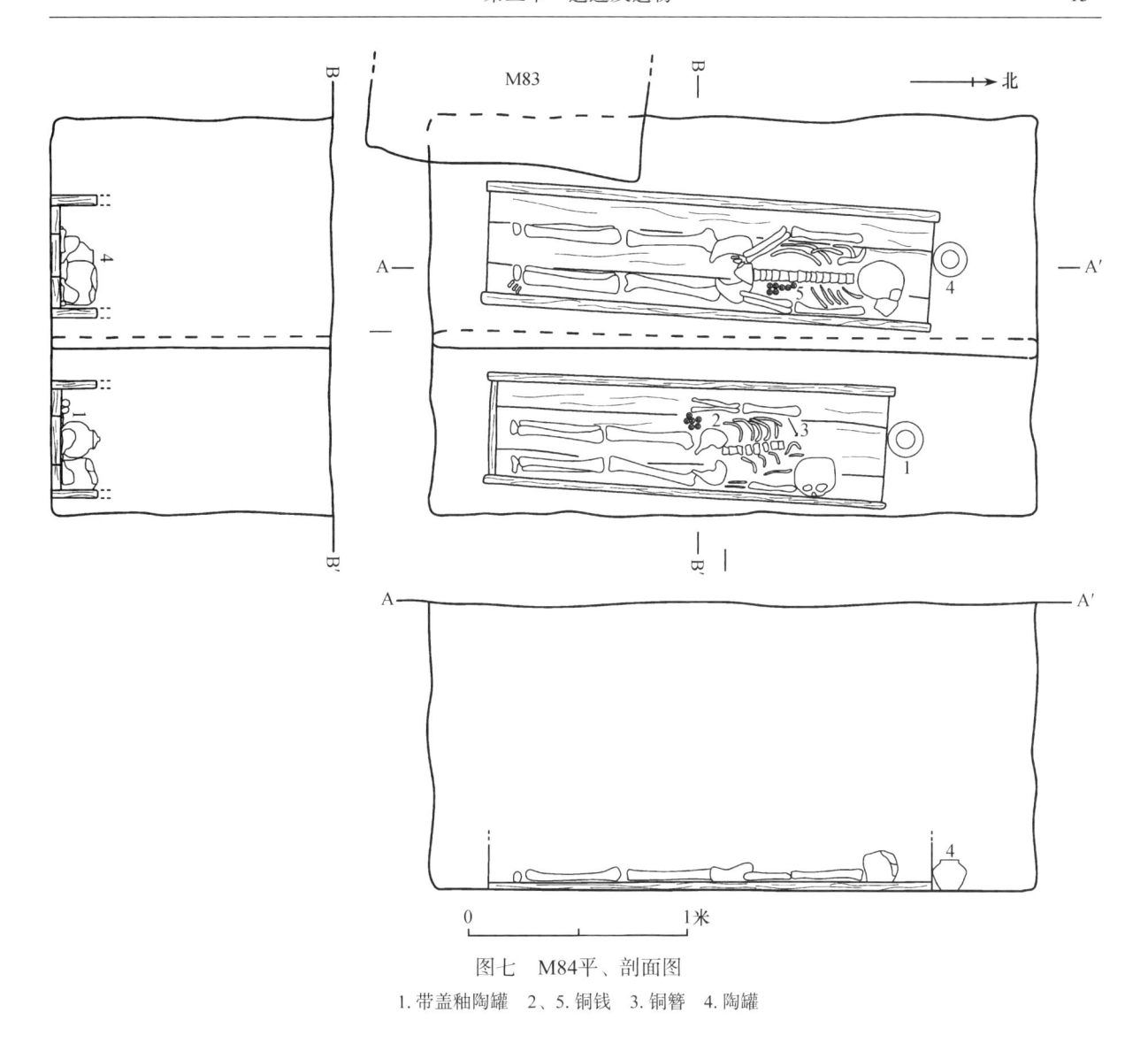

1. 带盖釉陶罐　2、5. 铜钱　3. 铜簪　4. 陶罐

体呈细长圆锥形，尾端残缺。簪首高0.5厘米，簪首宽1.5厘米，残长8厘米，厚0.3厘米，重6.29克（图八，3；图版三三，4）。

铜钱　14枚。其中开元通宝1枚、至和元宝1枚、元丰通宝2枚、绍圣元宝1枚，其余9枚锈蚀较甚，字迹模糊不清。

开元通宝　1枚。M84:2-1，圆形、方穿，正、背面皆有内、外郭，正面书"开元通宝"四字，隶书，对读，光背。钱径2.27厘米，穿径0.62厘米，郭宽0.23厘米，郭厚0.11厘米，重2.94克（图九，1）。

至和元宝　1枚。M84:2-2，圆形、方穿，正面有内、外郭，背面无内、外郭，正面书"至和元宝"四字，楷书，旋读，光背。钱径2.31厘米，穿径0.57厘米，郭宽0.32厘米，郭厚0.13厘米，重3克（图九，2）。

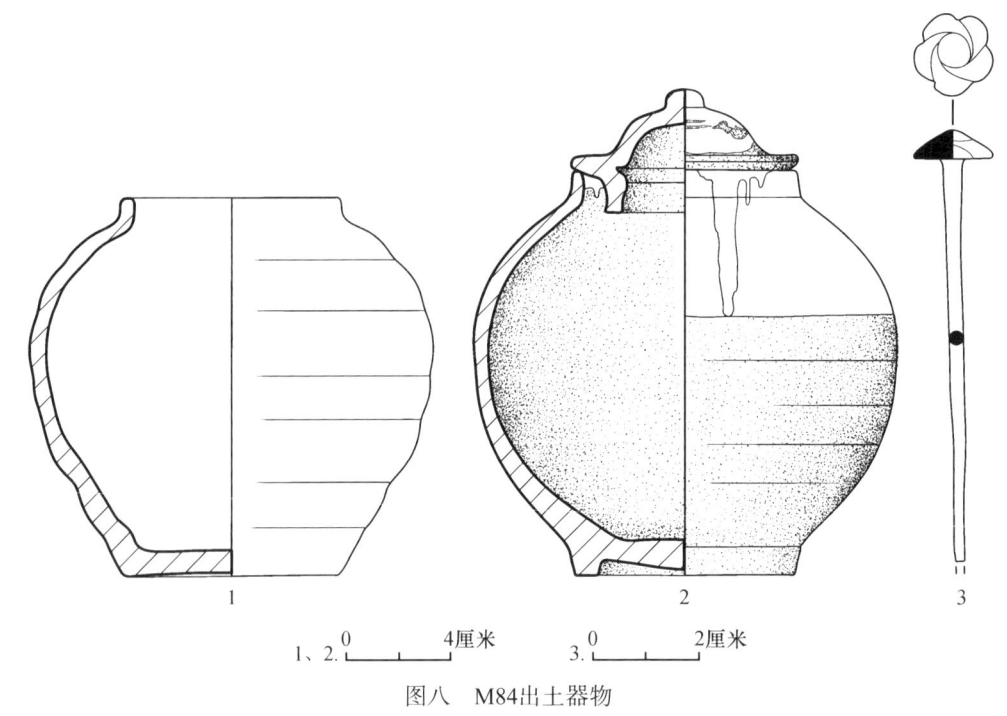

图八 M84出土器物
1. 陶罐（M84∶4） 2. 带盖釉陶罐（M84∶1） 3. 铜簪（M84∶3）

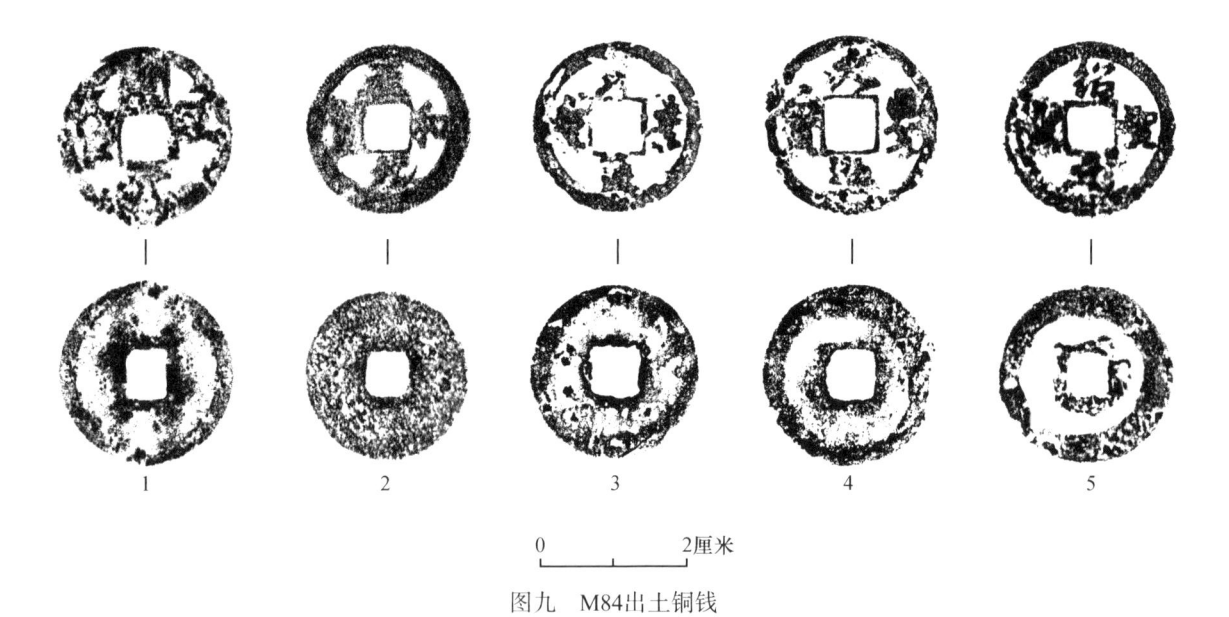

图九 M84出土铜钱
1. 开元通宝（M84∶2-1） 2. 至和元宝（M84∶2-2） 3、4. 元丰通宝（M84∶5-1、M84∶5-2） 5. 绍圣元宝（M84∶2-3）

元丰通宝　2枚。均圆形、方穿，正、背面皆有内、外郭，正面书"元丰通宝"四字，行书，旋读，光背。M84：5-1，钱径2.33厘米，穿径0.68厘米，郭宽0.26厘米，郭厚0.09厘米，重2.28克（图九，3）。M84：5-2，钱径2.31厘米，穿径0.64厘米，郭宽0.26厘米，郭厚0.09厘米，重2.28克（图九，4）。

绍圣元宝　1枚。M84：2-3，圆形、方穿，正、背面皆有内、外郭，正面书"绍圣元宝"四字，行书，旋读，光背。钱径2.44厘米，穿径0.57厘米，郭宽0.25厘米，郭厚0.16厘米，重3.34克（图九，5）。

二、清代墓葬

本次共发掘清代墓葬83座，其中单棺墓54座，编号为M1～M6、M8、M14、M15、M17、M20、M21、M23、M25～M34、M36～M41、M43、M45～M48、M51～M54、M56～M59、M63、M67、M74～M77、M79～M83、M85；双棺墓26座，编号为M9～M12、M16、M18、M19、M22、M24、M35、M44、M49、M50、M55、M60～M62、M64、M66、M68～M73、M78；三棺墓3座，编号为M13、M42、M65。其中M17、M45判断为迁葬墓。

（一）单棺墓

M1　位于发掘区西区的东部，东邻M2，东部打破M2，开口于第2层下，方向175°。梯形竖穴土圹单棺墓。墓口距地表0.6米，墓底距地表1.46米。墓圹南北长2.2米，东西宽0.9～1米，深0.86米。墓圹四壁较规整，内填花土，土质较疏松。

葬具为单木棺，棺木已朽，仅存朽痕。棺痕南北长1.86米，东西宽0.46～0.5米，残高0.2米。内葬置人骨一具，保存较完整，头向南，面向东，侧身屈肢葬，为成年男性（图一〇；图版四，1）。

出土器物：棺内东南部出土釉陶罐1件，桡骨东侧出土铜钱3枚。

釉陶罐　1件。M1：1，侈口，圆唇，短束颈，溜肩，斜直腹，腹底内收，平底微凹。夹砂红胎，胎质较粗糙。施绿釉，自内壁颈部施釉至外壁肩部，其余部分皆露胎，釉面粗糙，存在剥落现象，施釉不均匀。素面。内壁有明显轮制痕迹。口径10.4厘米，肩径11.4厘米，底径8.2厘米，高11.7厘米（图一一，1；图版三四，1）。

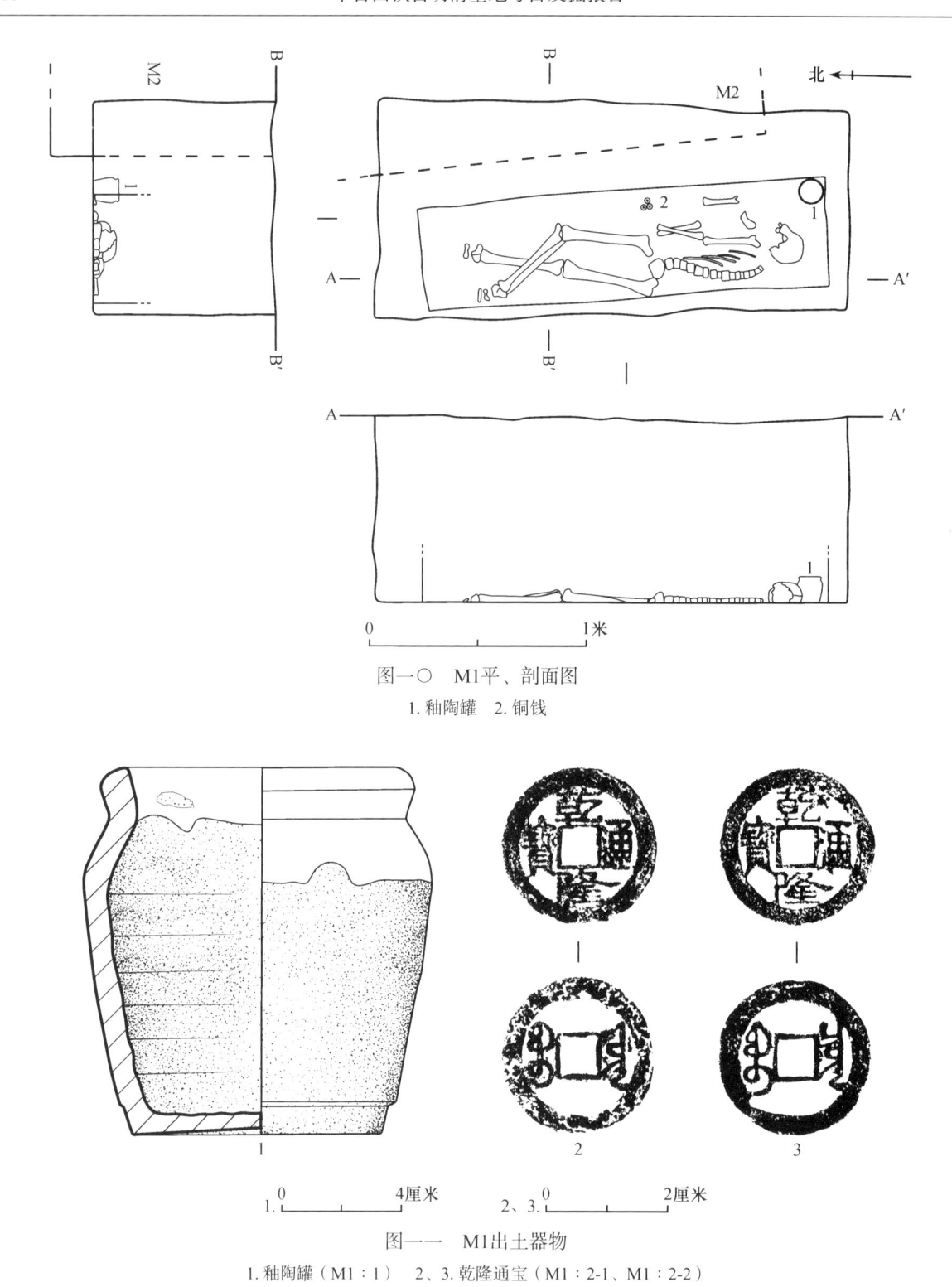

图一〇　M1平、剖面图
1. 釉陶罐　2. 铜钱

图一一　M1出土器物
1. 釉陶罐（M1：1）　2、3. 乾隆通宝（M1：2-1、M1：2-2）

铜钱　3枚。其中乾隆通宝2枚，余1枚锈蚀较甚，字迹模糊不清。

乾隆通宝　2枚。均圆形、方穿，正、背面皆有内、外郭，正面书"乾隆通宝"四字，楷书，对读。M1：2-1，背穿左右为满文"宝源"局名。钱径2.53厘米，穿径0.57厘米，郭宽0.29厘米，郭厚0.11厘米，重2.57克（图一一，2）。M1：2-2，背穿左右为满文"宝泉"局名。钱径2.46厘米，穿径0.5厘米，郭宽0.28厘米，郭厚0.14厘米，重2.44克（图一一，3）。

M2　位于发掘区西区的东部，西邻M1，西部偏南被M1打破，开口于第2层下，方向175°。近长方形竖穴土圹单棺墓。墓口距地表0.6米，墓底距地表1.4米。墓圹南北长2米，东西宽0.8~0.86米，深0.8米。墓圹四壁较规整，内填花土，土质较疏松。

葬具为单木棺，棺木已朽，仅存朽痕。棺痕南北长1.67米，东西宽0.4~0.5米，残高0.2米。内葬置人骨一具，保存较完整，头向南，面向西，侧身屈肢葬，为成年男性（图一二；图版四，2）。

出土器物：棺外南部出土釉陶罐1件。

釉陶罐　1件。M2：1，侈口，方唇，短束颈，溜肩，斜直腹微曲，平底微凹。夹砂红胎，胎质较粗糙。施酱色釉，口沿内侧至外壁上腹部施釉，其余部分皆露胎。釉面粗糙，施

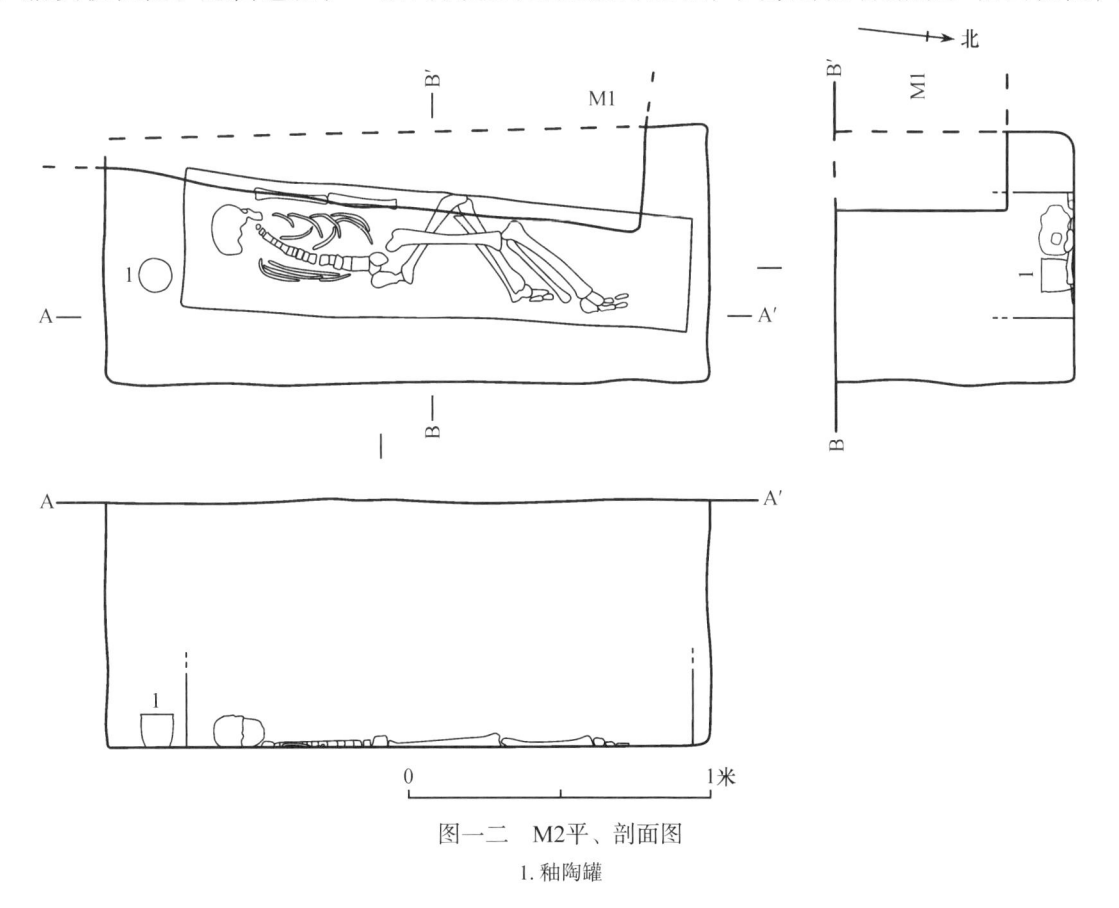

图一二　M2平、剖面图
1. 釉陶罐

釉不均匀。素面。外壁有明显轮制痕迹。口径11厘米，肩径10.8厘米，底径7.8厘米，高10.9厘米（图一三；图版三四，2）。

M3　位于发掘区西区的东部，西邻M85，开口于第2层下，方向4°。长方形竖穴土圹单棺墓。墓口距地表0.6米，墓底距地表1.46米。墓圹南北长1.9米，东西宽0.91米，深0.86米。墓圹四壁较规整，内填花土，土质较疏松。

葬具为单木棺，部分棺木已朽，残存四侧棺板。棺木南北长1.56米，东西宽0.36～0.44米，残高0.16米，残厚0.03米。内葬置人骨一具，保存较差。头向、面向、葬式、性别均不详，推测为女性（图一四；图版五，1）。

出土器物：棺内头骨东侧出土铜簪2件，胫骨南侧出土铜钱3枚。

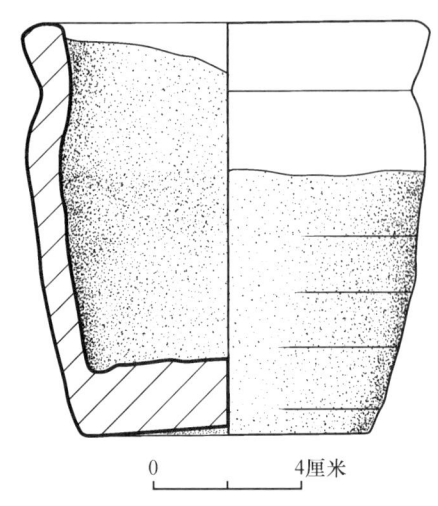

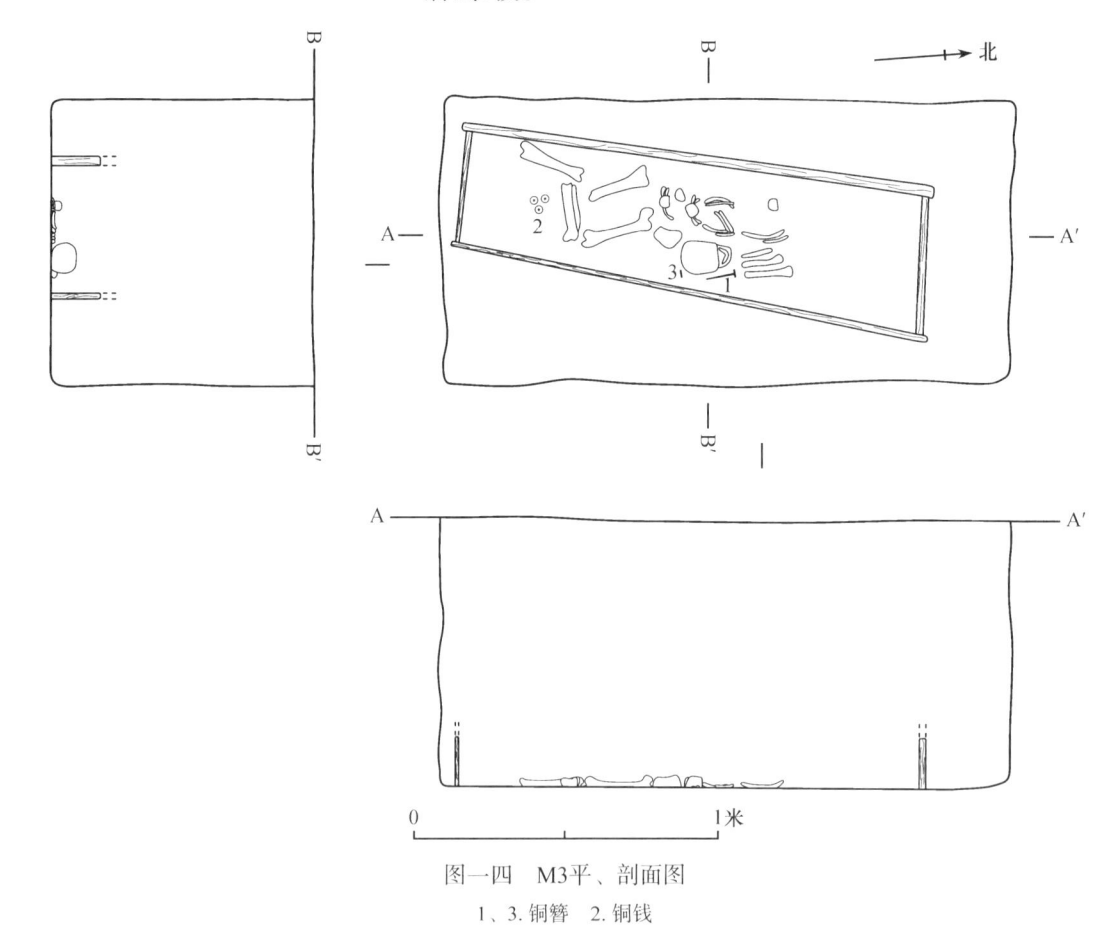

图一三　M2出土釉陶罐（M2∶1）

图一四　M3平、剖面图
1、3.铜簪　2.铜钱

铜簪　2件。M3：1，簪首为22瓣扁花瓣状，中部凸起呈圆环形，环内铸"堂"字纹；体呈细长圆锥形。簪首高0.3厘米，簪首宽2.3厘米，长9厘米，重13.79克（图一五，1；图版三四，3）。M3：3，残，失簪体，仅存簪首。簪首近圆形，中部凸起呈圆环形，环内铸"喜"字纹；簪背表面锈蚀不清。簪首高0.35厘米，簪首宽2.1厘米，重3.75克（图一五，2；图版三五，1）。

铜钱　3枚。其中康熙通宝1枚，其余2枚锈蚀较甚，字迹模糊不清。

康熙通宝　1枚。M3：2-1，圆形、方穿，正、背面皆有内、外郭，正面书"康熙通宝"四字，楷书，对读，背穿左右为满文"宝泉"局名。钱径2.52厘米，穿径0.47厘米，郭宽0.35厘米，郭厚0.13厘米，重3.06克（图一五，3）。

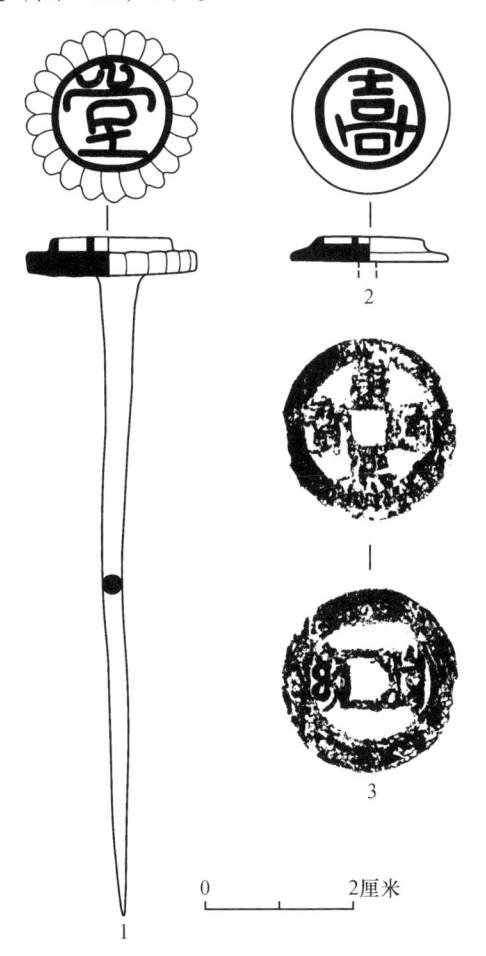

图一五　M3出土器物

1、2. 铜簪（M3：1、M3：3）　3. 康熙通宝（M3：2-1）

M4 位于发掘区西区的东部,西南邻M25,北邻M52,开口于第2层下,方向175°。长方形竖穴土圹单棺墓。墓口距地表0.6米,墓底距地表1.66米。墓圹南北长2.3米,东西宽0.91米,深1.06米。墓圹四壁较规整,内填花土,土质较疏松。

葬具为单木棺,棺木已朽,仅存朽痕。棺痕南北长1.9米,东西宽0.62~0.66米,残高0.26米。内葬置人骨一具,保存较完整,头向南,面向西,仰身直肢葬,为成年男性(图一六;图版五,2)。

出土器物:棺外南部出土釉陶罐1件;棺内肋骨西侧出土铜钱5枚。

釉陶罐 1件。M4:1,侈口,圆唇,短束颈,溜肩,斜曲腹,平底内凹。夹砂黄胎,胎质较粗糙。施褐色釉,自内壁颈部施釉至外壁肩部,其余部分皆露胎,釉面粗糙,有剥釉现象,施釉不均匀,外壁有流釉现象。素面。内、外壁有明显轮制痕迹。口径10.4厘米,肩径10.2厘米,底径7.7厘米,高11.3厘米(图一七,1;图版三五,2)。

铜钱 5枚。其中康熙通宝2枚,其余3枚锈蚀较甚,字迹模糊不清。

康熙通宝 2枚。均圆形、方穿,正、背面皆有内、外郭,正面书"康熙通宝"四字,楷书,对读。M4:2-1,背穿左右为满文"宝泉"局名。钱径2.38厘米,穿径0.56厘米,郭宽0.35厘米,郭厚0.14厘米,重3.2克(图一七,2)。M4:2-2,背穿左右为满文"宝源"局名。钱径2.3厘米,穿径0.6厘米,郭宽0.3厘米,郭厚0.11厘米,重2.37克(图一七,3)。

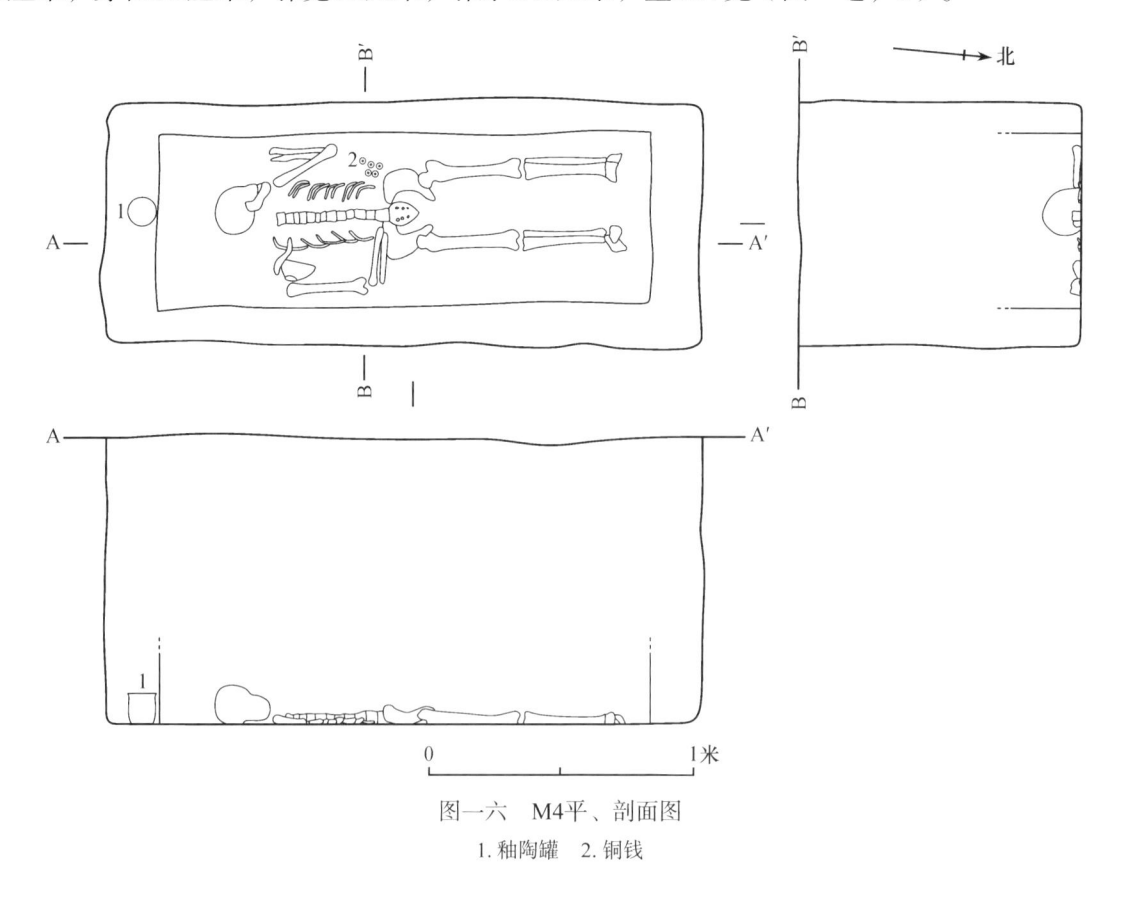

图一六 M4平、剖面图
1. 釉陶罐 2. 铜钱

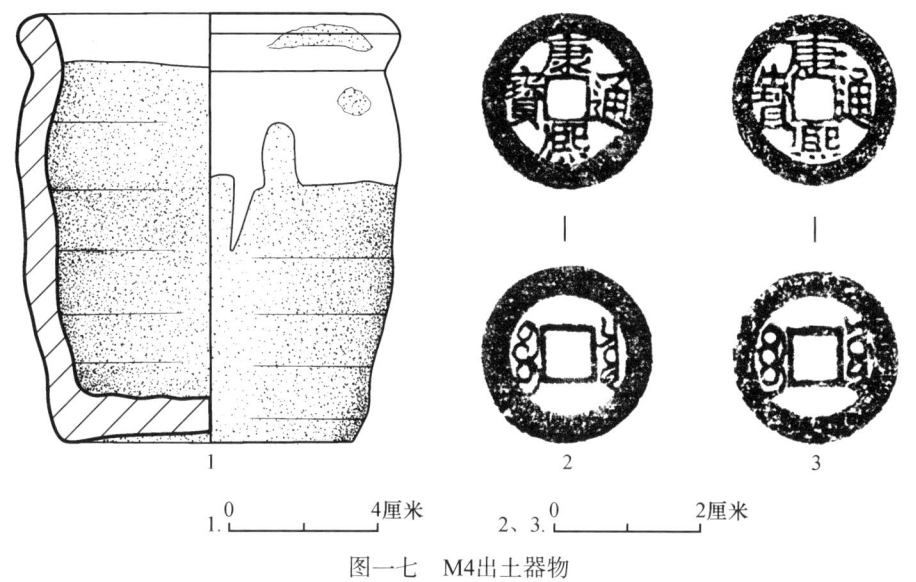

图一七　M4出土器物
1. 釉陶罐（M4:1）　2、3. 康熙通宝（M4:2-1、M4:2-2）

M5　位于发掘区西区的西部，北邻M44，开口于第2层下，方向190°。近长方形竖穴土圹单棺墓。墓口距地表0.6米，墓底距地表1.1米。墓圹南北长2米，东西宽0.76～0.8米，深0.5米。墓圹四壁较规整，内填花土，土质较疏松。

葬具为单木棺，棺木已朽，仅存朽痕。棺痕南北长1.7米，东西宽0.66～0.7米，残高0.1米。内葬置人骨一具，保存较差。头向、面向、葬式、性别均不详（图一八；图版六，1）。

出土器物：棺内股骨北侧出土铜钱2枚。

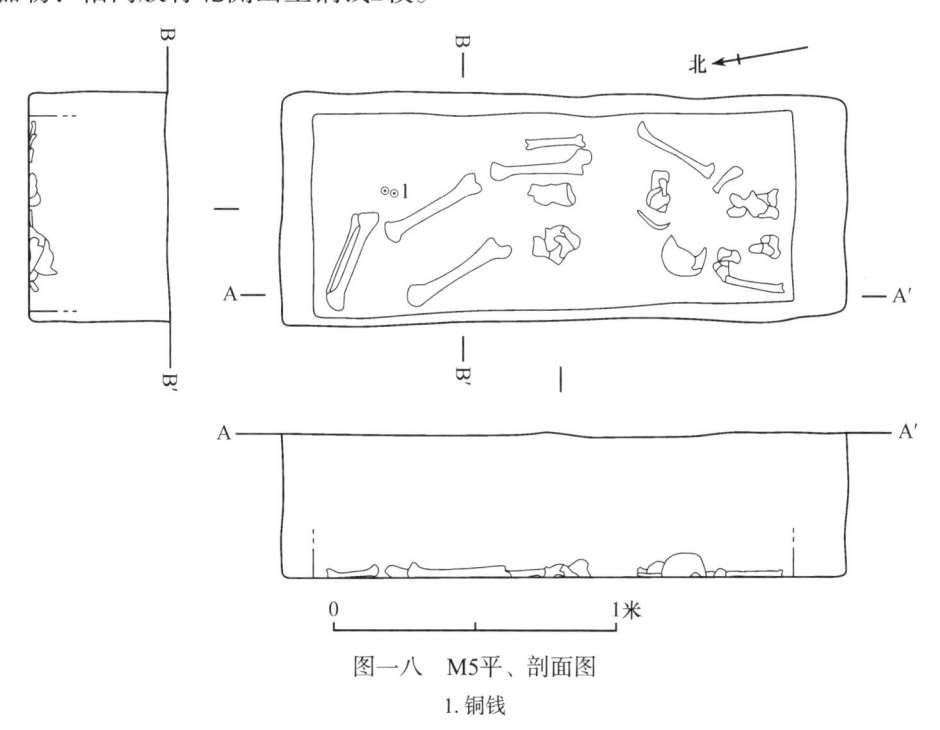

图一八　M5平、剖面图
1. 铜钱

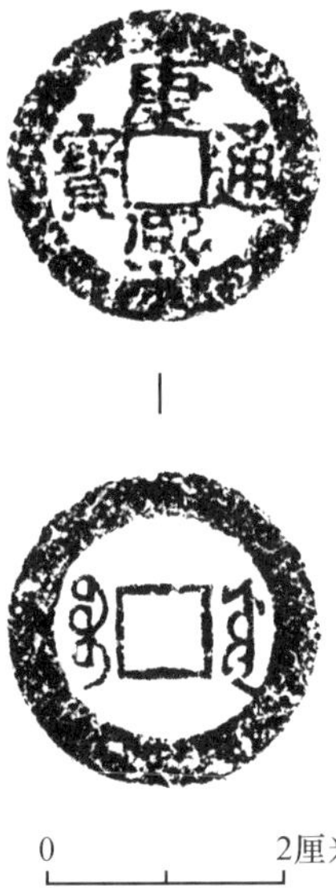

铜钱　2枚。其中康熙通宝1枚，余1枚锈蚀较甚，字迹模糊不清。

康熙通宝　1枚。M5:1-1，圆形、方穿，正、背面皆有内、外郭，正面书"康熙通宝"四字，楷书，对读，背穿左右为满文"宝源"局名。钱径2.64厘米，穿径0.59厘米，郭宽0.36厘米，郭厚0.12厘米，重3.1克（图一九）。

图一九　M5出土康熙通宝（M5:1-1）

M6　位于发掘区东区的西部，北邻M55，东邻M56，开口于第2层下，方向10°。长方形竖穴土圹单棺墓。墓口距地表0.6米，墓底距地表1.4米。墓圹南北长2.2米，东西宽1米，深0.8米。墓圹四壁较规整，内填花土，土质较疏松。

葬具为单木棺，棺木已朽，仅存朽痕。棺痕南北长1.64米，东西宽0.45~0.5米，残高0.2米。内葬置人骨一具，保存较完整，头向北，面向上，仰身直肢葬，为成年女性（图二〇；图版六，2）。

出土器物：棺内胫骨南侧出土铜钱6枚。

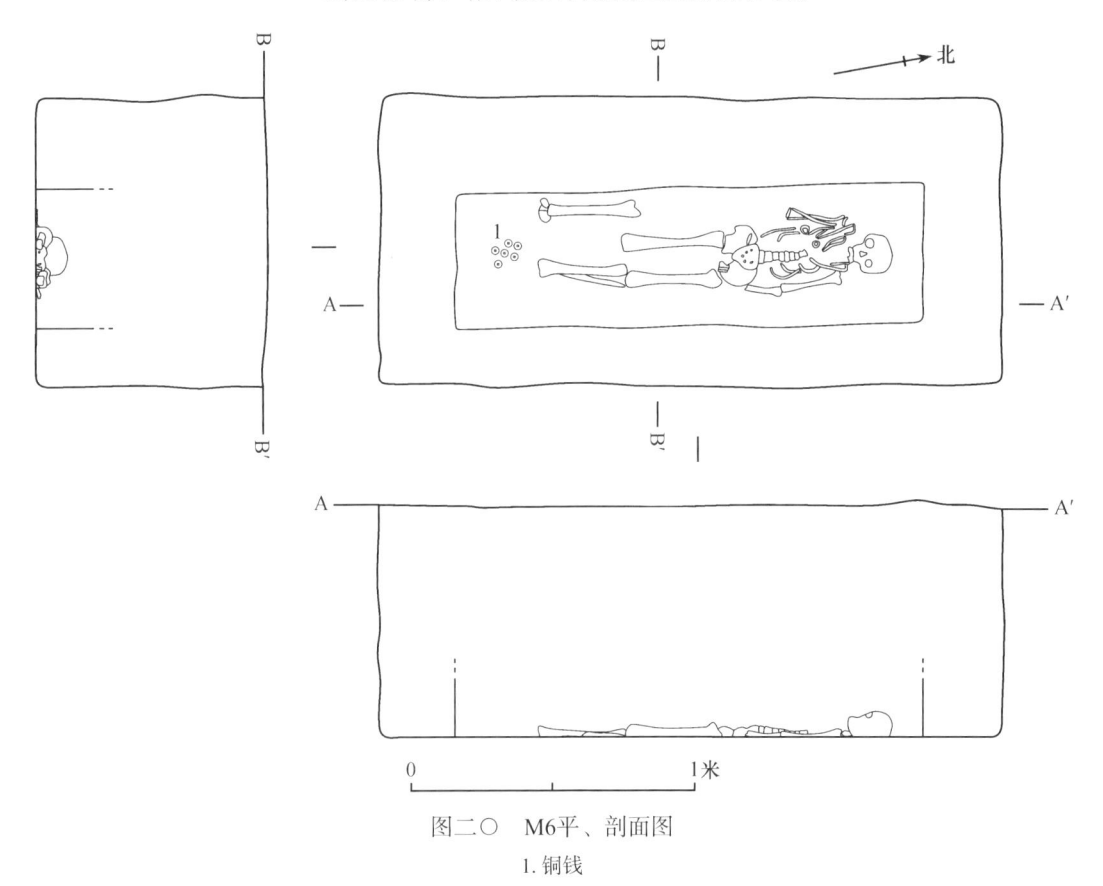

图二〇　M6平、剖面图
1.铜钱

铜钱　6枚。其中万历通宝4枚、乾隆通宝1枚，余1枚锈蚀较甚，字迹模糊不清。

万历通宝　4枚。均圆形、方穿，正、背面皆有内、外郭，正面书"万历通宝"四字，楷书，对读，光背。标本M6∶1-1，钱径2.57厘米，穿径0.52厘米，郭宽0.3厘米，郭厚0.13厘米，重3.9克（图二一，1）。标本M6∶1-2，钱径2.47厘米，穿径0.54厘米，郭宽0.28厘米，郭厚0.12厘米，重2.76克（图二一，2）。

乾隆通宝　1枚。M6∶1-3，圆形、方穿，正、背面皆有内、外郭，正面书"乾隆通宝"四字，楷书，对读，背穿左右为满文"宝泉"局名。钱径2.48厘米，穿径0.48厘米，郭宽0.32厘米，郭厚0.14厘米，重3.64克（图二一，3）。

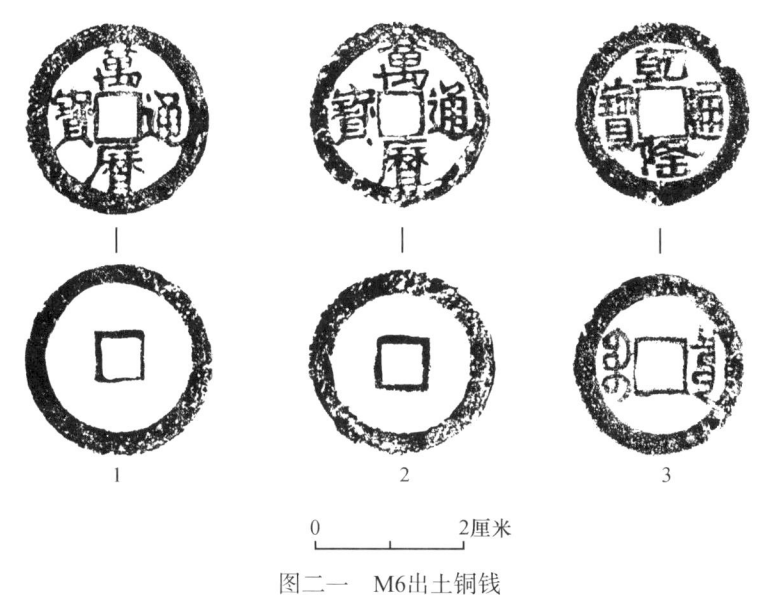

图二一　M6出土铜钱
1、2.万历通宝（M6∶1-1、M6∶1-2）　3.乾隆通宝（M6∶1-3）

M8　位于发掘区西区的西部，南邻M41，开口于第2层下，方向249°。长方形竖穴土圹单棺墓。墓口距地表0.6米，墓底距地表1.78米。墓圹东西长2.12米，南北宽0.92米，深1.18米。墓圹四壁较规整，内填花土，土质较疏松。

葬具为单木棺，部分棺木已朽，残存南、北、东三侧棺板。棺木东西长1.98米，南北宽0.58～0.7米，残高0.24米，残厚0.02～0.05米。内葬置人骨一具，保存一般，头向西，面向不详，仰身屈肢葬，为成年男性（图二二；图版六，3）。

出土器物：棺内股骨南侧出土铜钱2枚。

康熙通宝　2枚。均圆形、方穿，正、背面皆有内、外郭，正面书"康熙通宝"四字，楷书，对读，背穿左右为满文"宝源"局名。M8∶1-1，钱径2.35厘米，穿径0.6厘米，郭宽0.31厘米，郭厚0.1厘米，重2.25克（图二三，1）。M8∶1-2，钱径2.34厘米，穿径0.59厘米，郭宽0.38厘米，郭厚0.11厘米，重2.24克（图二三，2）。

图二二　M8平、剖面图
1. 铜钱

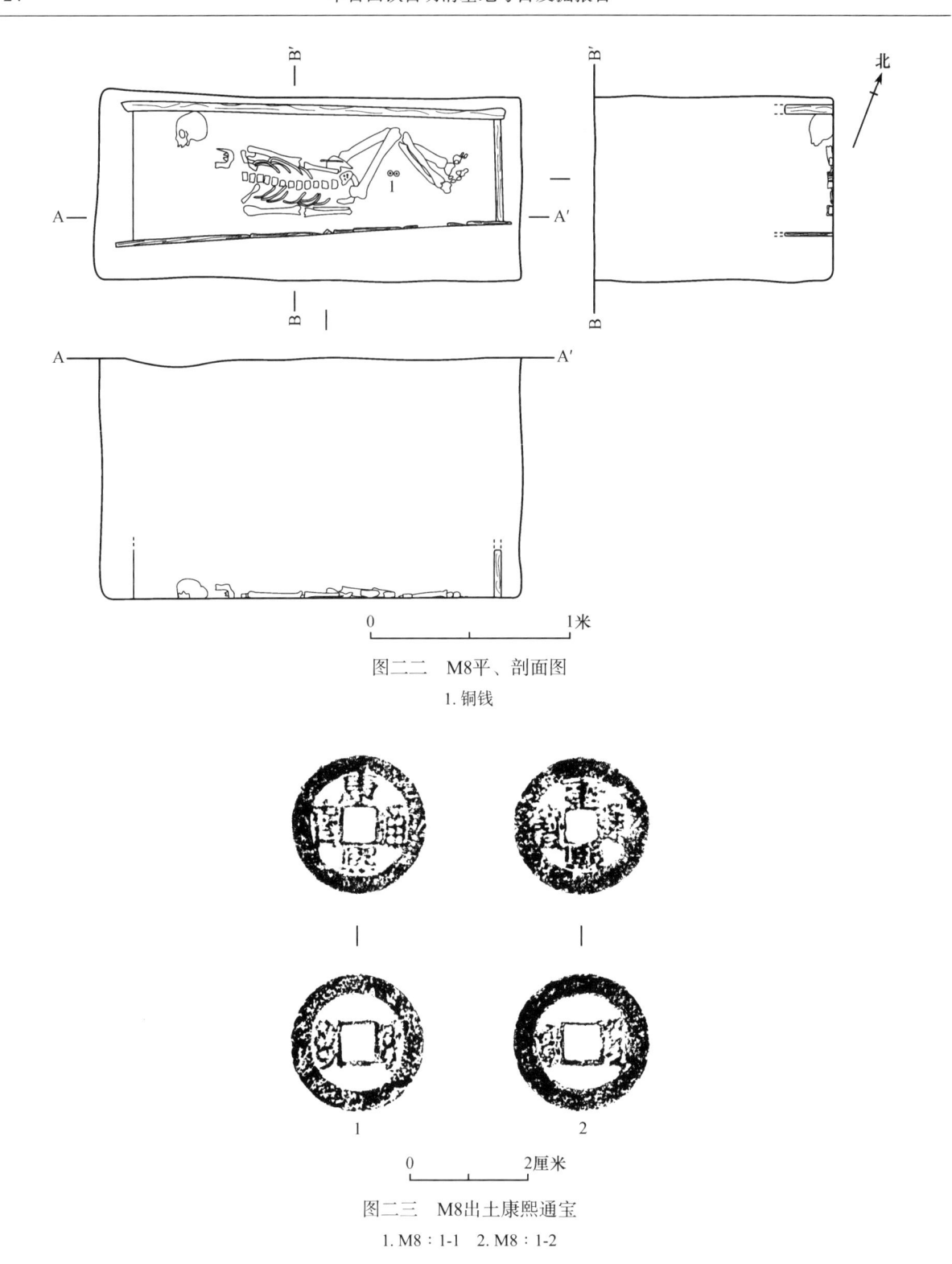

图二三　M8出土康熙通宝
1. M8 : 1-1　2. M8 : 1-2

M14 位于发掘区东区的东部，北邻M69，西邻M16，开口于第2层下，方向195°。长方形竖穴土圹单棺墓。墓口距地表0.6米，墓底距地表1.3米。墓圹南北长2.5米，东西宽1.1米，深0.7米。墓圹四壁较规整，内填花土，土质较疏松。

葬具为单木棺，棺木已朽，仅存棺痕。棺痕南北长1.9米，东西宽0.6～0.7米，残高0.2米。内葬置人骨一具，保存一般，头向南，面向不详，侧身屈肢葬，为成年女性（图二四；图版六，4）。

出土器物：棺内头骨南侧出土银簪2件。

银簪 2件。形制相同，大小相近。均残，簪体断裂。簪首鎏金，共分三层，顶部为盛开花朵状，共5瓣扁花瓣，花边微翘，上錾刻细划纹，中间铸花蕊；中层以银丝为骨，分铸一花一蝴蝶，另作盘丝圈四个；下层呈枝叶状，两侧宽中间窄，两侧分叉为叶，中部较窄作枝。簪体顶部弯曲，上部呈细长扁条形，尾部呈圆锥形。M14:1-1，残高11.94厘米，宽5厘米，厚0.15厘米，重6.65克（图二五，1；图版三五，3）。M14:1-2，残高10.61厘米，宽4.7厘米，厚0.15厘米，重6.36克（图二五，2；图版三五，4）。

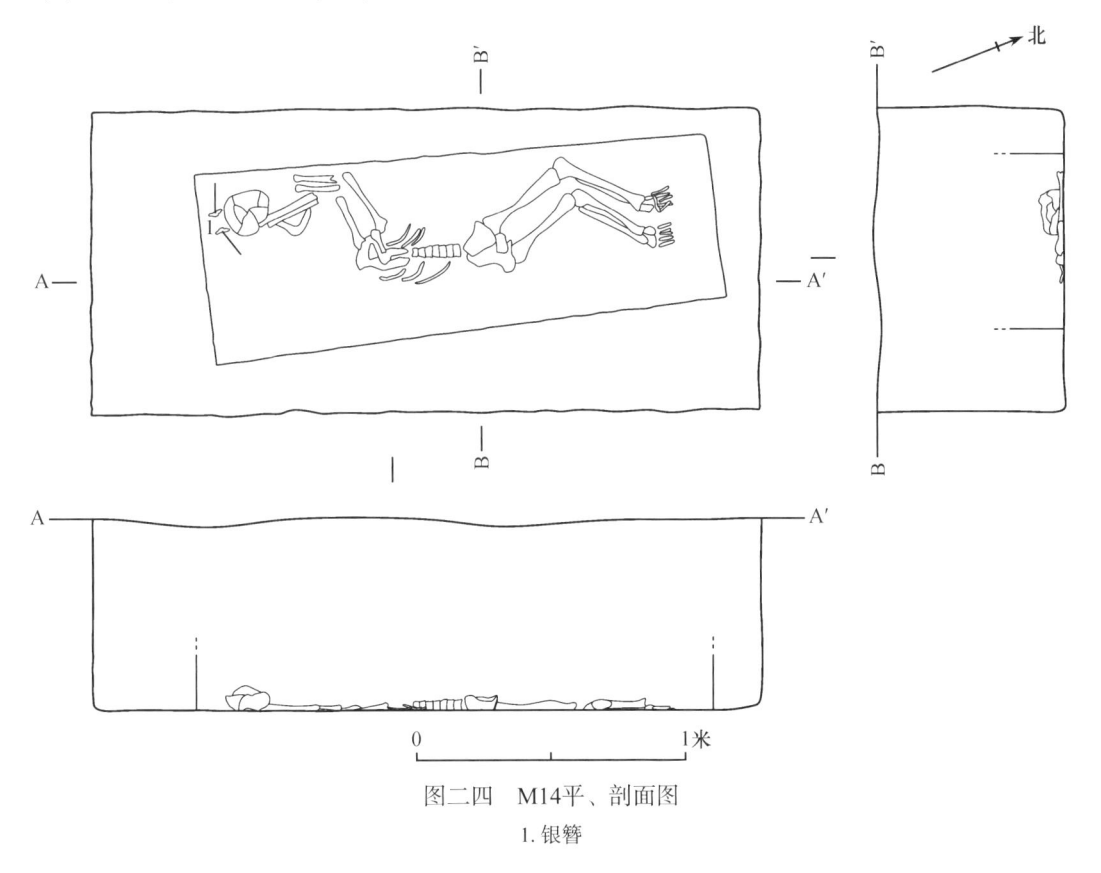

图二四　M14平、剖面图
1. 银簪

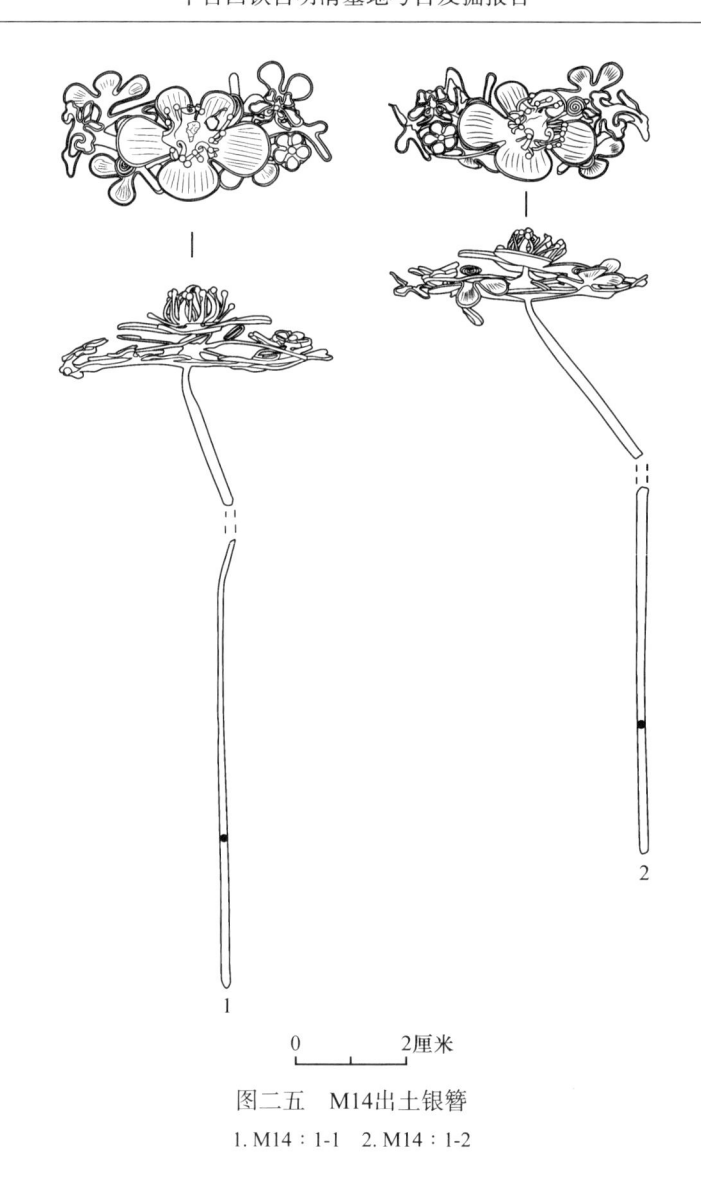

图二五　M14出土银簪
1. M14∶1-1　2. M14∶1-2

M15　位于发掘区东区的西部，北邻M70，南邻M76，开口于第2层下，方向255°。不规则形竖穴土圹单棺墓。墓口距地表0.6米，墓底距地表1.2米。墓圹东西长2.13～2.3米，南北宽1.1米，深0.6米。墓圹四壁较规整，内填花土，土质较疏松。

葬具为单木棺，棺木已朽，仅存棺痕。棺痕东西长1.9米，南北宽0.6～0.64米，残高0.2米。内葬置人骨一具，保存较完整，头向西，面向上，仰身直肢葬，为成年女性（图二六；图版七，1）。

未见出土器物。

图二六 M15平、剖面图

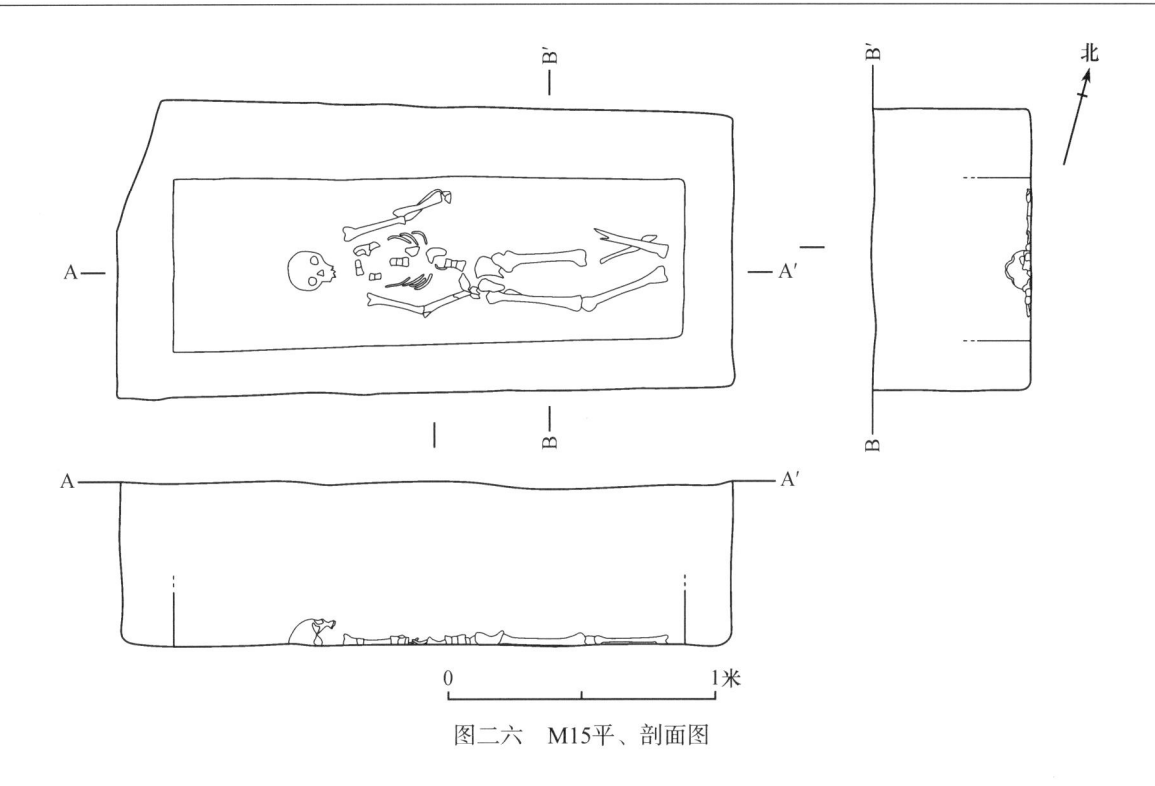

M17 位于发掘区东区的东部,东南邻M19,西邻M67,开口于第2层下,方向60°。长方形竖穴土圹单棺墓。墓口距地表0.6米,墓底距地表1.12米。墓圹东西长2.1米,南北宽0.9米,深0.52米。墓圹四壁较规整,内填花土,土质较疏松。

葬具为单木棺,棺木已朽,仅存棺痕。棺痕东西长2.02米,南北宽0.6~0.72米,残高0.1米。棺内未见人骨,判断为迁葬墓(图二七;图版七,2)。

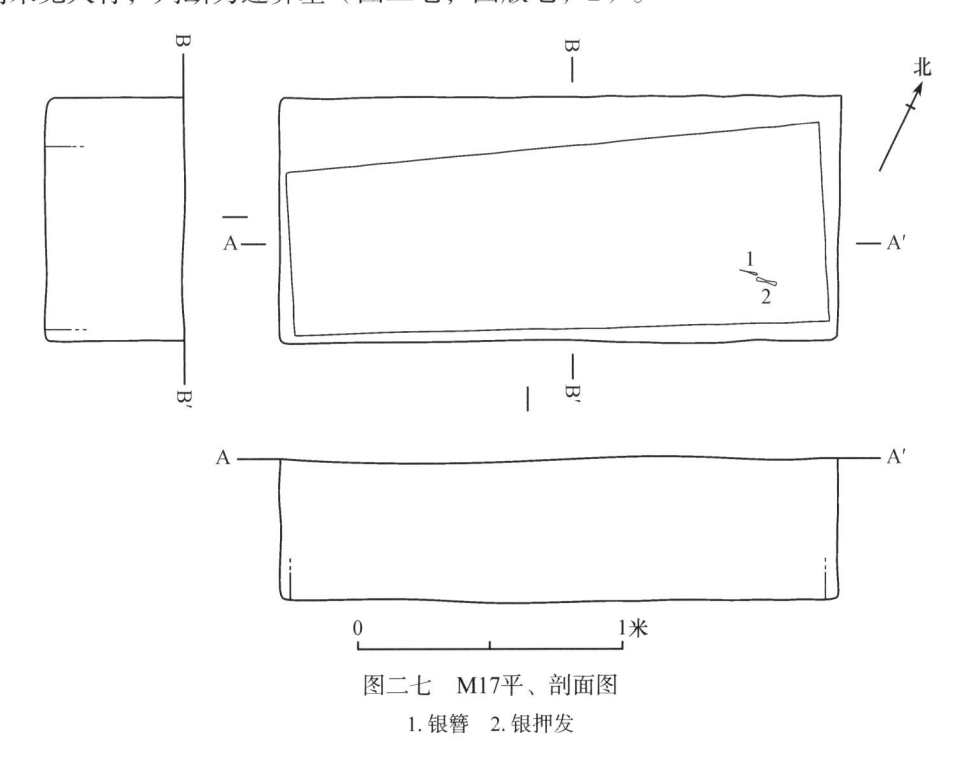

图二七 M17平、剖面图
1.银簪 2.银押发

出土器物：棺内东部出土银簪1件、银押发1件。

银簪　1件。M17：1，簪首呈柳叶状，顶部弯曲呈弧形，錾刻牡丹花纹；体呈短粗圆锥形。长6.96厘米，宽1.69厘米，重5.64克（图二八，1；图版三六，1）。

银押发　1件。M17：2，通体鎏金。体呈弓形，两端较宽呈柳叶状，中部收束；两端錾刻对称牡丹花纹，背戳印"□□"字样，已锈蚀不清。长7.7厘米，厚0.2厘米，重11.12克（图二八，2；图版三六，2～4）。

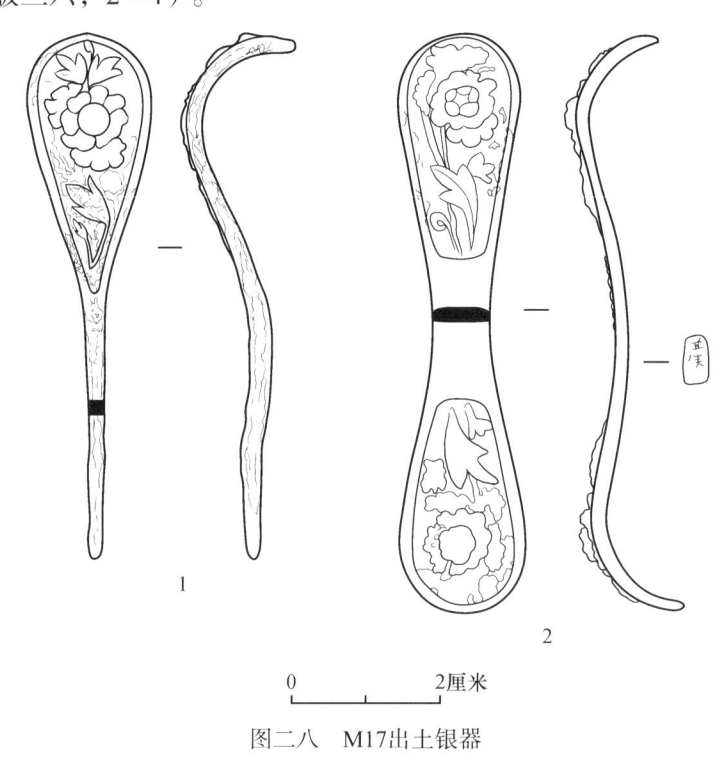

图二八　M17出土银器
1.簪（M17：1）　2.押发（M17：2）

M20　位于发掘区东区的东部，南邻M21，开口于第2层下，方向190°。梯形竖穴土圹单棺墓。墓口距地表0.6米，墓底距地表1.3米。墓圹南北长2.7米，东西宽1.3～1.4米，深0.7米。墓圹四壁较规整，内填花土，土质较疏松。

葬具为单木棺，棺木已朽，仅存棺痕。棺痕南北长2米，东西宽0.66～0.7米，残高0.1米。内葬置人骨一具，保存一般，头向南，面向不详，侧身屈肢葬，为成年男性（图二九；图版七，3）。

未见出土器物。

图二九　M20平、剖面图

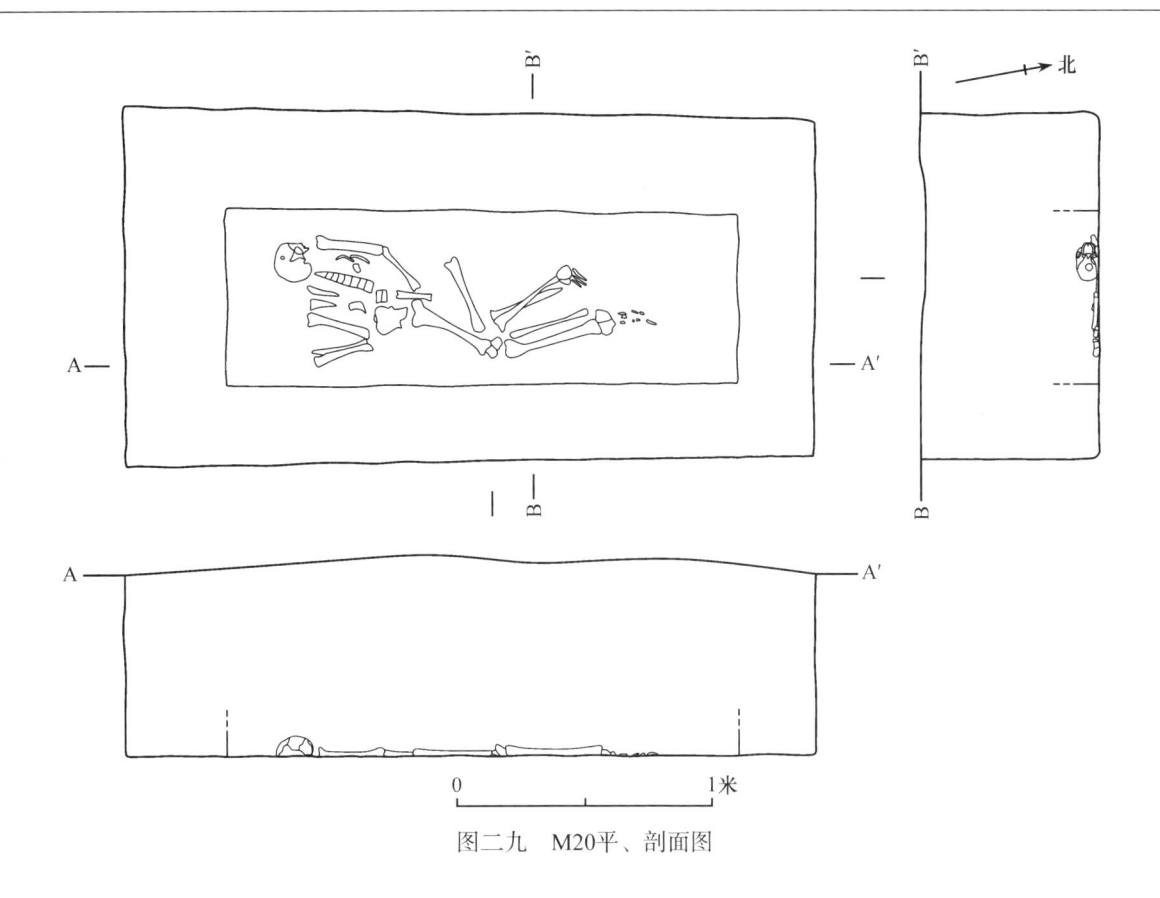

M21　位于发掘区东区的东部，北邻M20，开口于第2层下，方向125°。长方形竖穴土圹单棺墓。墓口距地表0.6米，墓底距地表1.4米。墓圹东西长2.4米，南北宽1.2米，深0.8米。墓圹四壁较规整，内填花土，土质较疏松。

葬具为单木棺，部分棺木已朽，残存南、北两侧棺板。棺木东西长2.1米，南北宽0.5米，残高0.4米，残厚0.04米。内葬置人骨一具，保存较差，头向东，面向、葬式不详，为成年女性（图三〇；图版七，4）。

出土器物：棺内头骨南侧出土银耳环1件，头骨西侧出土骨簪2件，桡骨南侧出土银护甲2件，股骨内侧出土铜钱3枚。

银耳环　1件。M21：2，体呈半圆环形，中部镂铸成如意首形，凸出一圆弧形立体纹饰结构，已断裂，一端环体近似钩形，尾部尖，一端呈扁平状，镂铸连珠纹，两侧铸螺纹。周长9.3厘米，重8.43克（图三一，3；图版三六，5、6）。

骨簪　2件。M21：3-1，残，头部、尾部断裂。体呈尖锥棒状，头粗尾细。通体磨光。

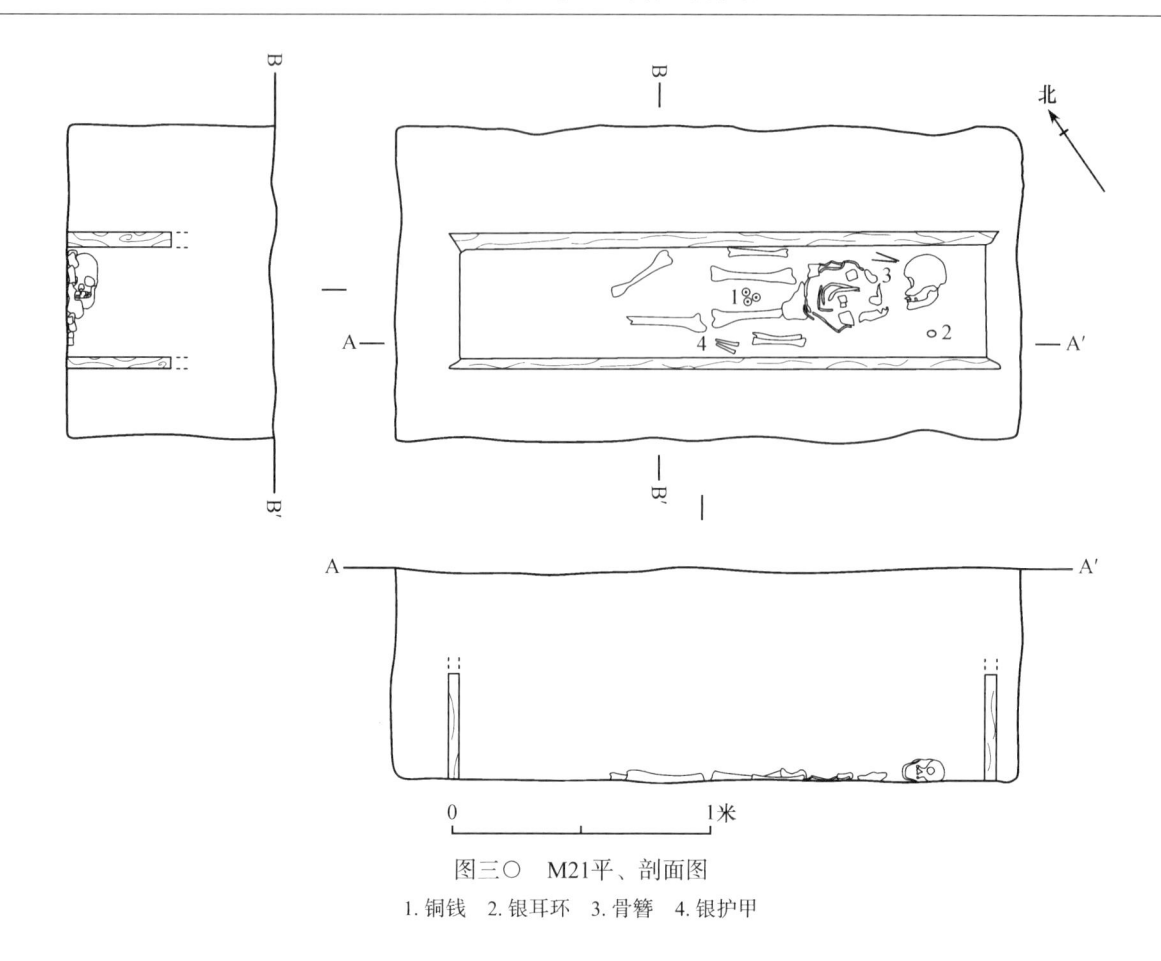

图三〇　M21平、剖面图
1. 铜钱　2. 银耳环　3. 骨簪　4. 银护甲

残长9.2厘米，残宽0.3厘米，重1.42克（图三一，4；图版三七，1）。M21：3-2，残，头部断裂。体呈尖锥棒状，头粗尾细，尾部削尖。通体磨光。残长9.3厘米，残宽0.3厘米，重1.54克（图三一，5；图版三七，2）。

银护甲　2件。形制相同，大小相近。锥状，一端圆口，一端尖，背面套根部交叉叠合呈腹空瓦状，形如右襟衣领。正面从套根部向上依次铸蟾蜍、螃蟹、鱼、莲花、虾、海马，周围环绕一周弦纹，弦纹外铸蝙蝠形纹；背面镂刻梅花形纹。M21：4-1，通长8.65厘米，宽1.5厘米，重10.84克（图三一，1；图版三七，3）。M21：4-2，残长7.74厘米，宽1.48厘米，重8.93克（图三一，2；图版三七，4）。

铜钱　3枚。其中光绪重宝1枚，其余2枚锈蚀较甚，字迹模糊不清。

光绪重宝　1枚。M21：1-1，圆形、方穿，正、背面皆有内、外郭，正面书"光绪重宝"四字，楷书，对读，背穿左右为满文"宝泉"局名，上下汉字楷书"当十"。钱径3厘米，穿径0.56厘米，郭宽0.47厘米，郭厚0.2厘米，重6.33克（图三一，6）。

第三章 遗迹及遗物

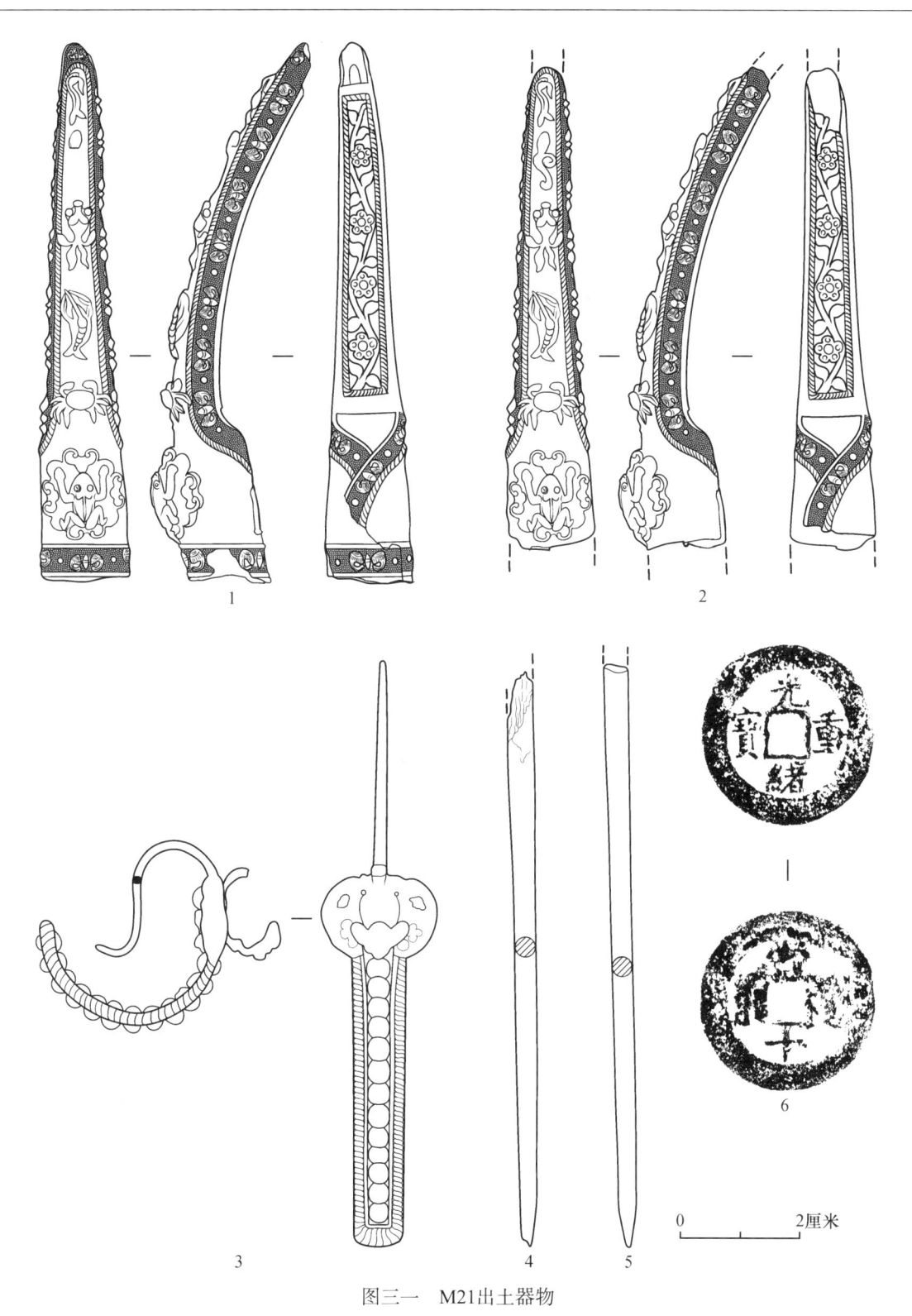

图三一 M21出土器物
1、2. 银护甲（M21:4-1、M21:4-2） 3. 银耳环（M21:2） 4、5. 骨簪（M21:3-1、M21:3-2） 6. 光绪重宝（M21:1-1）

M23 位于发掘区东区的西部，东邻M24，开口于第2层下，方向192°。梯形竖穴土圹单棺墓。墓口距地表0.6米，墓底距地表1.4米。墓圹南北长2.2米，东西宽1.1米，深0.8米。墓圹四壁较规整，内填花土，土质较疏松。

葬具为单木棺，棺木已朽，仅存朽痕。棺痕南北长1.9米，东西宽0.6～0.7米，残高0.16米。内葬置人骨一具，保存较完整，头向南，面向西，仰身直肢葬，为成年男性（图三二；图版八，1）。

未见出土器物。

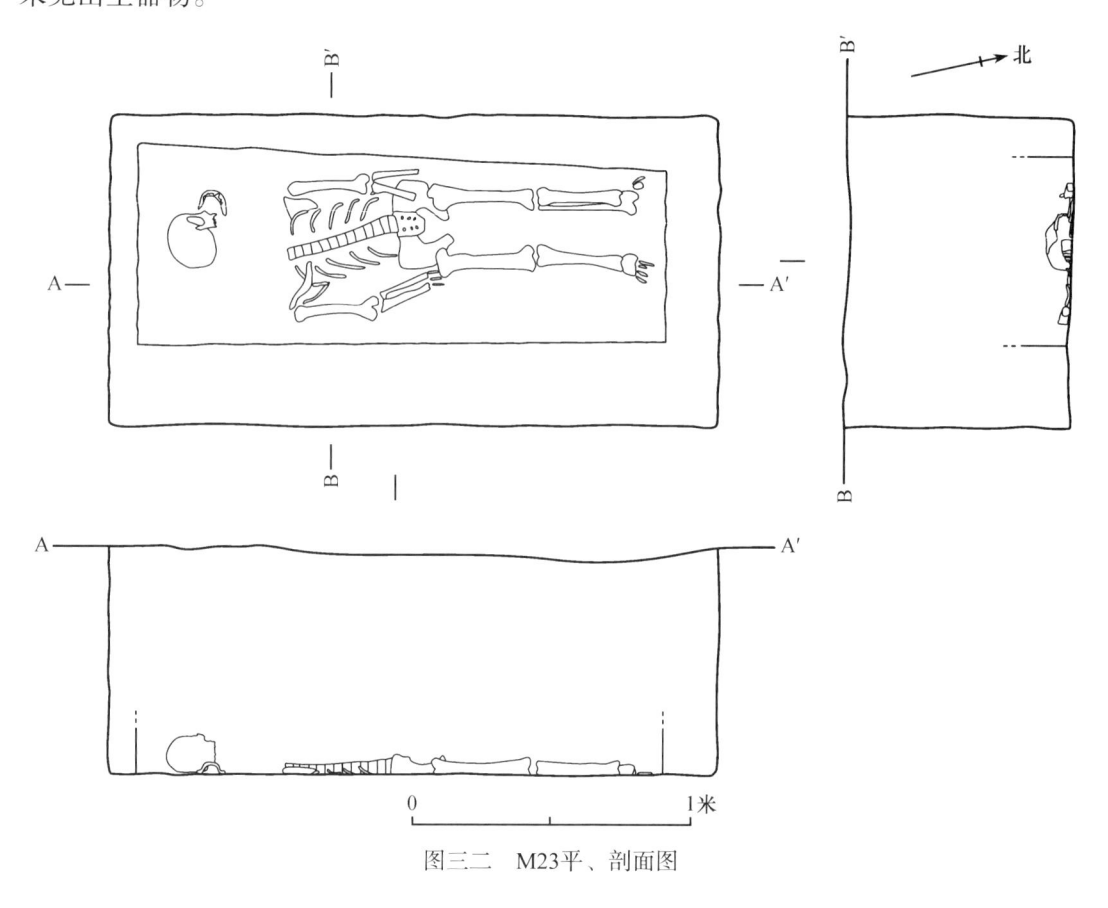

图三二 M23平、剖面图

M25 位于发掘区西区的东部，东北邻M4，西北邻M2，开口于第2层下，方向180°。长方形竖穴土圹单棺墓。墓口距地表0.6米，墓底距地表1.7米。墓圹南北长2.6米，东西宽0.9米，深1.1米。墓圹四壁较规整，内填花土，土质较疏松。

葬具为单木棺，棺木已朽，仅存朽痕。棺痕南北长1.8米，东西宽0.54～0.6米，残高0.1米。内葬置人骨一具，保存较差，头向南，面向、葬式不详，为成年男性（图三三；图版八，2）。

出土器物：棺外南部出土釉陶罐1件；棺内东部出土铜烟锅1件，北部出土铜钱2枚。

釉陶罐 1件。M25：1，侈口，圆唇，短束颈，溜肩，斜直腹，下腹斜收，平底内凹。夹砂红胎，胎质较粗糙。施褐色釉，自内壁颈部施釉至外壁肩部，其余部分皆露胎，釉面粗糙，施釉不均匀，外壁有流釉现象。素面。内、外壁有明显轮制痕迹。口径10.5厘米，腹径11.2厘米，底径8.6厘米，高11.8厘米（图三四，1；图版三八，1）。

第三章　遗迹及遗物

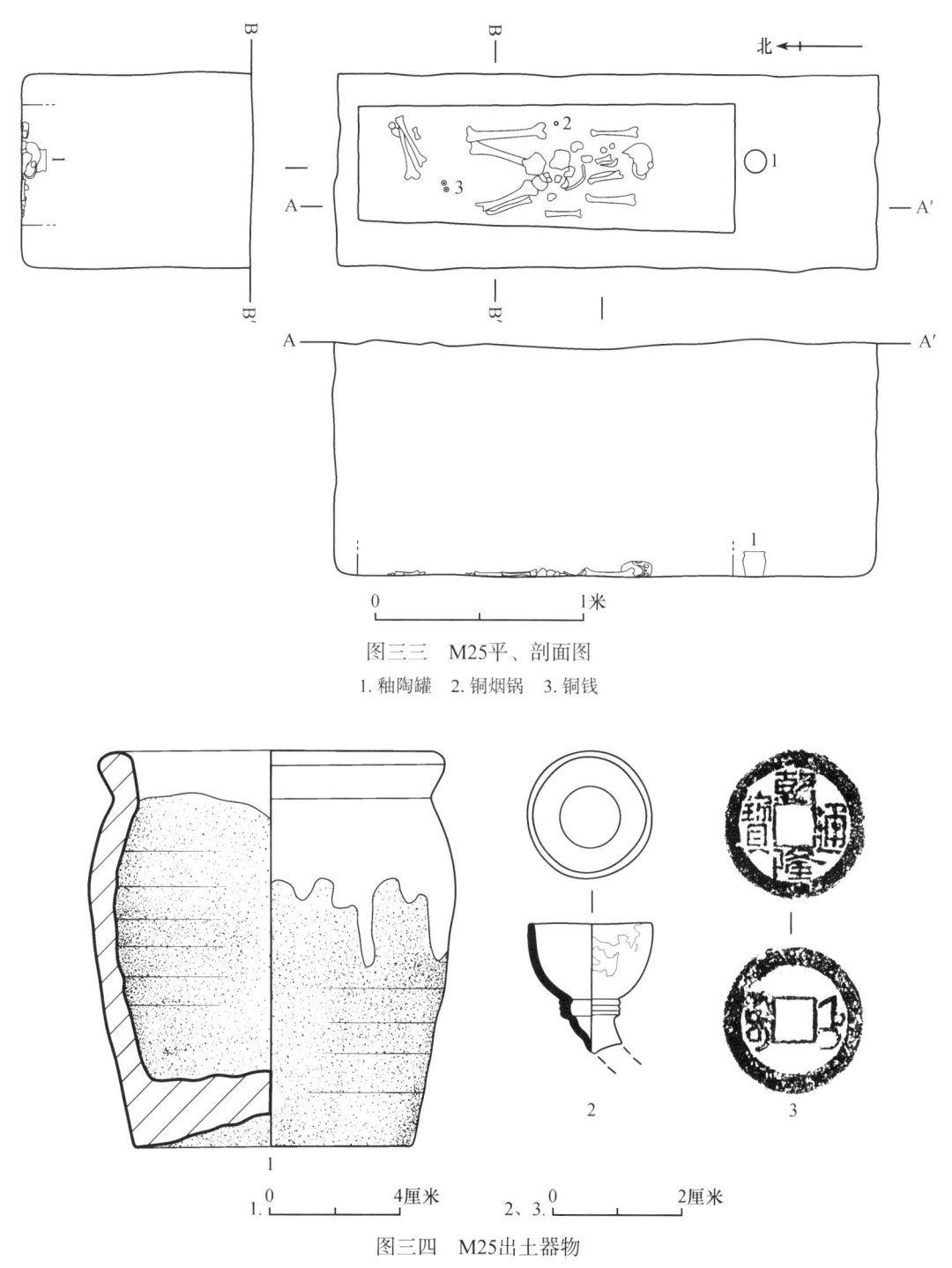

图三三　M25平、剖面图
1. 釉陶罐　2. 铜烟锅　3. 铜钱

图三四　M25出土器物
1. 釉陶罐（M25∶1）　2. 铜烟锅（M25∶2）　3. 乾隆通宝（M25∶3-1）

铜烟锅 1件。M25：2，残，失烟杆、烟嘴，仅存烟锅。铜质烟锅，平面呈圆形，敞口，方唇，曲腹内收，腹底饰凸弦纹三周。内腹底开一圆孔连通烟杆。直径1.9厘米，厚0.15厘米，重3.45克（图三四，2；图版三八，2）。

乾隆通宝 2枚。均圆形、方穿，正、背面皆有内、外郭，正面书"乾隆通宝"四字，楷书，对读，背穿左右为满文"宝直"局名。标本M25：3-1，钱径2.27厘米，穿径0.56厘米，郭宽0.32厘米，郭厚0.16厘米，重3克（图三四，3）。

M26 位于发掘区西区的西部，西邻M27，西部被M27打破，开口于第2层下，方向240°。不规则形竖穴土圹单棺墓。墓口距地表0.6米，墓底距地表1.3米。墓圹东西长2.26～2.4米，南北宽1.4米，深0.7米。墓圹四壁较规整，内填花土，土质较疏松。

葬具为单木棺，棺木已朽，仅存朽痕。棺痕东西长1.82米，南北宽0.56～0.6米，残高0.2米。内葬置人骨一具，保存较完整，头向西南，面向西北，仰身直肢葬，为成年男性（图三五；图版八，3）。

出土器物：棺内股骨内侧出土铜钱2枚。

康熙通宝 2枚。均圆形、方穿，正、背面皆有内、外郭，正面书"康熙通宝"四字，楷书，对读，背穿左右为满文"宝泉"局名。M26：1-1，钱径2.31厘米，穿径0.56厘米，郭

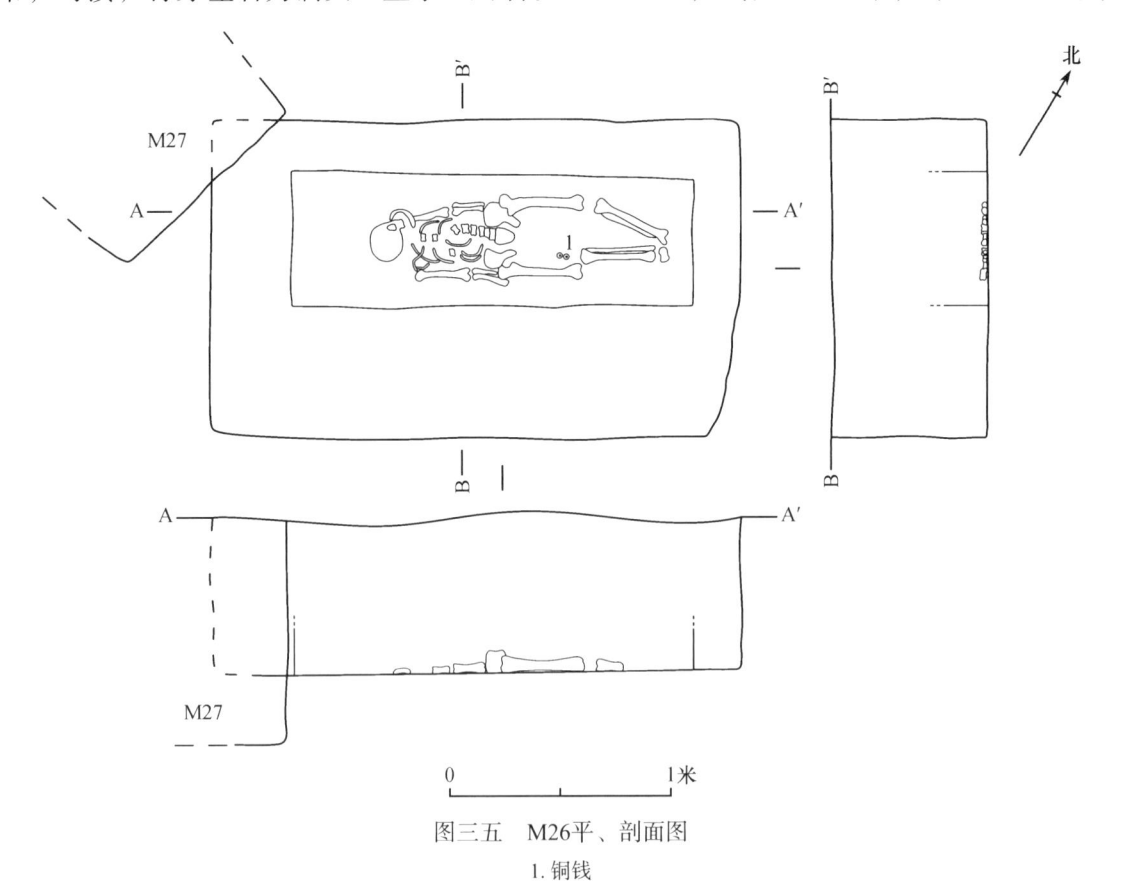

图三五 M26平、剖面图
1.铜钱

宽0.36厘米，郭厚0.11厘米，重2.22克（图三六，1）。M26：1-2，钱径2.27厘米，穿径0.54厘米，郭宽0.31厘米，郭厚0.11厘米，重2.53克（图三六，2）。

M27 位于发掘区西区的西部，东邻M26，南邻M45，东部打破M26，开口于第2层下，方向284°。梯形竖穴土圹单棺墓。墓口距地表0.6米，墓底距地表1.6米。墓圹东西长2.6米，南北宽1～1.3米，深1米。墓圹四壁较规整，内填花土，土质较疏松。

葬具为单木棺，部分棺木已朽，残存四侧棺板。棺木东西长2米，南北宽0.56～0.64米，残高0.28米，残厚0.03米。内葬置人骨一具，保存一般，头向西，面向不详，仰身直肢葬，为成年男性（图三七；图版八，4）。

出土器物：棺外西部出土陶罐1件；棺内头骨北侧出土银扁方1件，股骨内侧出土铜钱1枚。

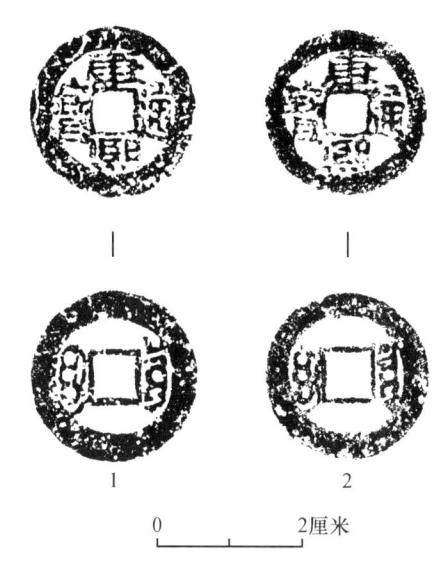

图三六　M26出土康熙通宝
1. M26：1-1　2. M26：1-2

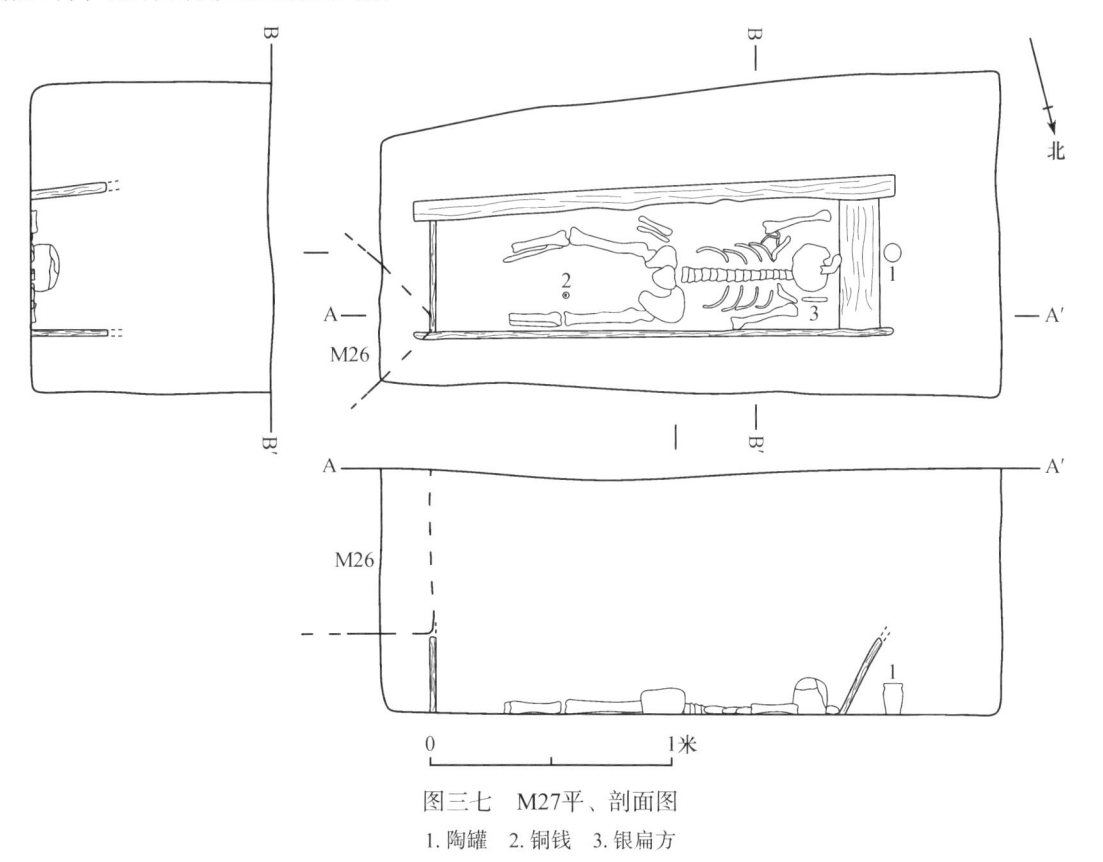

图三七　M27平、剖面图
1. 陶罐　2. 铜钱　3. 银扁方

陶罐　1件。M27∶1，泥质灰陶，胎质较细腻。直口，方唇，短颈，圆肩，曲腹，下腹斜收，平底微凹。素面。内壁有明显轮制痕迹。口径8.1厘米，肩径10.2厘米，底径6厘米，高10厘米（图三八，1；图版三八，3）。

银扁方　1件。M27∶3，首部卷曲，錾刻纹饰，已锈蚀不清；体呈扁条形，末端呈圆弧状，上部錾刻圆形"寿"字纹，下部錾刻蝙蝠纹，背戳印"天□"字样。长12.51厘米，宽2.4厘米，厚0.25厘米，重23.86克（图三八，2；图版三八，4~6）。

铜钱　1枚。锈蚀较甚，字迹模糊不清。

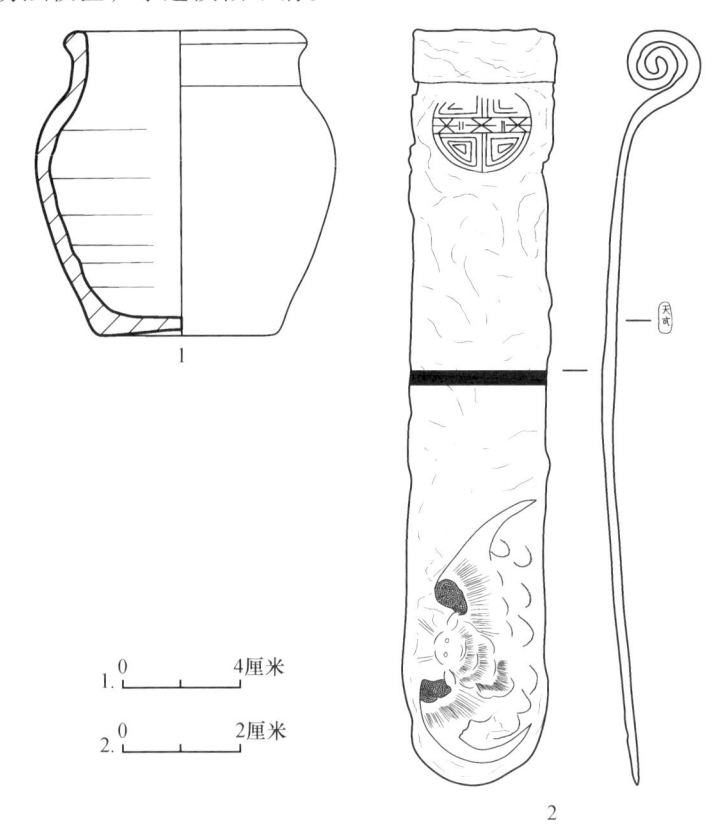

图三八　M27出土器物
1. 陶罐（M27∶1）　2. 银扁方（M27∶3）

M28　位于发掘区西区的西部，西邻M32，南邻M29，开口于第2层下，方向185°。近长方形竖穴土圹单棺墓。墓口距地表0.6米，墓底距地表1.5米。墓圹南北长2.4米，东西宽1.15~1.2米，深0.9米。墓圹四壁较规整，内填花土，土质较疏松。

葬具为单木棺，棺木已朽，仅存朽痕。棺痕南北长1.76米，东西宽0.4~0.45米，残高0.3米。内葬置人骨一具，保存较完整，头向南，面向上，仰身直肢葬，为成年男性（图三九；图版九，1）。

出土器物：棺内股骨西侧出土铜钱2枚。

图三九　M28平、剖面图
1. 铜钱

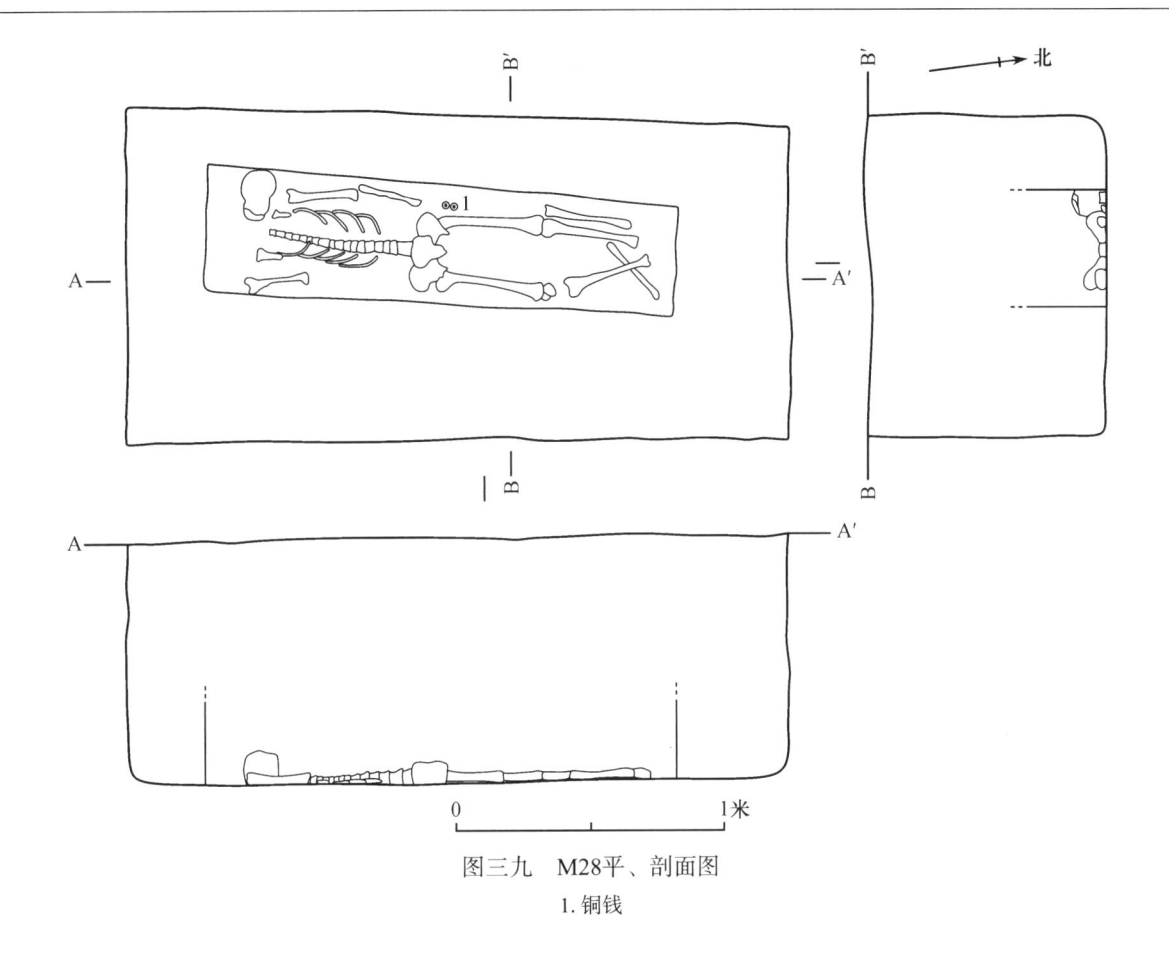

康熙通宝　2枚。均圆形、方穿，正、背面皆有内、外郭，正面书"康熙通宝"四字，楷书，对读，背穿左右为满文"宝泉"局名。标本M28：1-1，钱径2.32厘米，穿径0.51厘米，郭宽0.32厘米，郭厚0.11厘米，重2.5克（图四〇）。

M29　位于发掘区西区的西部，北邻M28，南邻M27，开口于第2层下，方向304°。近长方形竖穴土圹单棺墓。墓口距地表0.6米，墓底距地表1.56米。墓圹东西长2.2米，南北宽1.18～1.2米，深0.96米。墓圹四壁较规整，内填花土，土质较疏松。

葬具为单木棺，棺木已朽，仅存朽痕。棺痕东西长1.8米，南北宽0.5～0.6米，残高0.2米。内葬置人骨一具，保存较完整，头向西北，面向西南，仰身屈肢葬，为成年男性（图四一；图版九，2）。

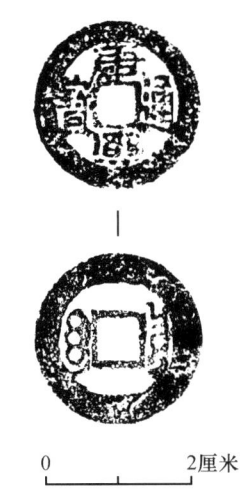

图四〇　M28出土康熙通宝（M28：1-1）

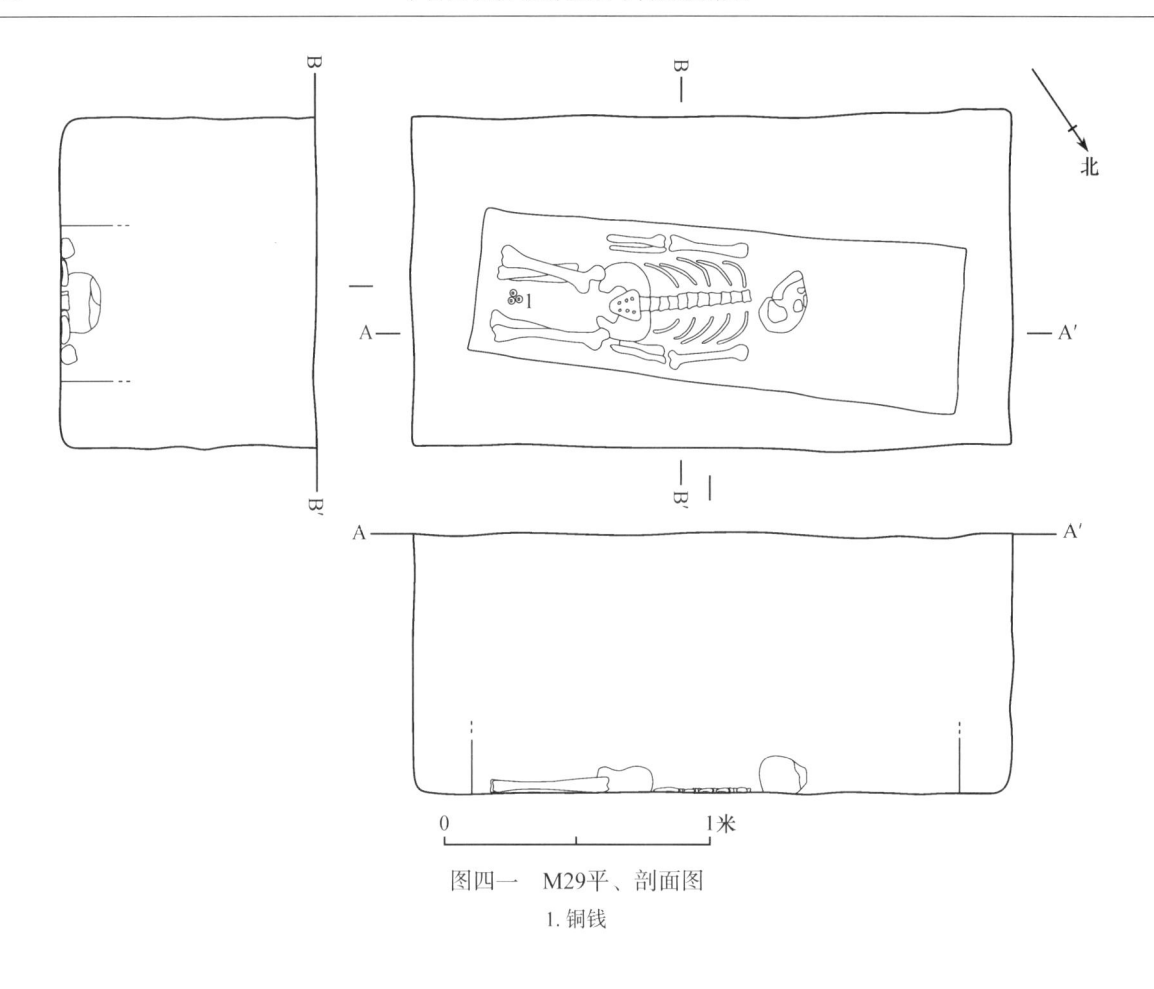

图四一　M29平、剖面图
1. 铜钱

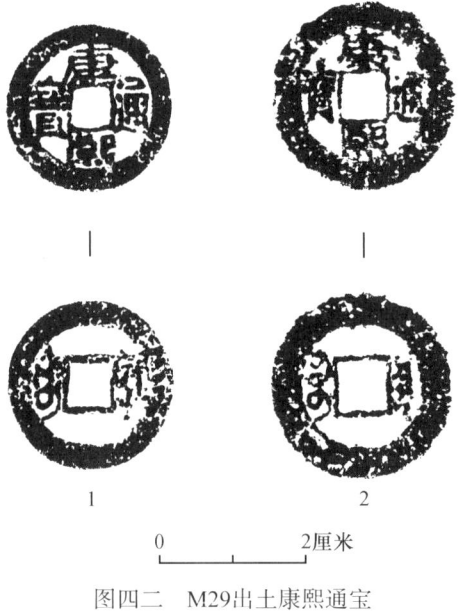

出土器物：棺内股骨内侧出土铜钱3枚。

铜钱　3枚。其中康熙通宝2枚，余1枚锈蚀较甚，字迹模糊不清。

康熙通宝　2枚。均圆形、方穿，正、背面皆有内、外郭，正面书"康熙通宝"四字，楷书，对读，背穿左右为满文"宝泉"局名。M29：1-1，钱径2.29厘米，穿径0.54厘米，郭宽0.31厘米，郭厚0.11厘米，重2.62克（图四二，1）。M29：1-2，钱径2.53厘米，穿径0.65厘米，郭宽0.44厘米，郭厚0.14厘米，重3.76克（图四二，2）。

图四二　M29出土康熙通宝
1. M29：1-1　2. M29：1-2

M30　位于发掘区西区的西部，东邻M31，西邻M42，东北部打破M31，西部打破M42，开口于第2层下，方向196°。长方形竖穴土圹单棺墓。墓口距地表0.6米，墓底距地表1.1米。墓圹南北长2.28米，东西宽1米，深0.5米。墓圹四壁较规整，内填花土，土质较疏松。

葬具为单木棺，棺木已朽，仅存朽痕。棺痕南北长1.8米，东西宽0.58~0.68米，残高0.1米。内葬置人骨一具，保存较完整，头向南，面向东，仰身直肢葬，为成年男性（图四三；图版九，3）。

未见出土器物。

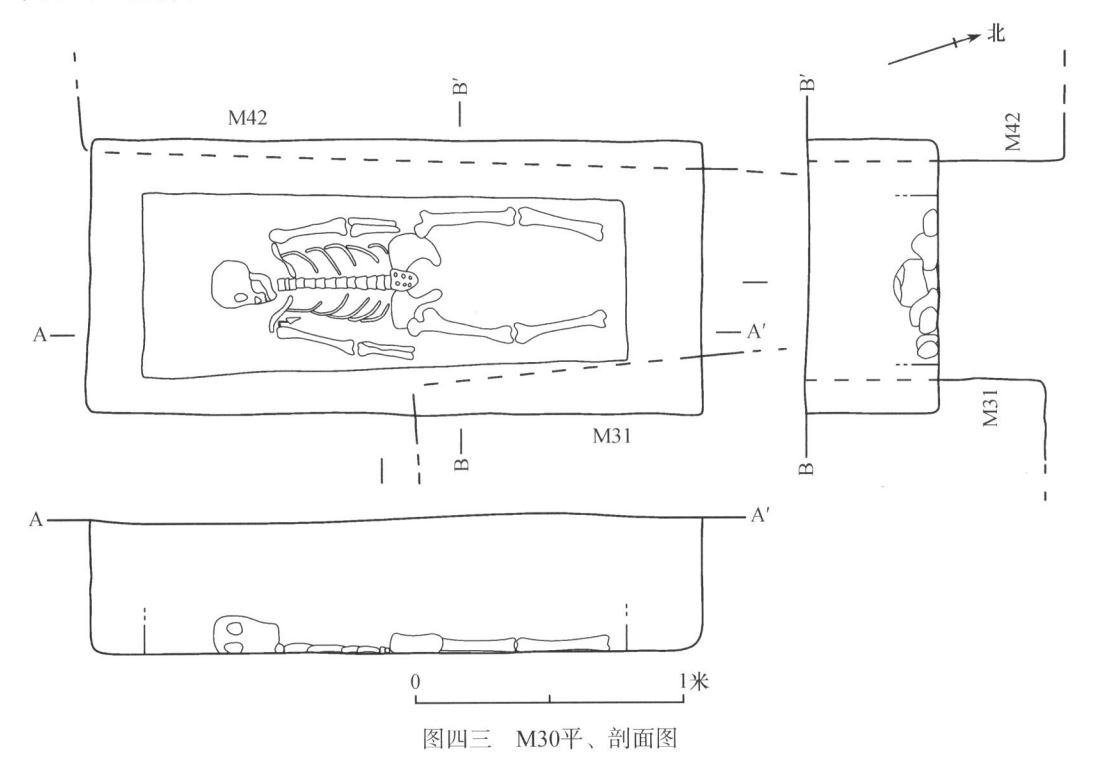

图四三　M30平、剖面图

M31　位于发掘区西区的西部，北邻M32，东邻M29，北部打破M32，西南部被M30打破，开口于第2层下，方向190°。长方形竖穴土圹单棺墓。墓口距地表0.6米，墓底距地表1.52米。墓圹南北长2.4米，东西宽0.9米，深0.92米。墓圹四壁较规整，内填花土，土质较疏松。

葬具为单木棺，棺木已朽，仅存朽痕。棺痕南北长1.8米，东西宽0.48~0.6米，残高0.2米。内葬置人骨一具，保存一般，头向南，面向不详，侧身屈肢葬，为成年女性（图四四；图版九，4）。

出土器物：棺外南部出土釉陶罐1件。

图四四　M31平、剖面图
1.釉陶罐

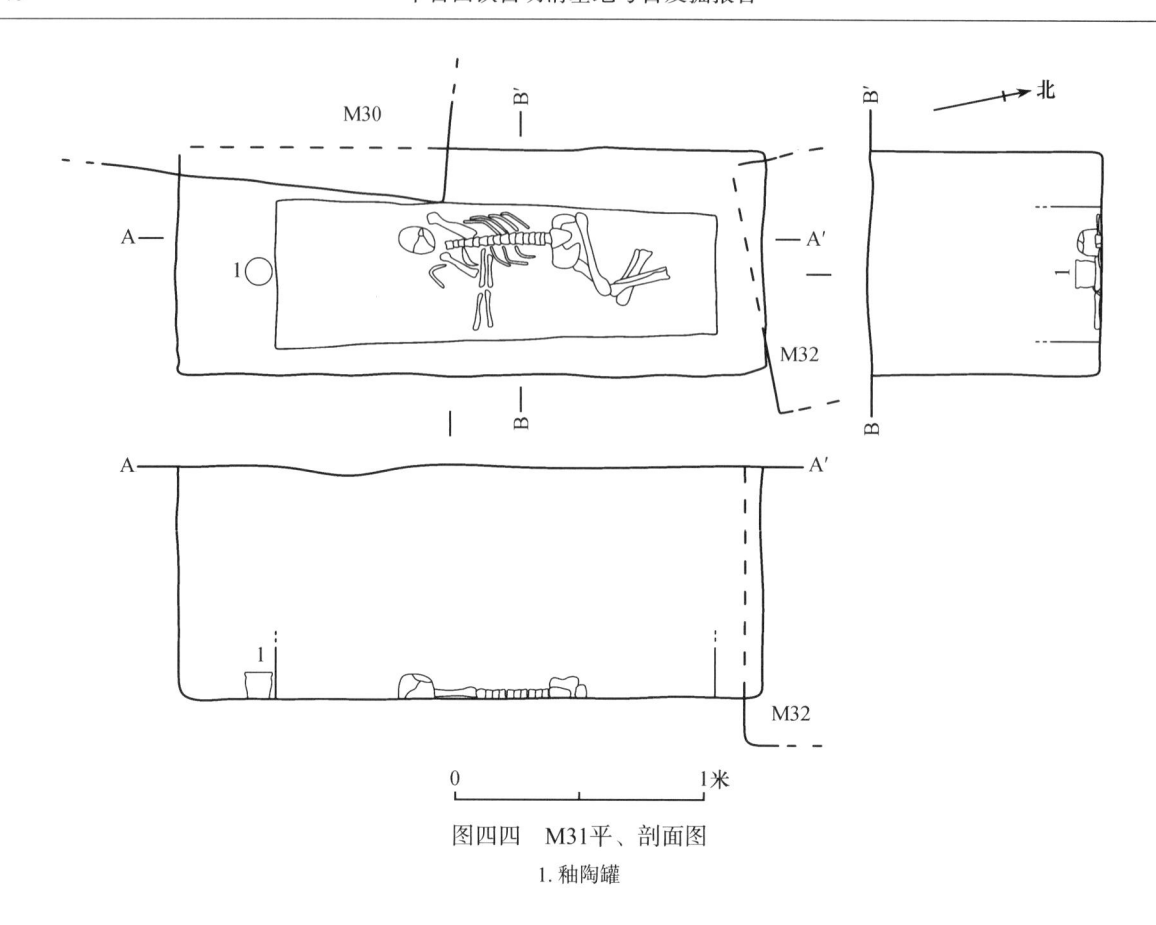

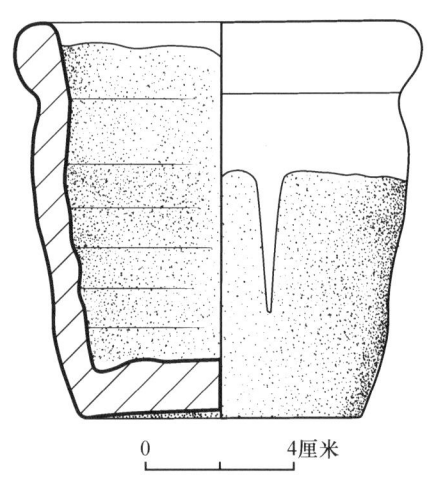

图四五　M31出土釉陶罐（M31:1）

釉陶罐　1件。M31:1，侈口，圆唇，短束颈，斜直腹，平底内凹。夹砂红胎，胎质较粗糙。施黄褐色釉，口沿内侧至外壁上腹部施釉，其余部分皆露胎。釉面粗糙，施釉不均匀，外壁有流釉现象。素面。内壁有明显轮制痕迹。口径10.8厘米，肩径10.1厘米，底径7.6厘米，高10.5厘米（图四五；图版三九，1）。

M32　位于发掘区西区的西部，东邻M28，西邻M33，南部被M31打破，西北部被M33打破，开口于第2层下，方向180°。长方形竖穴土圹单棺墓。墓口距地表0.6米，墓底距地表1.7米。墓圹南北长2.2米，东西宽1米，深1.1米。墓圹四壁较规整，内填花土，土质较疏松。

葬具为单木棺，棺木已朽，仅存朽痕。棺痕南北长1.9米，东西宽0.54～0.68米，残高0.3米。内葬置人骨一具，保存较完整，头向南，面向西，侧身屈肢葬，为成年女性（图四六；图版一〇，1）。

未见出土器物。

图四六　M32平、剖面图

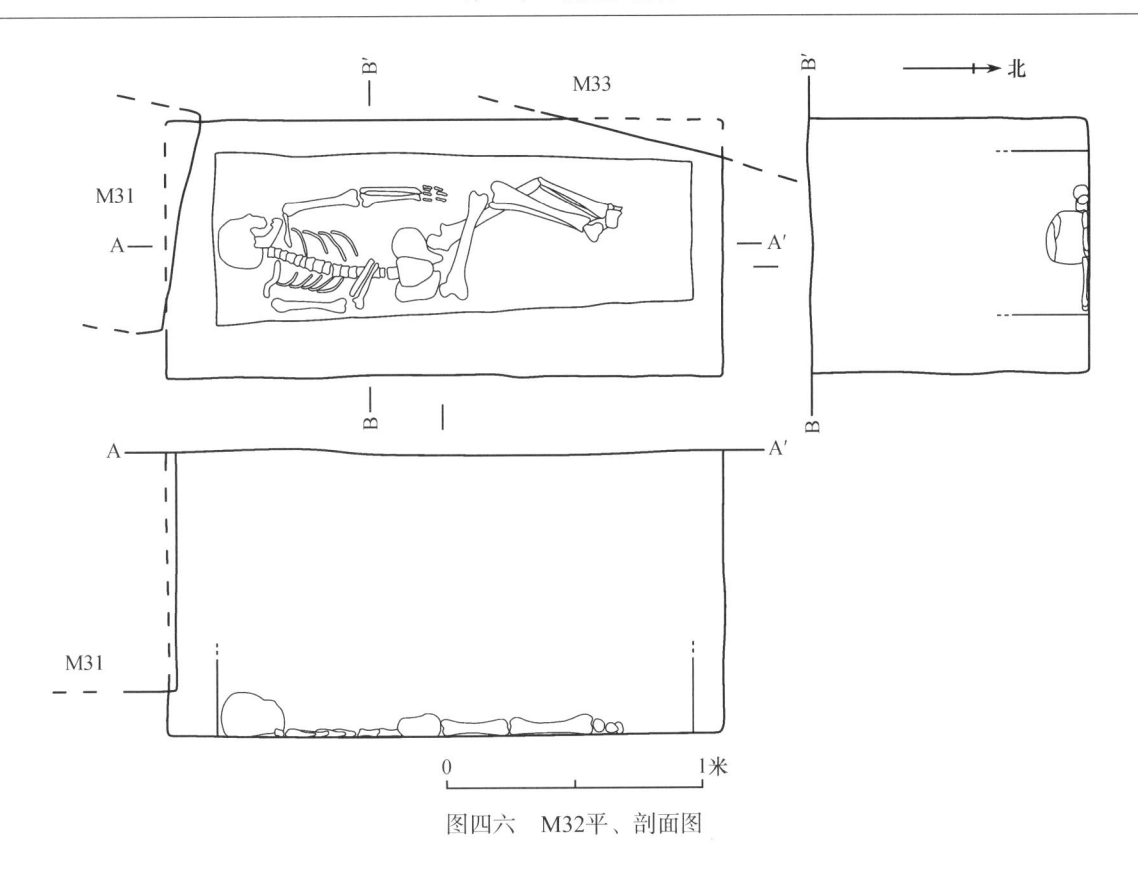

M33　位于发掘区西区的西部，东邻M32，东南部打破M32，开口于第2层下，方向190°。长方形竖穴土圹单棺墓。墓口距地表0.6米，墓底距地表1.3米。墓圹南北长2.7米，东西宽1.06米，深0.7米。墓圹四壁较规整，内填花土，土质较疏松。

葬具为单木棺，棺木已朽，仅存朽痕。棺痕南北长2米，东西宽0.6~0.7米，残高0.2米。内葬置人骨一具，保存较完整，头向南，面向西，仰身直肢葬，为成年女性（图四七；图版一〇，2）。

出土器物：棺外南部出土陶罐1件；棺内头骨东南侧出土银簪1件、银押发1件。

陶罐　1件。M33:1，泥质灰陶，胎质较细腻。侈口，方唇，束颈，溜肩，曲腹，下腹斜收，平底内凹。素面。外壁腹部有明显轮制痕迹。口径7.8厘米，腹径11厘米，底径6.2厘米，高10.84厘米（图四八，1；图版三九，2）。

银簪　1件。M33:2，残，失簪首，仅存簪体。体呈细长圆锥形，顶部饰双层环节形凸颈。残长11.9厘米，厚0.15厘米，重3.37克（图四八，2；图版三九，3）。

银押发　1件。M33:3，体呈弓形，两端较宽呈柳叶状，中部收束，背戳印"国泰足纹"字样。长9.9厘米，宽1.4厘米，厚0.1厘米，重5.53克（图四八，3；图版三九，4、5）。

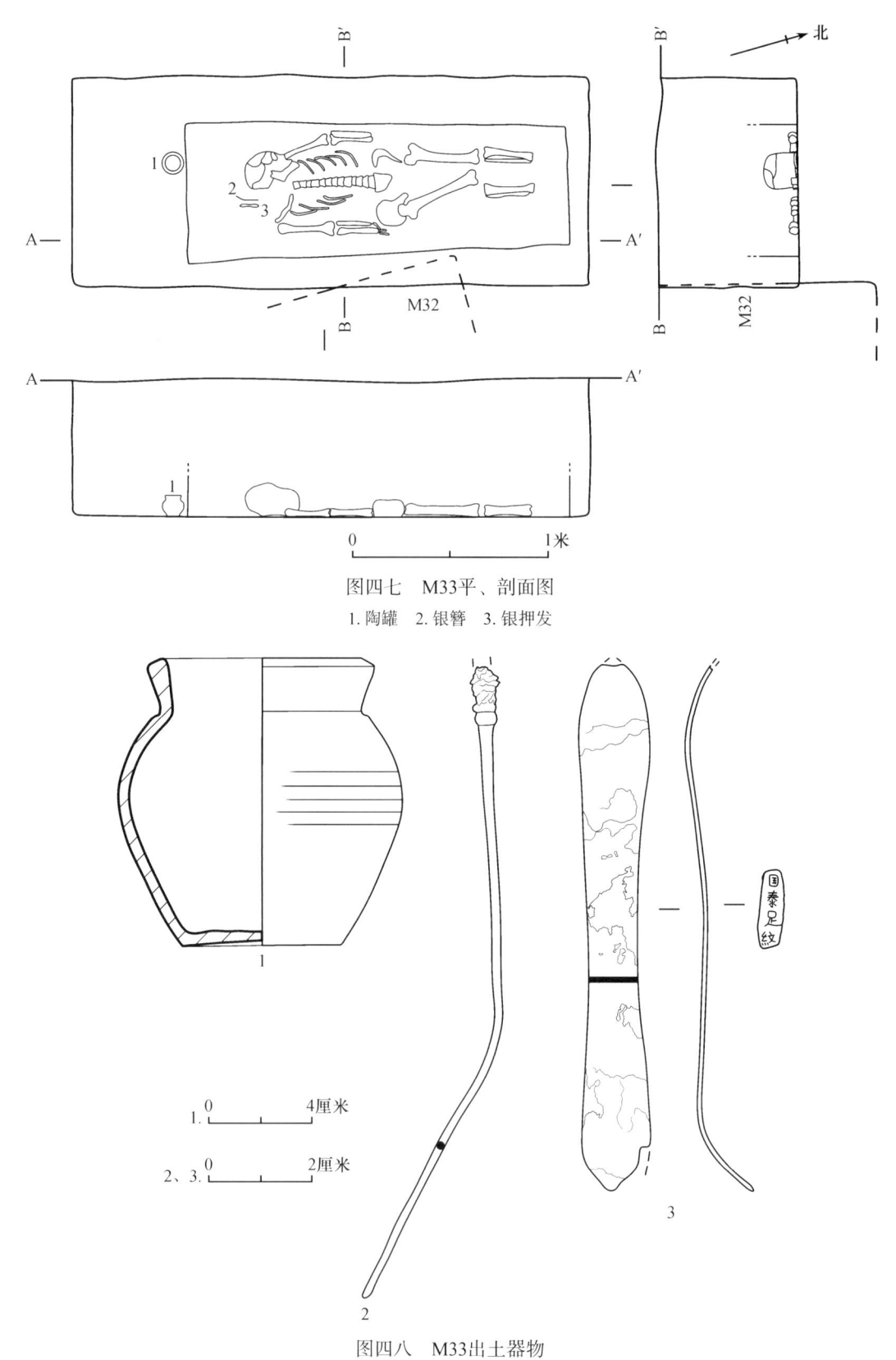

图四七　M33平、剖面图
1. 陶罐　2. 银簪　3. 银押发

图四八　M33出土器物
1. 陶罐（M33：1）　2. 银簪（M33：2）　3. 银押发（M33：3）

M34　位于发掘区西区的西部，东邻M35，东北部打破M35，开口于第2层下，方向0°。长方形竖穴土圹单棺墓。墓口距地表0.6米，墓底距地表1.5米。墓圹南北长2.4米，东西宽1.3米，深0.9米。墓圹四壁较规整，内填花土，土质较疏松。

葬具为单木棺，棺木已朽，仅存朽痕。棺痕南北长2米，东西宽0.6米，残高0.2米。内葬置人骨一具，保存较完整，头向北，面向东，仰身直肢葬，为成年男性（图四九；图版一〇，3）。

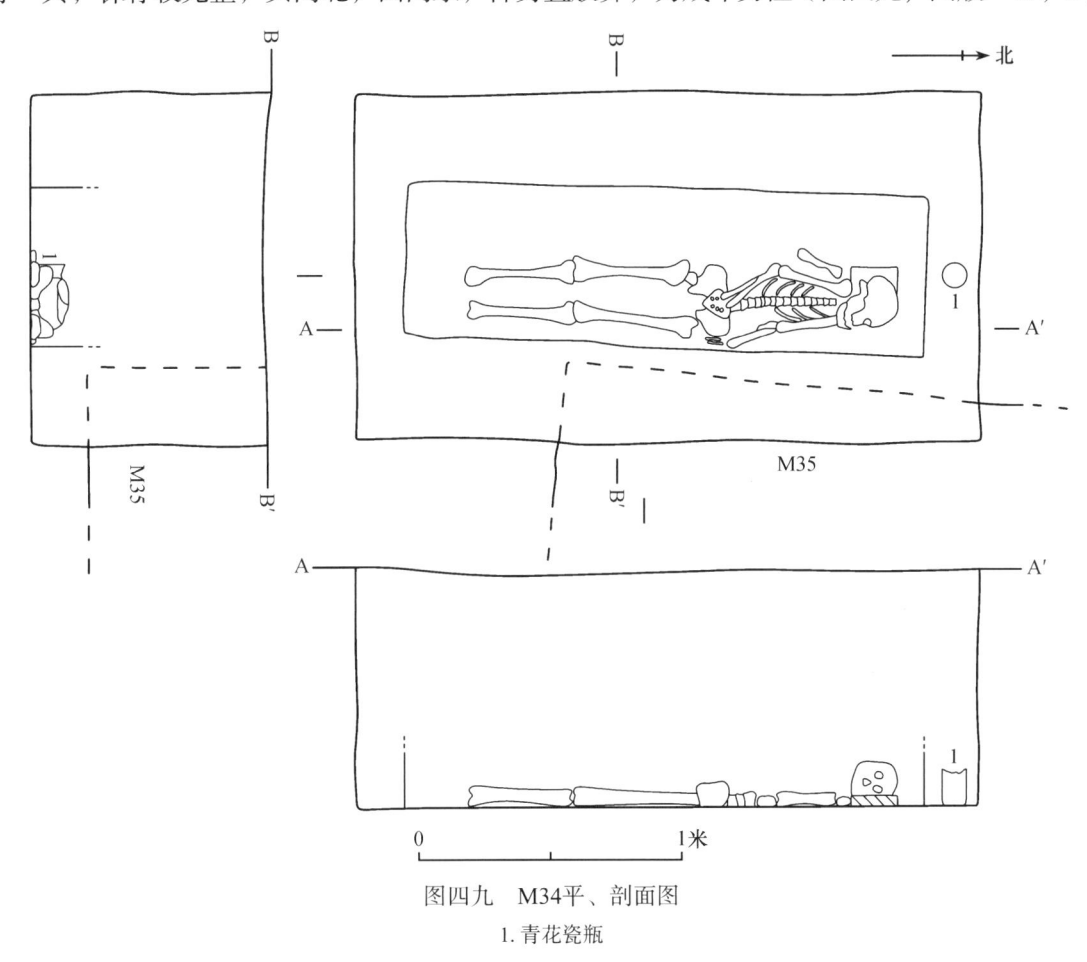

图四九　M34平、剖面图
1. 青花瓷瓶

出土器物：棺外北部出土青花瓷瓶1件。

青花瓷瓶　1件。M34：1，残，失上部，仅存下腹及底部。直腹，下腹斜内收，矮圈足，足墙微外撇。白胎，胎质细腻、坚致。内外满施透明釉，施釉均匀，足端无釉。残可见外壁下腹部饰觚、鼎、宝扇、法轮、方胜、如意、磬、银锭、书籍等杂宝纹；外底饰两周弦纹。青花发色浓艳，呈深蓝色。内壁有明显轮制痕迹，外壁釉面可见棕眼。腹径9.2厘米，底径6.76厘米，残高13.68厘米（图五〇；图版四〇）。

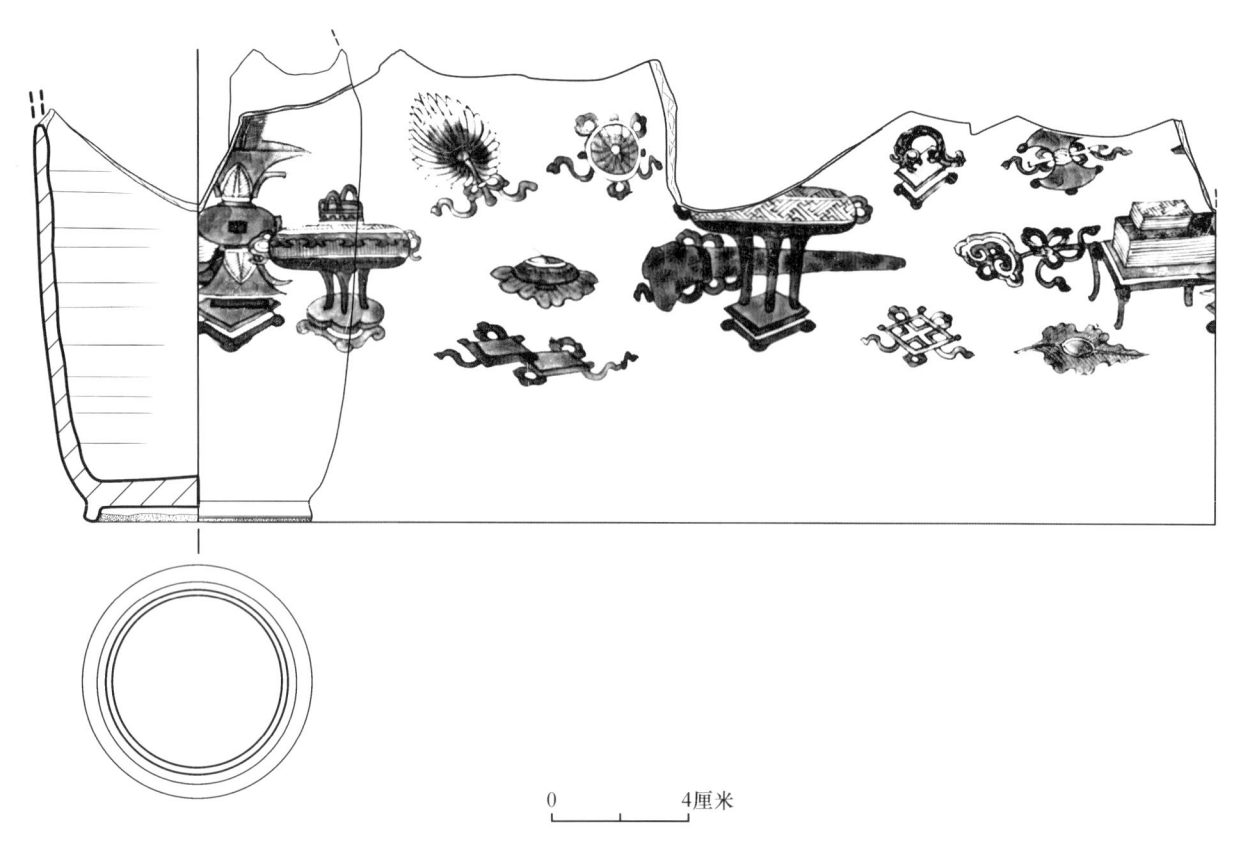

图五〇　M34出土青花瓷瓶（M34∶1）

M36　位于发掘区西区的西部，西邻M40，南邻M35，开口于第2层下，方向124°。长方形竖穴土圹单棺墓。墓口距地表0.6米，墓底距地表1.3米。墓圹东西长2.4米，南北宽1.1米，深0.7米。墓圹四壁较规整，内填花土，土质较疏松。

葬具为单木棺，部分棺木已朽，残存南、北两侧棺板。棺木东西长1.8米，南北宽0.6~0.7米，残高0.12米。内葬置人骨一具，保存一般，头向东，面向不详，仰身直肢葬，为成年男性（图五一；图版一〇，4）。

未见出土器物。

M37　位于发掘区西区的西部，北邻M39，东邻M38，东部打破M38，开口于第2层下，方向190°。长方形竖穴土圹单棺墓。墓口距地表0.6米，墓底距地表1.3米。墓圹南北长2.4米，东西宽1.1米，深0.7米。墓圹四壁较规整，内填花土，土质较疏松。

葬具为单木棺，棺木已朽，仅存朽痕。棺痕南北长1.94米，东西宽0.45~0.58米，残高0.2米。内葬置人骨一具，保存较差，头向、面向、葬式、性别均不详（图五二；图版一一，1）。

未见出土器物。

图五一　M36平、剖面图

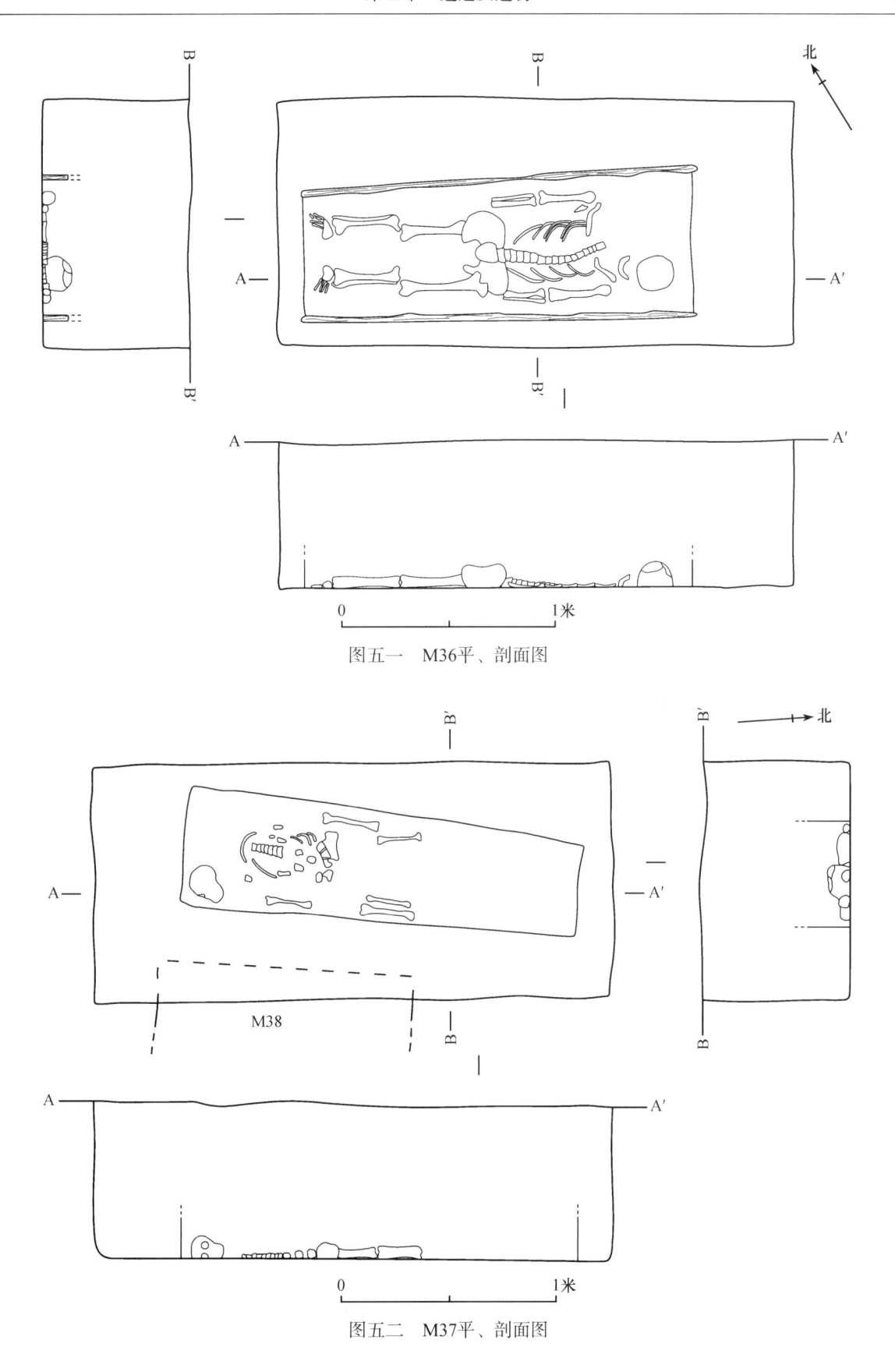

图五二　M37平、剖面图

M38　位于发掘区西区的西部，北邻M34，西邻M37，西部被M37打破，开口于第2层下，方向275°。长方形竖穴土圹单棺墓。墓口距地表0.6米，墓底距地表1.7米。墓圹东西长2.3米，南北宽1.2米，深1.1米。墓圹四壁较规整，内填花土，土质较疏松。

葬具为单木棺，部分棺木已朽，残存南、北、东三侧棺板和底板。棺木东西长2.1米，南北宽0.7~0.8米，残高0.24米，残厚0.05米。内葬置人骨一具，保存一般，头向西，面向南，葬式不详，为成年男性（图五三；图版一一，2）。

出土器物：棺外西部出土釉陶罐1件；棺内中部出土铜钱6枚。

釉陶罐　1件。M38:1，侈口，方唇，短束颈，溜肩，曲腹，下腹内收，平底。夹砂红胎，胎质较粗糙。内壁口沿处至外壁肩部施褐色釉，其余部分皆露胎，釉面粗糙，施釉不均匀，外壁有流釉现象。素面。内壁和外壁口沿处均有明显轮制痕迹。口径9.4厘米，底径7.2厘米，高10.8厘米（图五四，1；图版四一，1）。

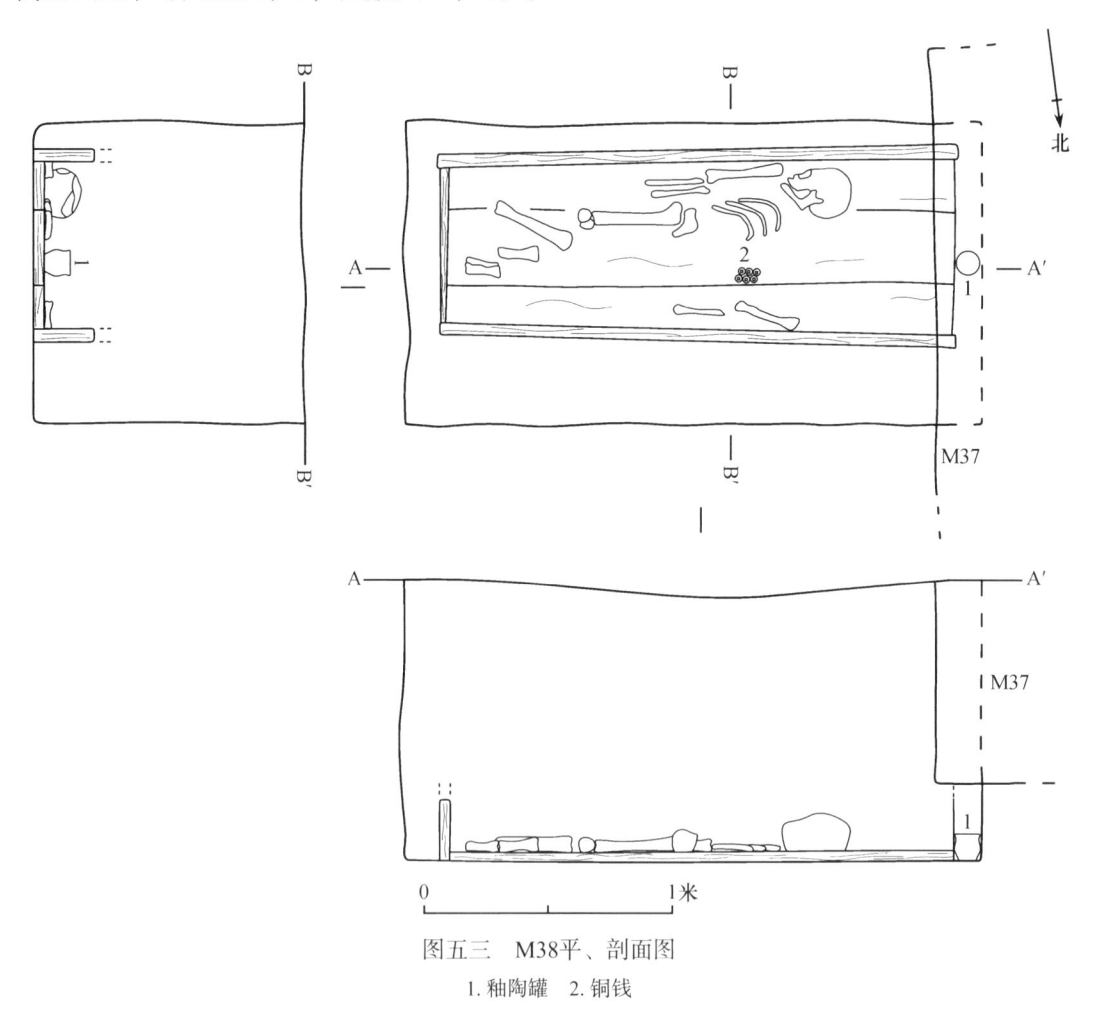

图五三　M38平、剖面图
1.釉陶罐　2.铜钱

铜钱　6枚。其中康熙通宝3枚、乾隆通宝2枚，余1枚锈蚀较甚，字迹模糊不清。

康熙通宝　3枚。均圆形、方穿，正、背面皆有内、外郭，正面书"康熙通宝"四字，楷书，对读，背穿左右为满文"宝源"局名。标本M38∶2-1，钱径2.36厘米，穿径0.6厘米，郭宽0.29厘米，郭厚0.11厘米，重2.2克（图五四，2）。

乾隆通宝　2枚。均圆形、方穿，正、背面皆有内、外郭，正面书"乾隆通宝"四字，楷书，对读，背穿左右为满文"宝泉"局名。标本M38∶2-2，钱径2.22厘米，穿径0.55厘米，郭宽0.31厘米，郭厚0.13厘米，重2.74克（图五四，3）。

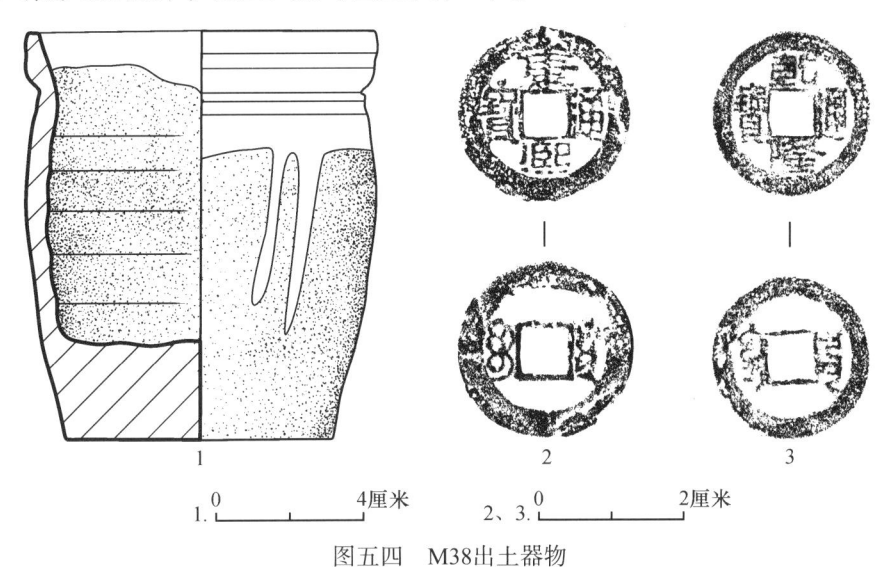

图五四　M38出土器物

1. 釉陶罐（M38∶1）　2. 康熙通宝（M38∶2-1）　3. 乾隆通宝（M38∶2-2）

M39　位于发掘区西区的西部，东北邻M40，南邻M37，开口于第2层下，方向230°。长方形竖穴土圹单棺墓。墓口距地表0.5米，墓底距地表1.3米。墓圹南北长2.2米，东西宽1.1米，深0.8米。墓圹四壁较规整，内填花土，土质较疏松。

葬具为单木棺，棺木已朽，仅存朽痕。棺痕南北长1.88米，东西宽0.58米，残高0.1米。内葬置人骨一具，保存较差，头向西南，面向不详，仰身直肢葬，为成年男性（图五五；图版一一，3）。

未见出土器物。

图五五　M39平、剖面图

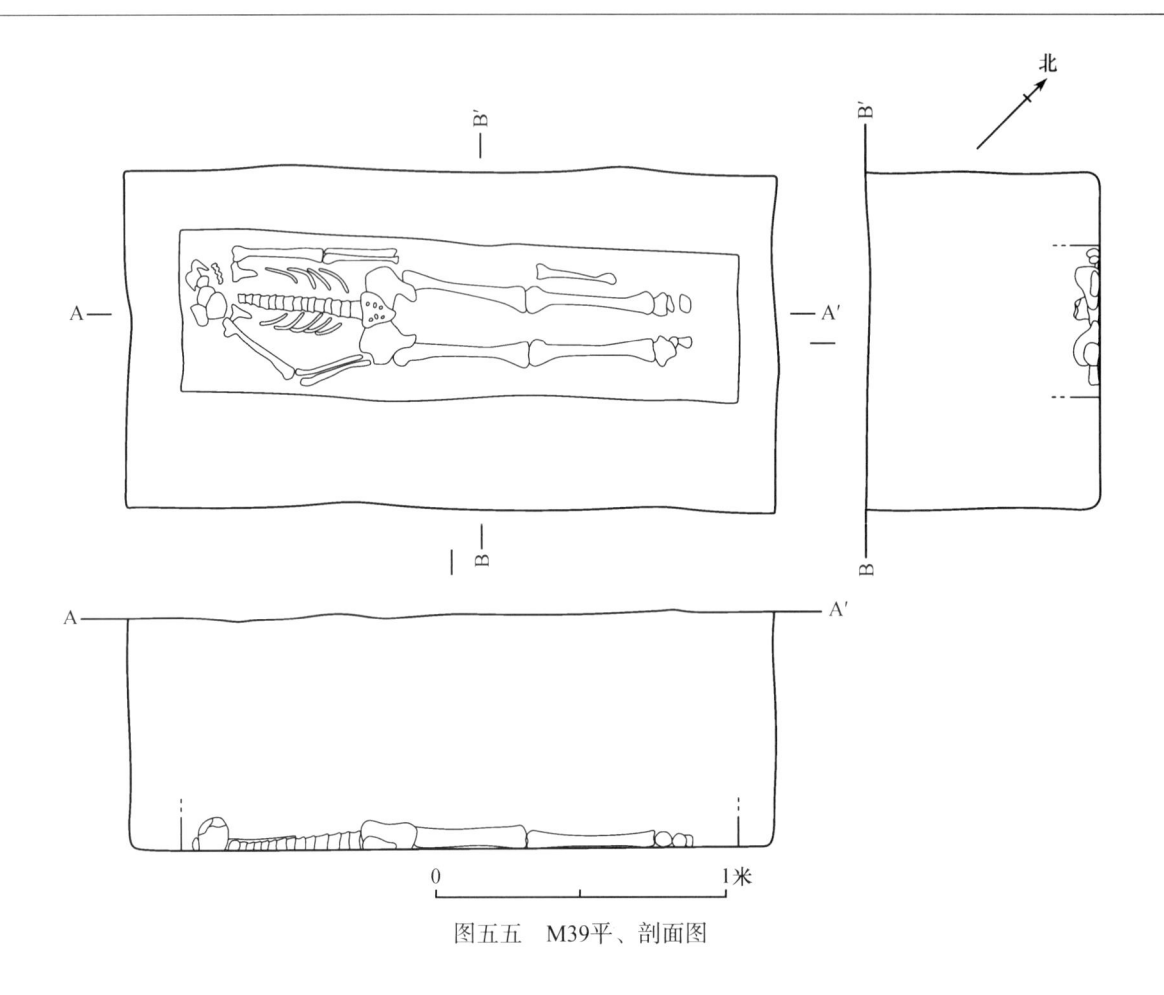

M40　位于发掘区西区的西部，东邻M36，西南邻M39，开口于第2层下，方向180°。长方形竖穴土圹单棺墓。墓口距地表0.5米，墓底距地表1.6米。墓圹南北长2.7米，东西宽1.1米，深1.1米。墓圹四壁较规整，内填花土，土质较疏松。

葬具为单木棺，棺木已朽，仅存朽痕。棺痕南北长2.1米，东西宽0.48~0.6米，残高0.1米。内葬置人骨一具，保存差，头向、面向、葬式均不详，性别推测为女性（图五六；图版一一，4）。

出土器物：棺内人骨头部出土银耳环1件，腿部出土铜钱2枚。

银耳环　1件。M40：2，环面呈半球状；环体近似钩形，尾部尖。长3.03厘米，宽2.7厘米，厚0.2厘米，环面直径0.8厘米，重1.47克（图五七，1；图版四一，2）。

铜钱　2枚。其中乾隆通宝1枚，余1枚锈蚀较甚，字迹模糊不清。

乾隆通宝　1枚。M40：1-1，圆形、方穿，正、背面皆有内、外郭，正面书"乾隆通宝"四字，楷书，对读，背穿左右为满文"宝泉"局名。钱径2.33厘米，穿径0.53厘米，郭宽0.29厘米，郭厚0.15厘米，重3.8克（图五七，2）。

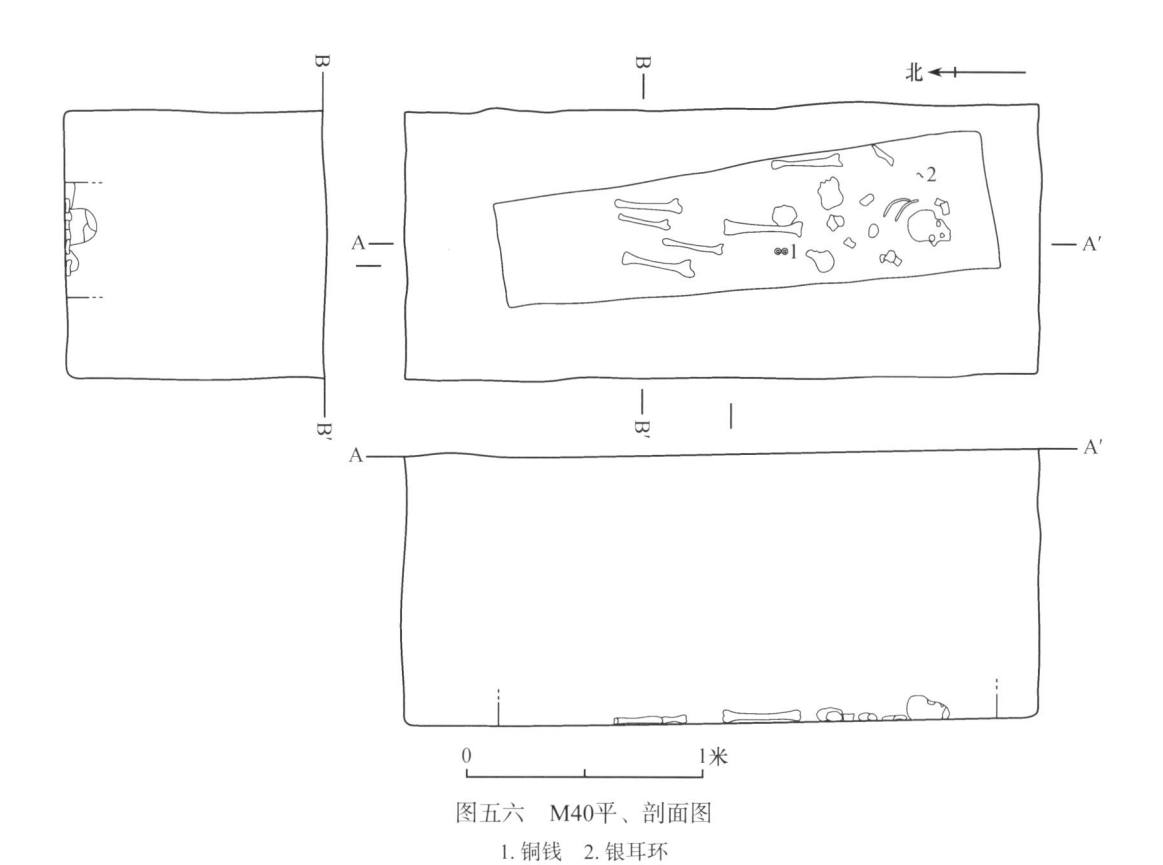

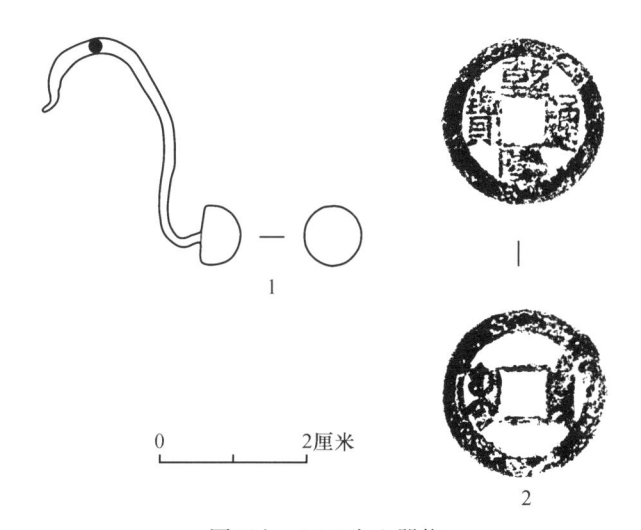

图五六　M40平、剖面图
1. 铜钱　2. 银耳环

图五七　M40出土器物
1. 银耳环（M40：2）　2. 乾隆通宝（M40：1-1）

M41　位于发掘区西区的西部，北邻M8，东邻M49，开口于第2层下，方向190°。长方形竖穴土圹单棺墓。墓口距地表0.5米，墓底距地表1.2米。墓圹南北长2.4米，东西宽1.4米，深0.7米。墓圹四壁较规整，内填花土，土质较疏松。

葬具为单木棺，棺木已朽，仅存朽痕。棺痕南北长1.72米，东西宽0.6～0.66米，残高0.1米。内葬置人骨一具，保存较完整，头向南，面向上，仰身直肢葬，为成年女性（图五八；图版一二，1）。

出土器物：棺外南部出土陶罐1件；棺内头骨西侧出土银簪1件、银扁方1件，桡骨西侧出土铜钱1枚，股骨东侧出土银耳环1件。

陶罐　1件。M41∶1，泥质灰陶，胎质较细腻。侈口，方唇，短束颈，圆肩，曲腹，下腹斜收，平底内凹。素面。内、外壁有明显轮制痕迹。口径9.8厘米，肩径12.7厘米，底径6.8厘米，高11.4厘米（图五九，1；图版四一，3）。

银簪　1件。M41∶2，残，失簪首，仅存部分簪首装饰结构和簪体。簪首装饰仅存葫芦形饰件2件、花朵形饰件1件；葫芦形饰件大小相同，形制对称，均呈扁平状，单面缠丝，顶部饰有藤、叶结构，上肚开一圆孔，下肚镂空，侧面开口；花朵形饰件呈扁平状，双层结构，上

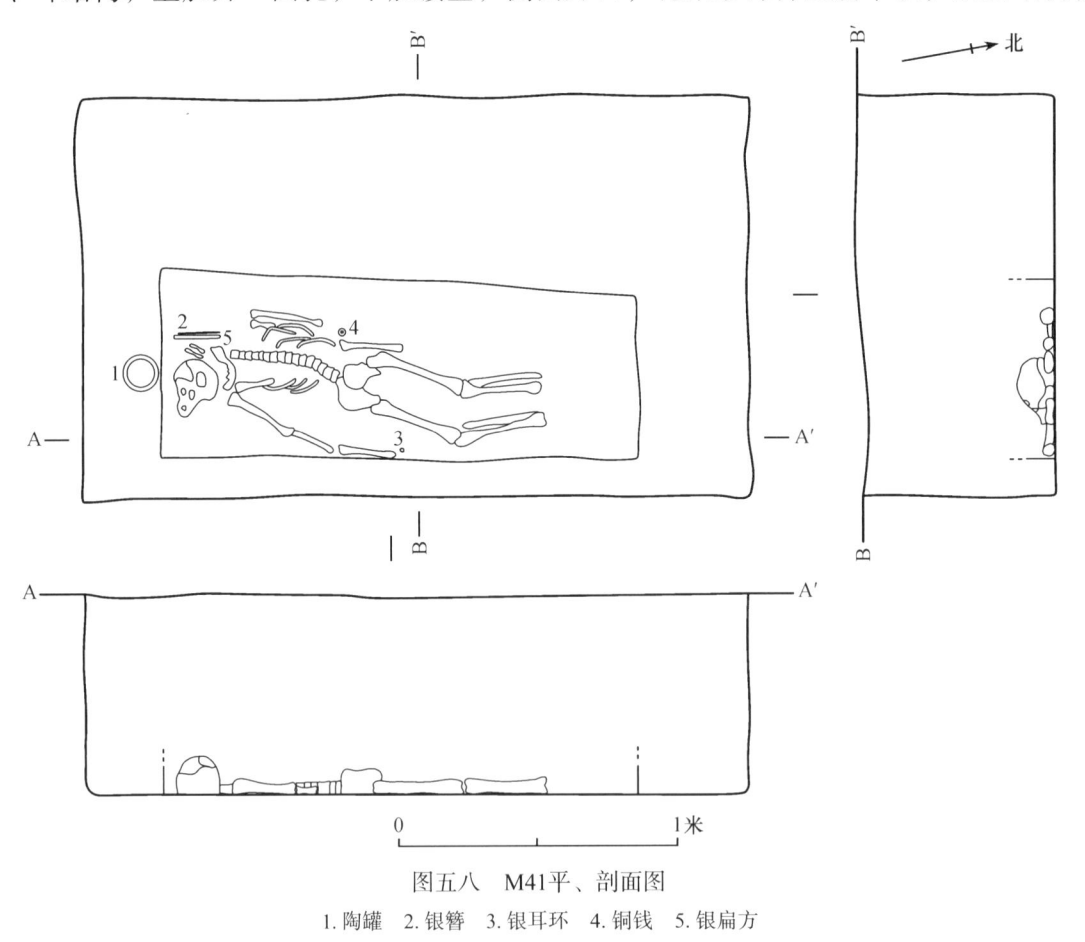

图五八　M41平、剖面图
1.陶罐　2.银簪　3.银耳环　4.铜钱　5.银扁方

层为花蕊，下层为五瓣花结构。体呈细长扁条形。簪首残高2.27厘米，簪体残长8.98厘米，厚0.18厘米，重2.64克（图五九，4；图版四二，1）。

银耳环　1件。M41:3，体呈圆环形，中部錾刻叶纹，一端呈细圆锥状，尾部尖，一端呈细长扁平状，錾刻蝴蝶花叶纹，尾部錾刻如意云纹。周长7.7厘米，直径2.6厘米，重2.35克（图五九，2；图版四二，2、3）。

银扁方　1件。M41:5，通体鎏金。首部卷曲，錾刻蝙蝠纹；体呈长扁条形，末端呈圆弧状，上部錾刻圆形"寿"字纹，其下錾刻蝴蝶缠枝花纹，最下部錾刻梅花纹，背戳印"春华、足纹"字样。长15.9厘米，宽1.2厘米，厚0.15厘米，重17.1克（图五九，3；图版四二，4~6）。

铜钱　1枚。锈蚀较甚，字迹模糊不清。

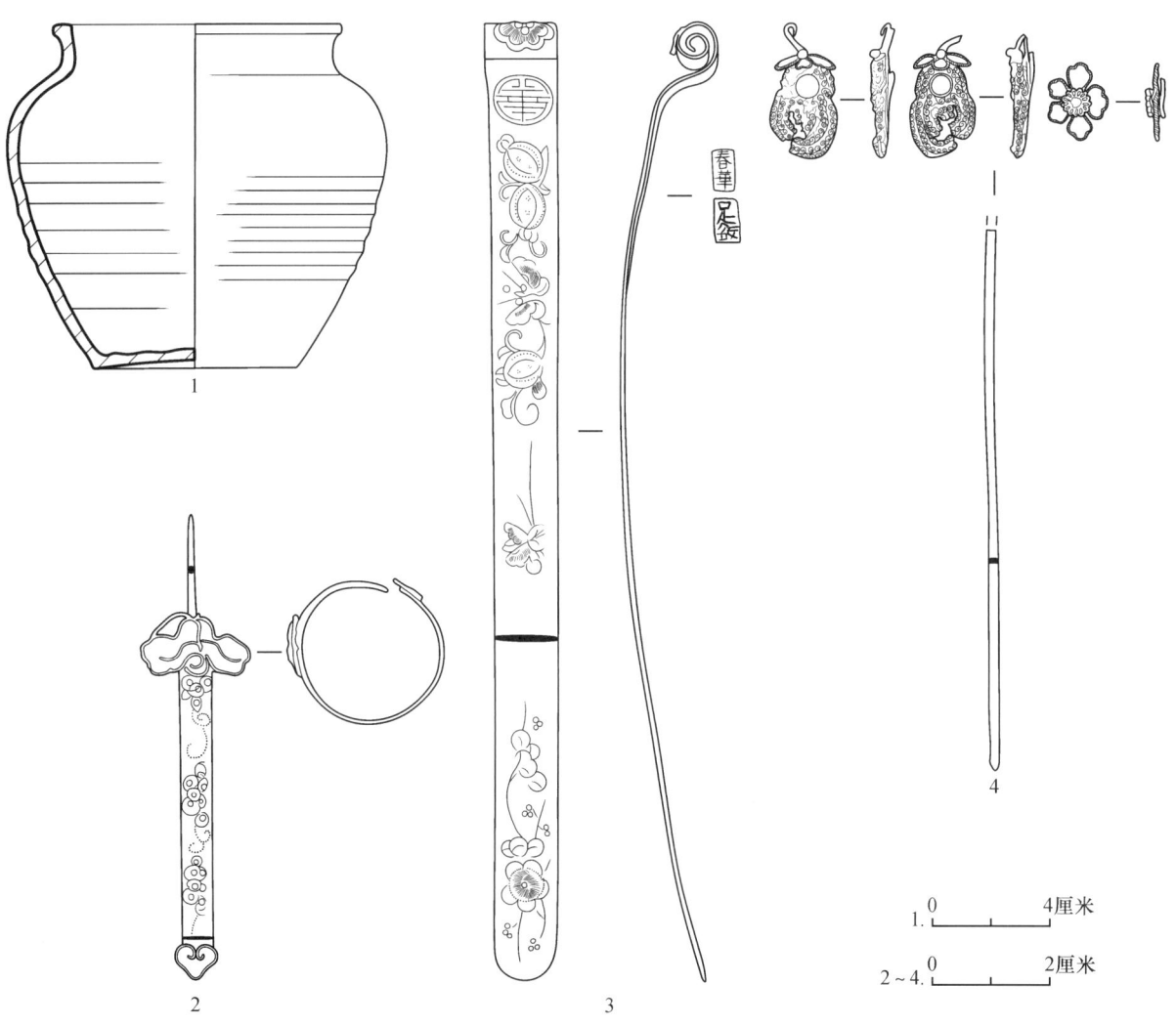

图五九　M41出土器物

1. 陶罐（M41:1）　2. 银耳环（M41:3）　3. 银扁方（M41:5）　4. 银簪（M41:2）

M43 位于发掘区西区的西部,北邻M31,东南邻M44,开口于第2层下,方向203°。梯形竖穴土圹单人葬墓。墓口距地表0.6米,墓底距地表1.6米。墓圹南北长1.9米,东西宽0.4~0.54米,深1米。墓圹四壁较规整,内填花土,土质较疏松。

未见葬具。内葬置人骨一具,保存较完整,头向南,面向上,仰身直肢葬,为成年女性(图六〇;图版一二,2)。

出土器物:棺内椎骨东侧出土料扣5件、铜钱1枚。

料扣 5件。M43：2-1,近圆球形,顶部带穿孔。呈乳白色,有裂纹。直径1.1厘米,重2克(图六一,1;图版四三,1)。M43：2-2,近圆球形,顶部带穿孔。呈乳白色,有裂纹。直径1.1厘米,重1.89克(图六一,2;图版四三,1)。M43：2-3,近圆球形,顶部带穿孔。呈乳白色,有裂纹。直径1.1厘米,重1.95克(图六一,3;图版四三,1)。M43：2-4,近圆球

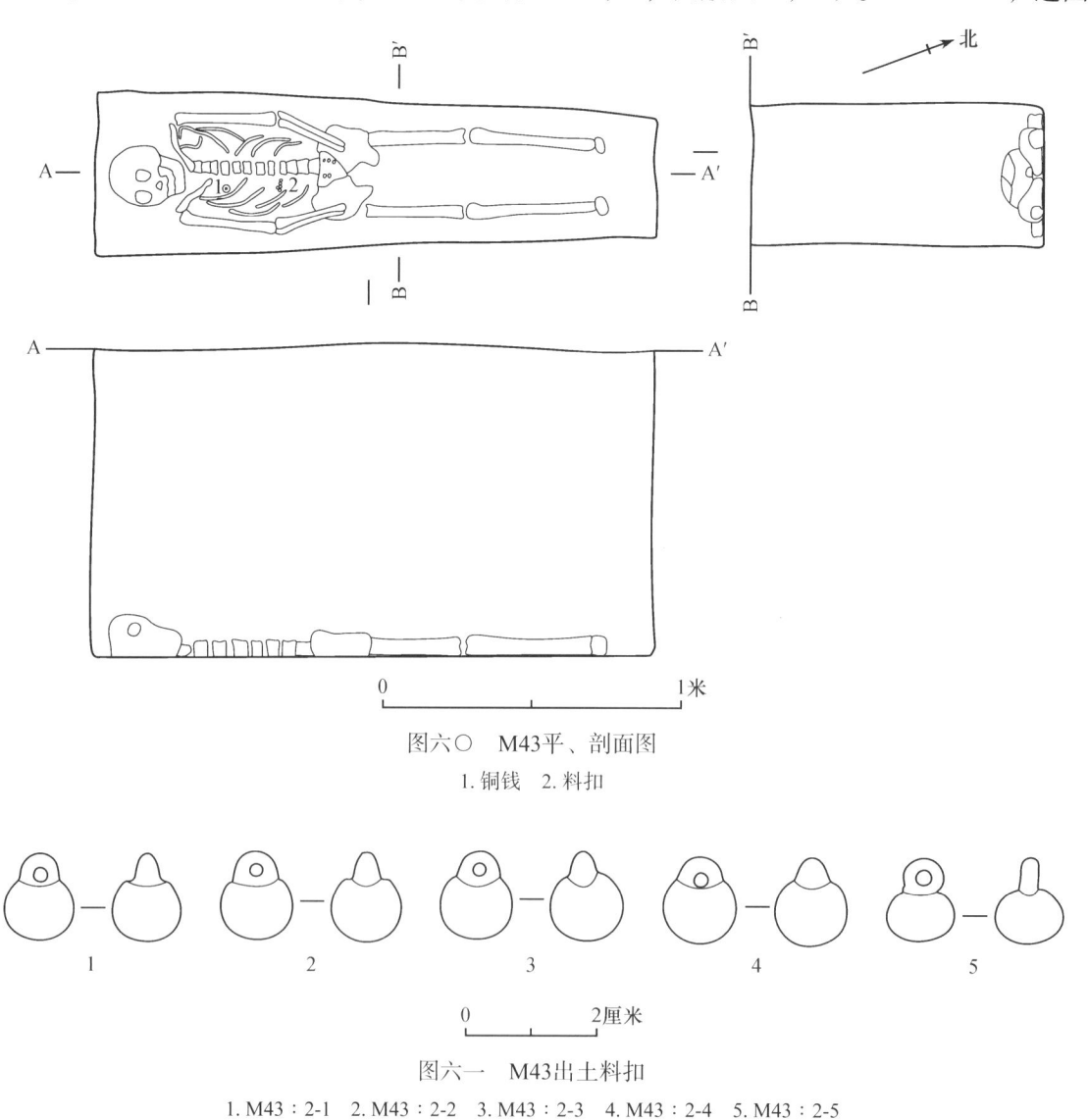

图六〇 M43平、剖面图
1. 铜钱 2. 料扣

图六一 M43出土料扣
1. M43：2-1 2. M43：2-2 3. M43：2-3 4. M43：2-4 5. M43：2-5

形，顶部带穿孔。呈乳白色，有裂纹。直径1.1厘米，重1.74克（图六一，4；图版四三，1）。M43：2-5，近扁圆球形，顶部带穿孔。呈乳青色，有裂纹。直径1.1厘米，重1.18克（图六一，5；图版四三，1）。

铜钱　1枚。锈蚀较甚，字迹模糊不清。

M45　位于发掘区西区的西部，东邻M46，开口于第2层下，方向10°。梯形竖穴土圹单棺墓。墓口距地表0.6米，墓底距地表1.6米。墓圹南北长1.84米，东西宽0.44～0.56米，深1米。墓圹四壁较规整，内填花土，土质较疏松。

墓内未见葬具及人骨，判断为迁葬墓（图六二；图版一二，3）。

出土器物：棺内中部偏北出土铜钱4枚。

铜钱　4枚。其中乾隆通宝3枚，余1枚锈蚀较甚，字迹模糊不清。

乾隆通宝　3枚。均圆形、方穿，正、背面皆有内、外郭，正面书"乾隆通宝"四字，楷书，对读。M45：1-1，背穿左右为满文"宝泉"局名。钱径2.31厘米，穿径0.53厘米，郭宽0.32厘米，郭厚0.13厘米，重3.05克（图六三，1）。M45：1-2，背穿左右为满文"宝源"局名。钱径2.34厘米，穿径0.57厘米，郭宽0.32厘米，郭厚0.2厘米，重3.06克（图六三，2）。M45：1-3，背穿左右为满文"宝源"局名。钱径2.35厘米，穿径0.6厘米，郭宽0.32厘米，郭厚0.13厘米，重3.74克（图六三，3）。

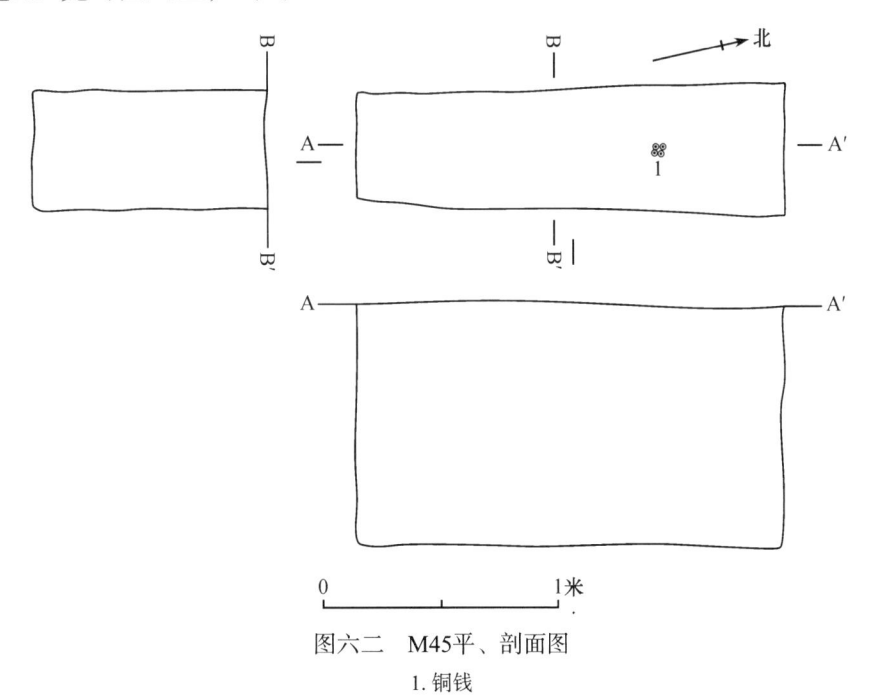

图六二　M45平、剖面图

1.铜钱

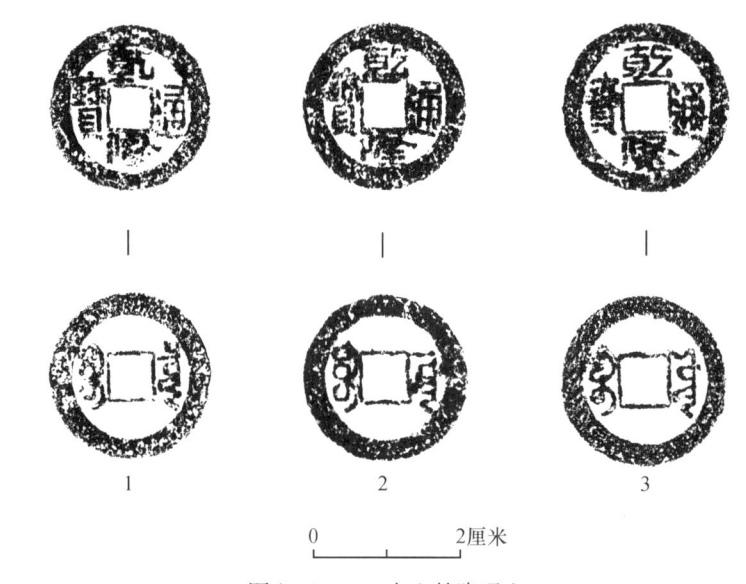

图六三　M45出土乾隆通宝
1. M45:1-1　2. M45:1-2　3. M45:1-3

M46　位于发掘区西区的西部，北邻M26，开口于第2层下，方向187°。梯形竖穴土圹单人葬墓。墓口距地表0.6米，墓底距地表1.6米。墓圹南北长1.78米，东西宽0.44~0.6米，深1米。墓圹四壁较规整，内填花土，土质较疏松。

未见葬具。内葬置人骨一具，保存较完整，头向南，面向西，侧身屈肢葬，为成年女性（图六四）。

未见出土器物。

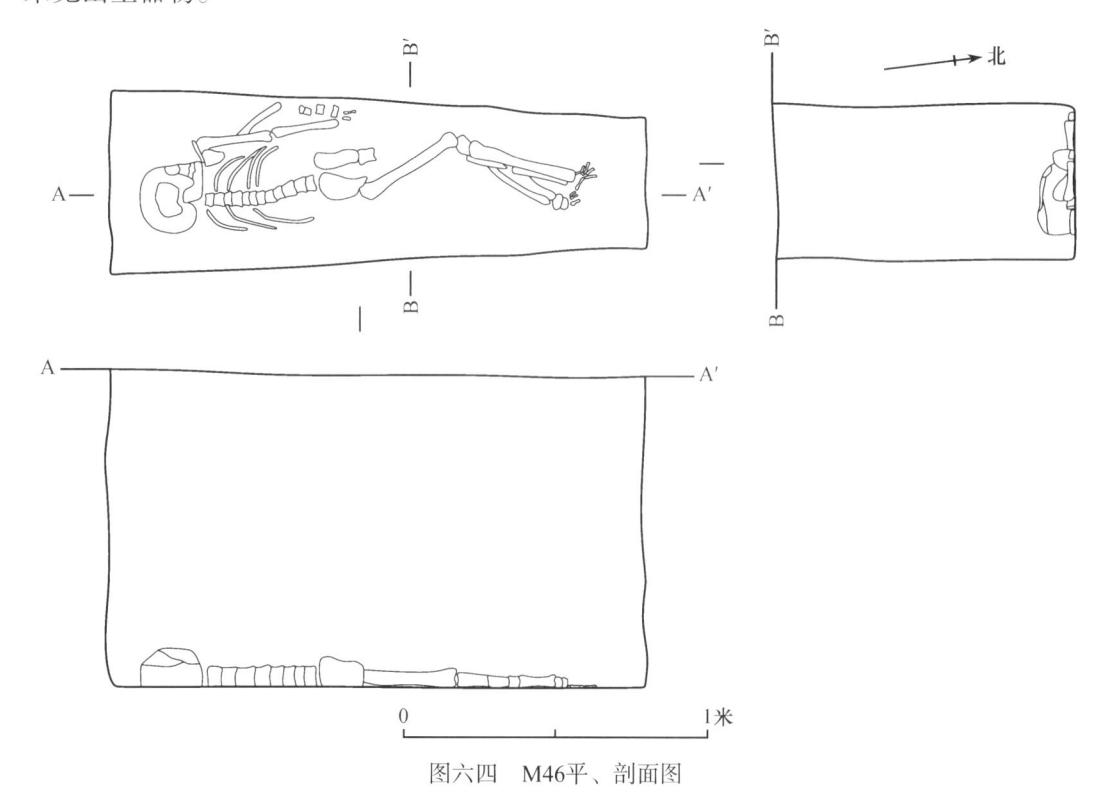

图六四　M46平、剖面图

M47　位于发掘区西区的西部，西南邻M48，开口于第2层下，方向152°。长方形竖穴土圹单棺墓。墓口距地表0.6米，墓底距地表1.2米。墓圹南北长2.34米，东西宽1米，深0.6米。墓圹四壁较规整，内填花土，土质较疏松。

葬具为单木棺，棺木已朽，仅存棺痕。棺痕南北长1.88米，东西宽0.42~0.53米，残高0.2米。内葬置人骨一具，保存较完整，头向东南，面向上，仰身直肢葬，为成年男性（图六五；图版一二，4）。

未见出土器物。

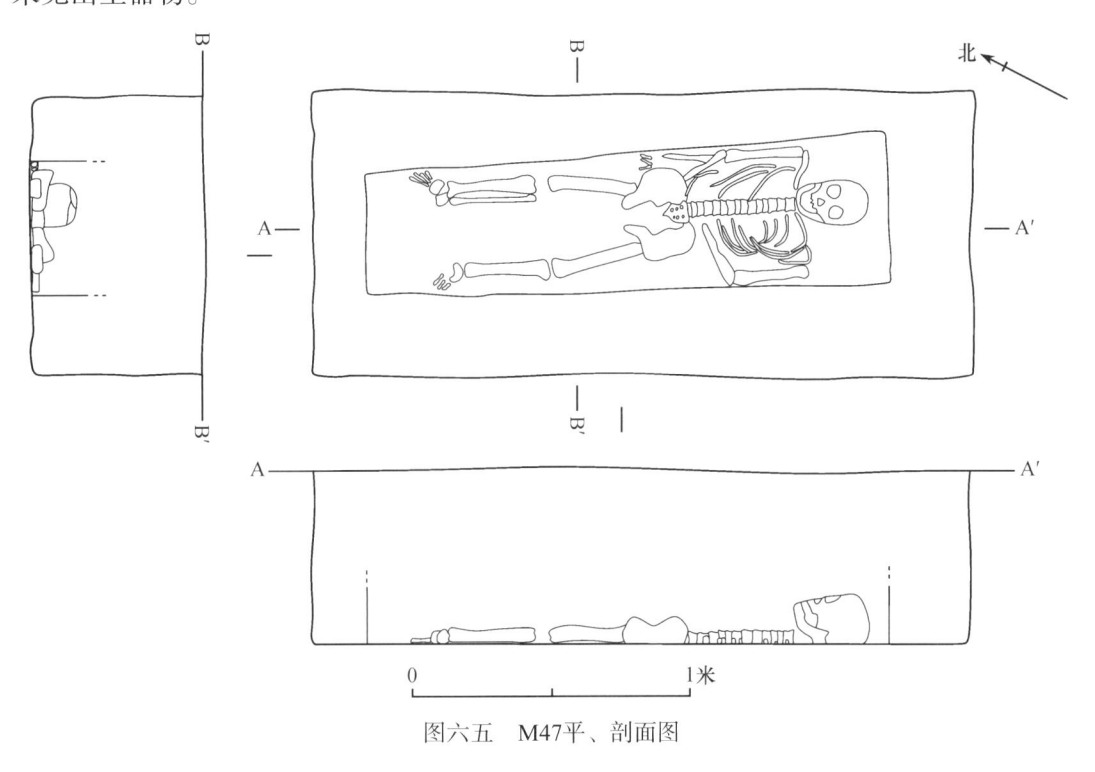

图六五　M47平、剖面图

M48　位于发掘区西区的西部，东北邻M47，开口于第2层下，方向280°。长方形竖穴土圹单棺墓。墓口距地表0.6米，墓底距地表1.6米。墓圹东西长2.5米，南北宽1.2米，深1米。墓圹四壁较规整，内填花土，土质较疏松。

葬具为单木棺，部分棺木已朽，残存南、北两侧棺板和底板。棺木东西长2米，南北宽0.61~0.72米，残高0.26米，残厚0.03米。内葬置人骨一具，保存较完整，头向西，面向南，侧身屈肢葬，为成年女性（图六六；图版一三，1）。

出土器物：棺内肋骨南侧出土铜钱3枚。

铜钱　3枚。其中康熙通宝1枚，其余2枚锈蚀较甚，字迹模糊不清。

康熙通宝　1枚。M48∶1-1，圆形、方穿，正、背面皆有内、外郭，正面书"康熙通宝"四字，楷书，对读，背穿左右为满文"宝源"局名。钱径2.3厘米，穿径0.56厘米，郭宽0.35厘米，郭厚0.11厘米，重2克（图六七）。

图六六　M48平、剖面图
1. 铜钱

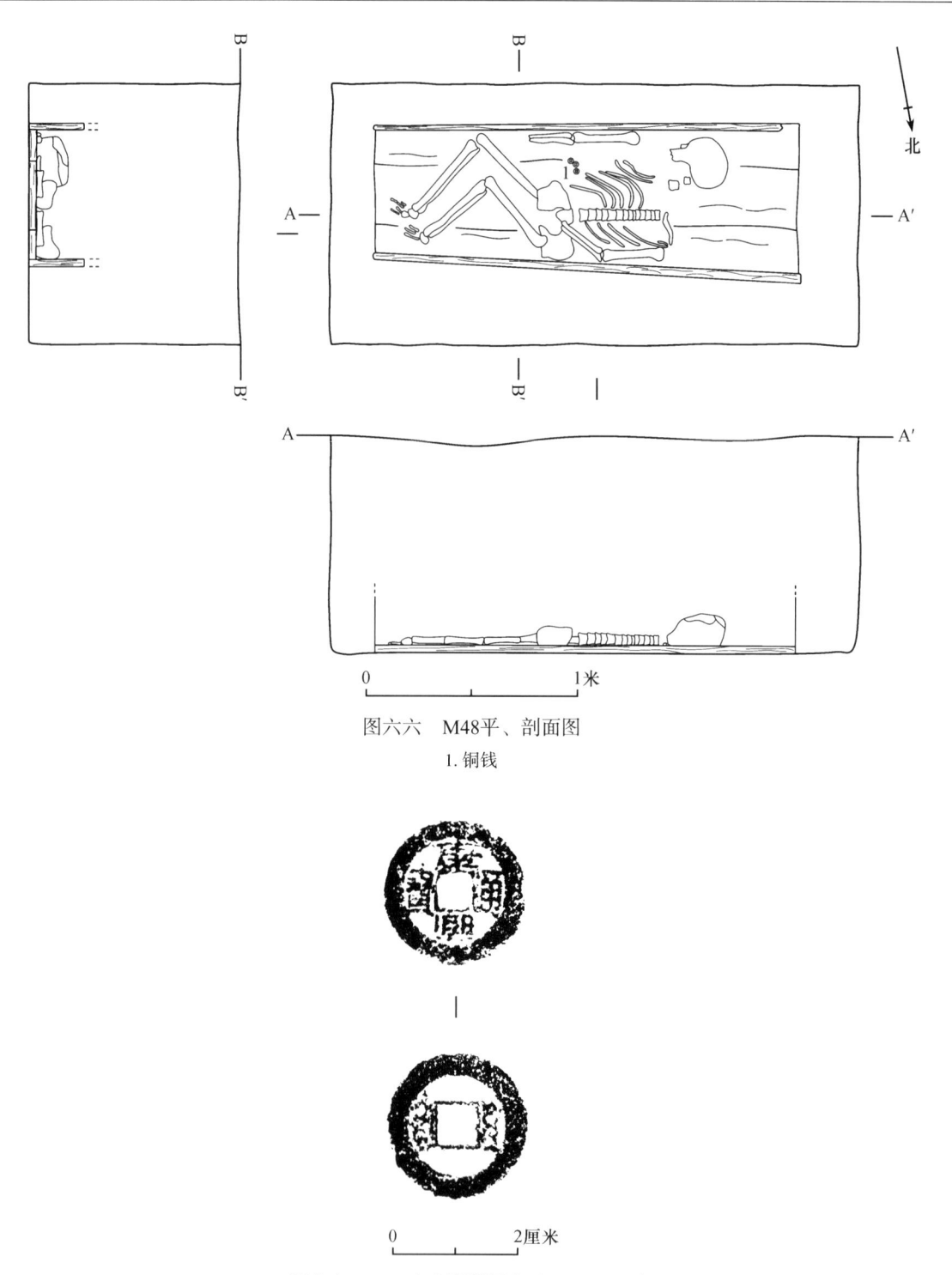

图六七　M48出土康熙通宝（M48∶1-1）

M51　位于发掘区西区的东部，东邻M52，开口于第2层下，方向285°。长方形竖穴土圹单棺墓。墓口距地表0.6米，墓底距地表1.6米。墓圹东西长2.5米，南北宽1米，深1米。墓圹四壁较规整，内填花土，土质较疏松。

葬具为单木棺，棺木已朽，仅存棺痕。棺痕东西长1.9米，南北宽0.56~0.64米，残高0.18米。内葬置人骨一具，保存一般，头向西，面向不详，仰身直肢葬，为成年男性（图六八；图版一三，2）。

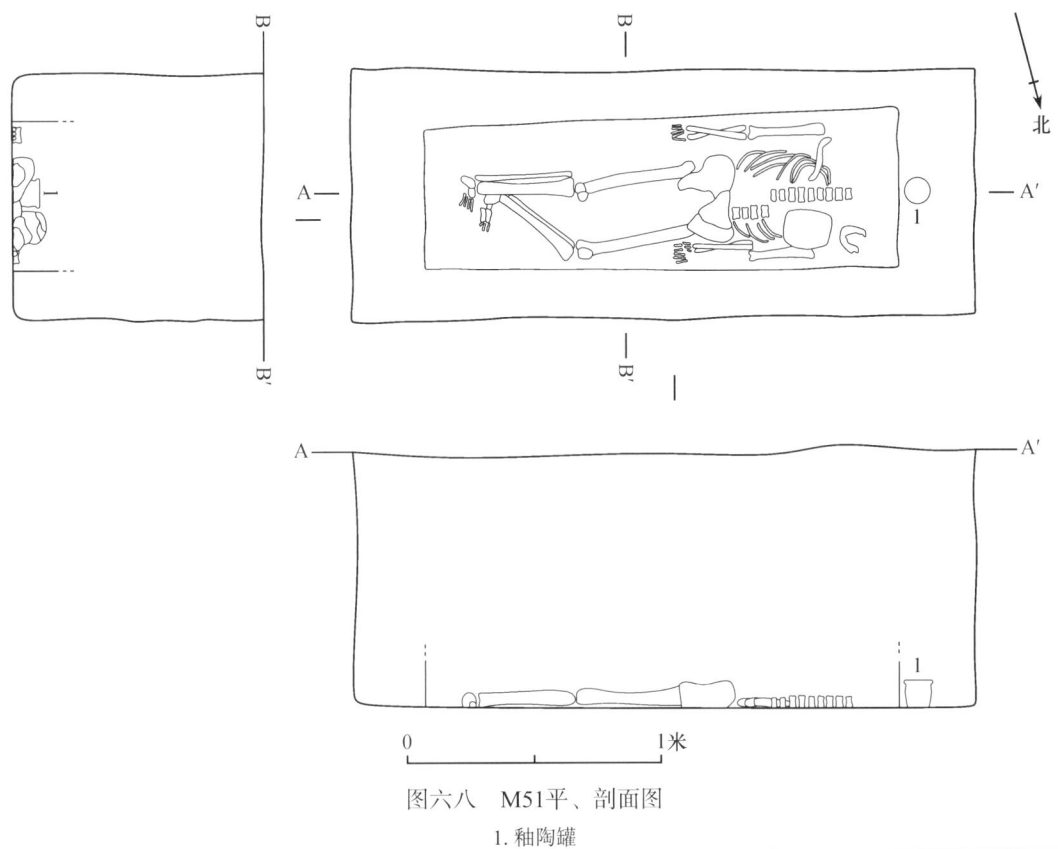

图六八　M51平、剖面图
1. 釉陶罐

出土器物：棺外西部出土釉陶罐1件。

釉陶罐　1件。M51：1，侈口，圆唇，短束颈，溜肩，斜直腹，平底内凹。夹砂红胎，胎质较粗糙。施酱黄色釉，口沿内侧至外壁上腹部施釉，其余部分皆露胎。釉面粗糙，施釉不均匀，有流釉、剥釉现象。素面。内壁有明显轮制痕迹。口径10厘米，肩径10.4厘米，底径7.7厘米，高10.8厘米（图六九；图版四三，2）。

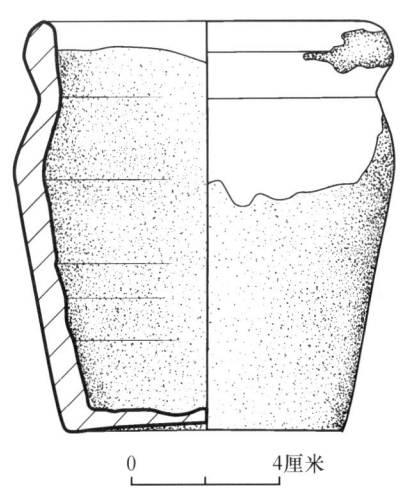

图六九　M51出土釉陶罐（M51：1）

M52 位于发掘区西区的东部，东邻M53，开口于第2层下，方向155°。长方形竖穴土圹单棺墓。墓口距地表0.6米，墓底距地表1.5米。墓圹南北长2.34米，东西宽1.2米，深0.9米。墓圹四壁较规整，内填花土，土质较疏松。

葬具为单木棺，棺木已朽，仅存棺痕。棺痕南北长1.95米，东西宽0.54～0.58米，残高0.3米。内葬置人骨一具，保存较差，头向、面向不详，仰身直肢葬，为成年男性（图七〇；图版一三，3）。

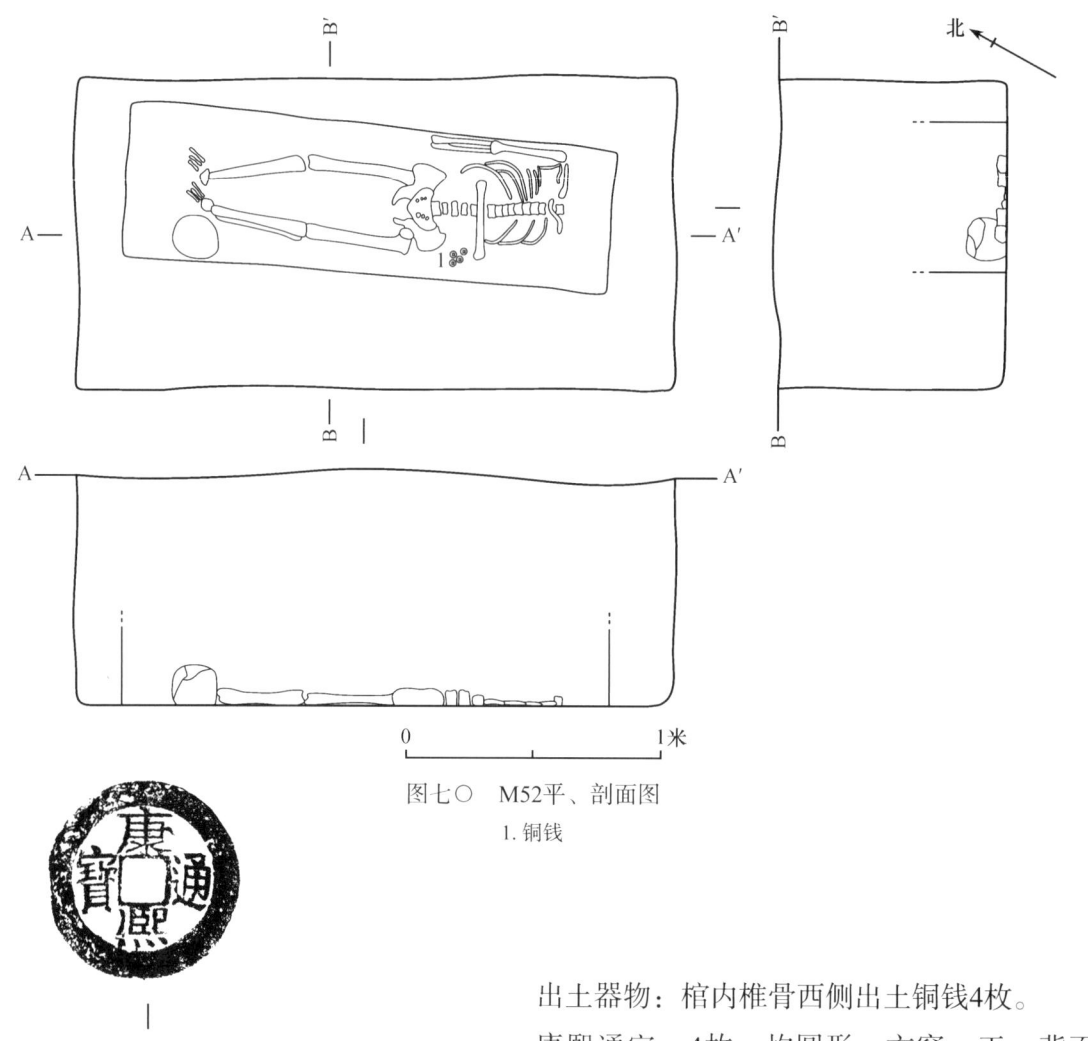

图七〇 M52平、剖面图
1.铜钱

出土器物：棺内椎骨西侧出土铜钱4枚。

康熙通宝 4枚。均圆形、方穿，正、背面皆有内、外郭，正面书"康熙通宝"四字，楷书，对读。标本M52：1-1，背穿左右为满文"宝源"局名。钱径2.69厘米，穿径0.59厘米，郭宽0.43厘米，郭厚0.13厘米，重3.79克（图七一）。

图七一 M52出土康熙通宝（M52：1-1）

M53　位于发掘区西区的东部，南邻M54，开口于第2层下，方向200°。梯形竖穴土圹单棺墓。墓口距地表0.6米，墓底距地表1.4米。墓圹东西长2.7米，南北宽1～1.2米，深0.8米。墓圹四壁较规整，内填花土，土质较疏松。

葬具为单木棺，棺木已朽，仅存棺痕。棺痕东西长1.88米，南北宽0.63～0.68米，残高0.2米。内葬置人骨一具，保存较差，头向南，面向、葬式不详，为成年男性（图七二；图版一三，4）。

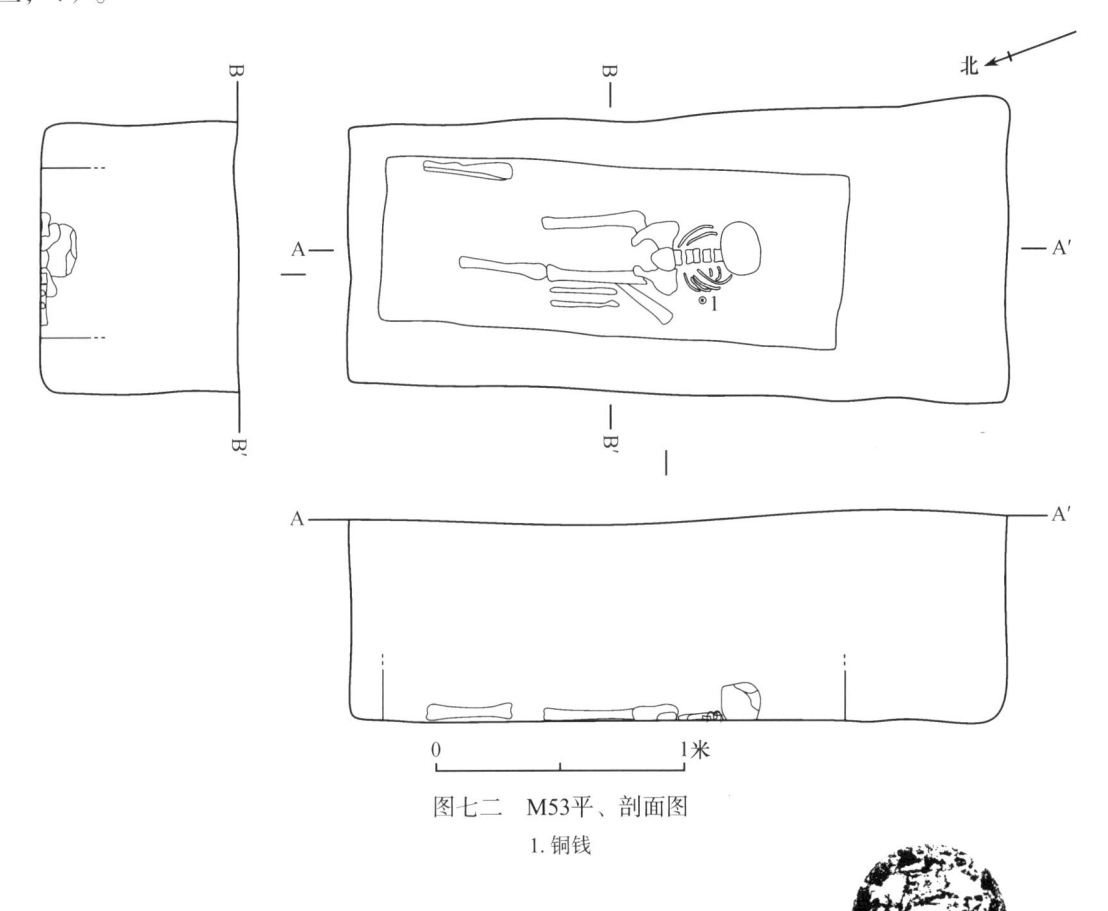

图七二　M53平、剖面图
1. 铜钱

出土器物：棺内肋骨西侧出土铜钱1枚。

康熙通宝　1枚。M53：1，圆形、方穿，正、背面皆有内、外郭，正面书"康熙通宝"四字，楷书，对读，背穿左右为满文"宝泉"局名。钱径2.22厘米，穿径0.57厘米，郭宽0.29厘米，郭厚0.1厘米，重2克（图七三）。

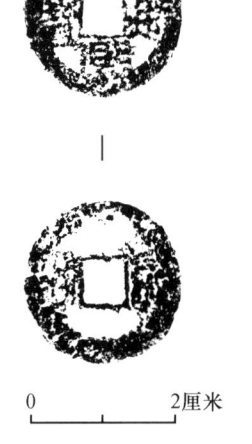

图七三　M53出土康熙通宝（M53：1）

M54　位于发掘区西区的东部，北邻M53，开口于第2层下，方向203°。长方形竖穴土圹单棺墓。墓口距地表0.6米，墓底距地表1.9米。墓圹南北长2.5米，东西宽1米，深1.3米。墓圹四壁较规整，内填花土，土质较疏松。

葬具为单木棺，部分棺木已朽，残存四侧部分棺板和底板。棺木南北长1.92米，东西宽0.55～0.58米，残高0.2米，残厚0.02米。内葬置人骨一具，保存较差，头向南，面向、葬式不详，为成年男性（图七四；图版一四，1）。

出土器物：棺内肋骨西侧出土铜钱1枚。

铜钱　1枚。锈蚀较甚，字迹模糊不清。

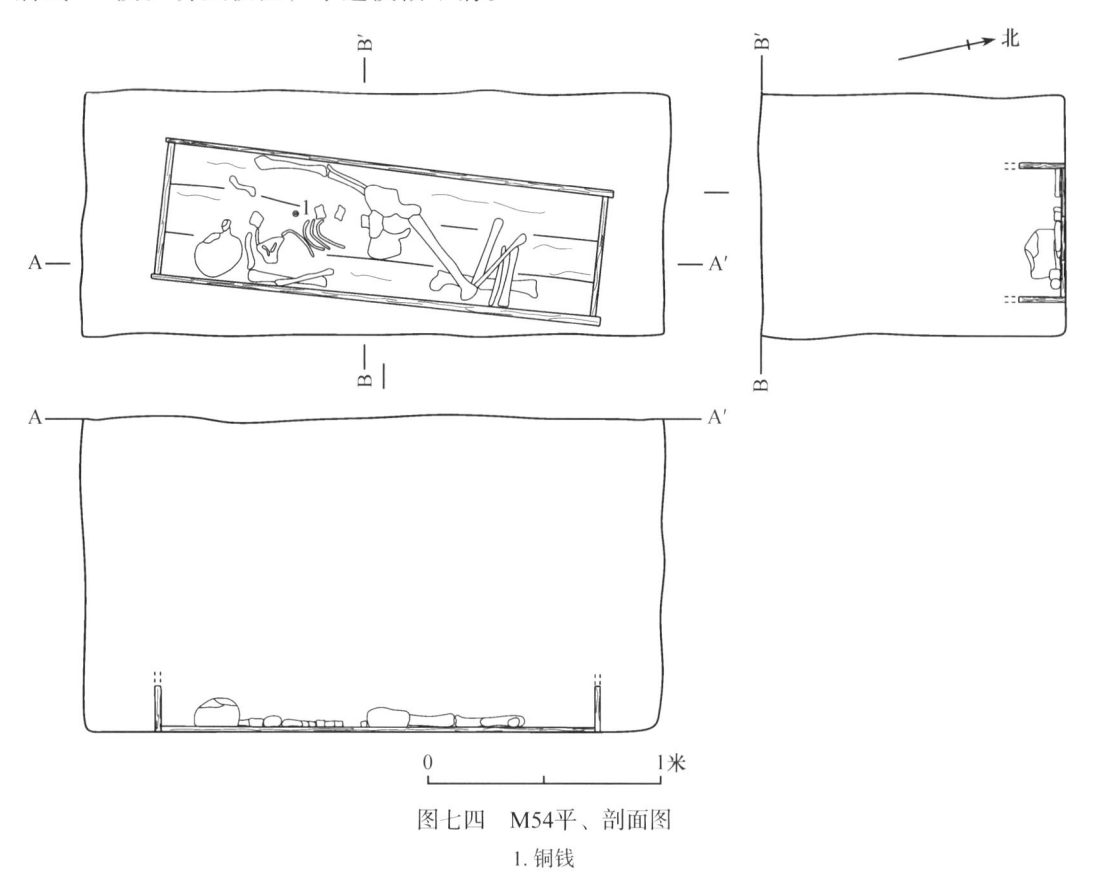

图七四　M54平、剖面图
1. 铜钱

M56　位于发掘区东区的西部，东邻M57，东部打破M57，开口于第2层下，方向205°。长方形竖穴土圹单棺墓。墓口距地表0.6米，墓底距地表1.2米。墓圹南北长2.74米，东西宽1.08米，深0.6米。墓圹四壁较规整，内填花土，土质较疏松。

葬具为单木棺，棺木已朽，仅存棺痕。棺痕南北长1.78米，东西宽0.4～0.5米，残高0.2米。内葬置人骨一具，保存较完整，头向南，面向东，仰身直肢葬，为成年男性（图七五；图版一四，2）。

未见出土器物。

图七五　M56平、剖面图

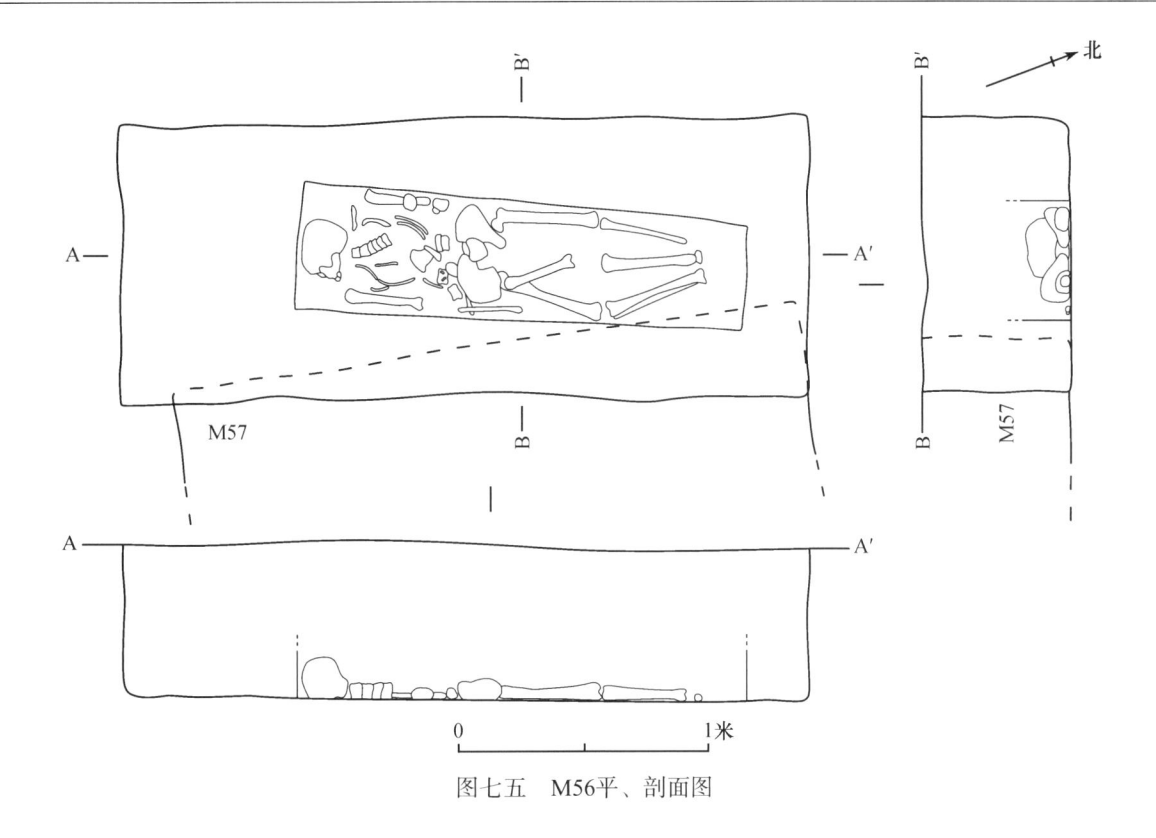

M57　位于发掘区东区的西部，东邻M58，西部被M56打破，东北部被M58打破，开口于第2层下，方向10°。不规则形竖穴土圹单棺墓。墓口距地表0.6米，墓底距地表1.2米。墓圹南北长2.56米，东西残宽0.3~0.95米，深0.6米。墓圹四壁较规整，内填花土，土质较疏松。

葬具为单木棺，棺木已朽，仅存棺痕。棺痕南北长1.83米，东西宽0.6~0.66米，残高0.2米。内葬置人骨一具，保存较完整，头向北，面向西，仰身直肢葬，为成年女性（图七六；图版一四，3）。

出土器物：棺内头骨北侧出土银簪1件，肋骨西侧出土铜钱1枚。

银簪　1件。M57：1，簪首为12瓣扁花瓣状，中部凸起呈圆环形，环内铸"喜"字纹；体呈细长圆锥形，尾端残缺。簪首高0.4厘米，簪首宽2.2厘米，残长4.8厘米，重7.63克（图七七；图版四三，3）。

铜钱　1枚。锈蚀较甚，字迹模糊不清。

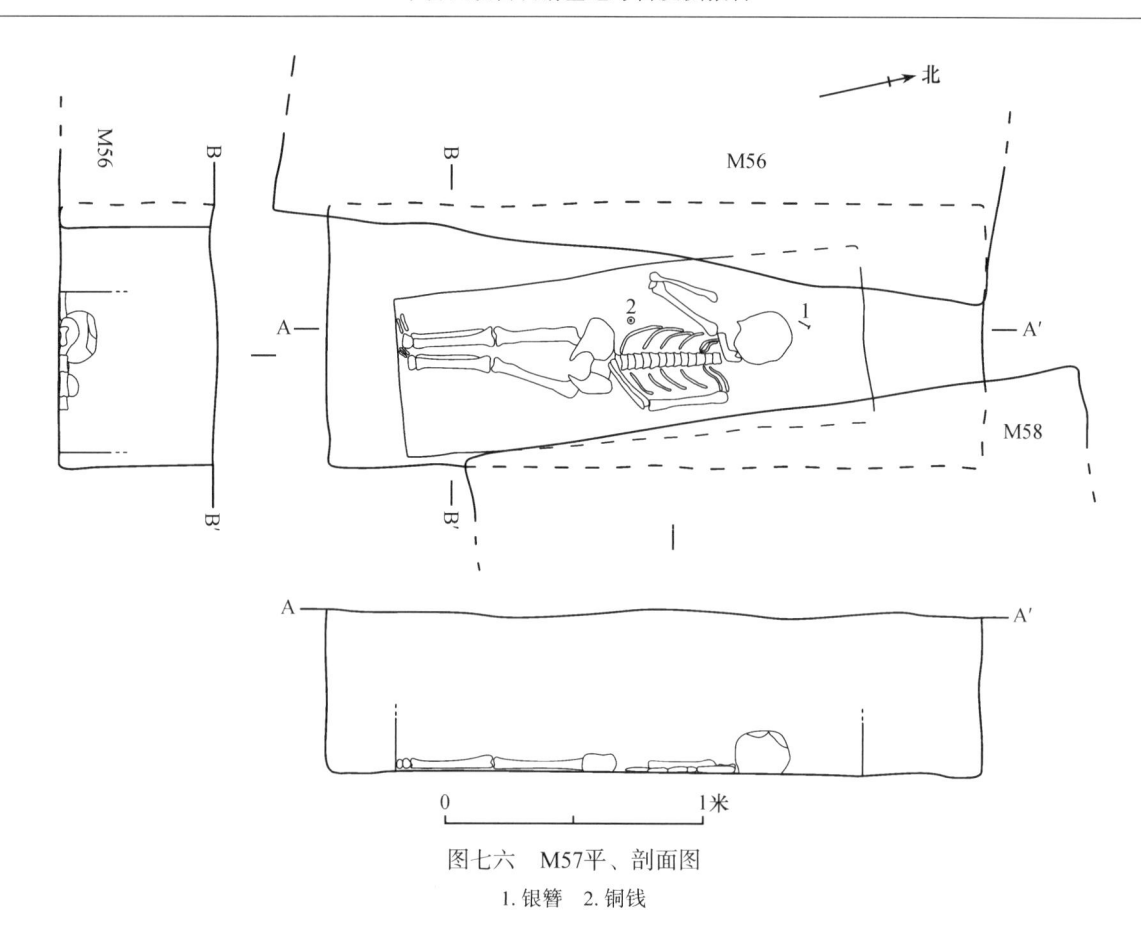

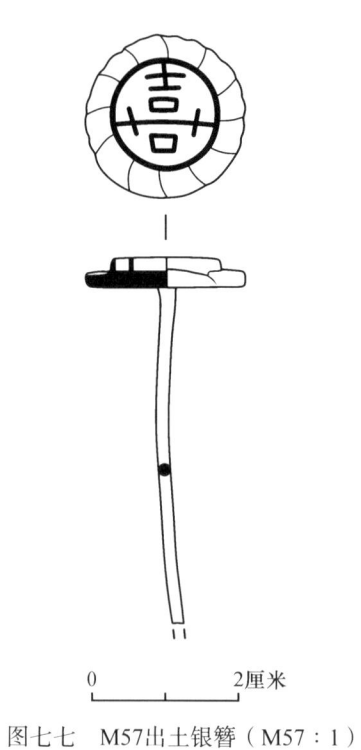

图七六 M57平、剖面图
1. 银簪 2. 铜钱

图七七 M57出土银簪（M57∶1）

M58　位于发掘区东区的西部，东邻M59，西部打破M57，开口于第2层下，方向182°。长方形竖穴土圹单棺墓。墓口距地表0.6米，墓底距地表1.3米。墓圹南北长2.4米，东西宽1.32米，深0.7米。墓圹四壁较规整，内填花土，土质较疏松。

葬具为单木棺，部分棺木已朽，残存四侧部分棺板和底板。棺木南北长1.94米，东西宽0.5～0.58米，残高0.34米，残厚0.05米。内葬置人骨一具，保存一般，头向南，面向不详，仰身直肢葬，为成年女性（图七八；图版一四，4）。

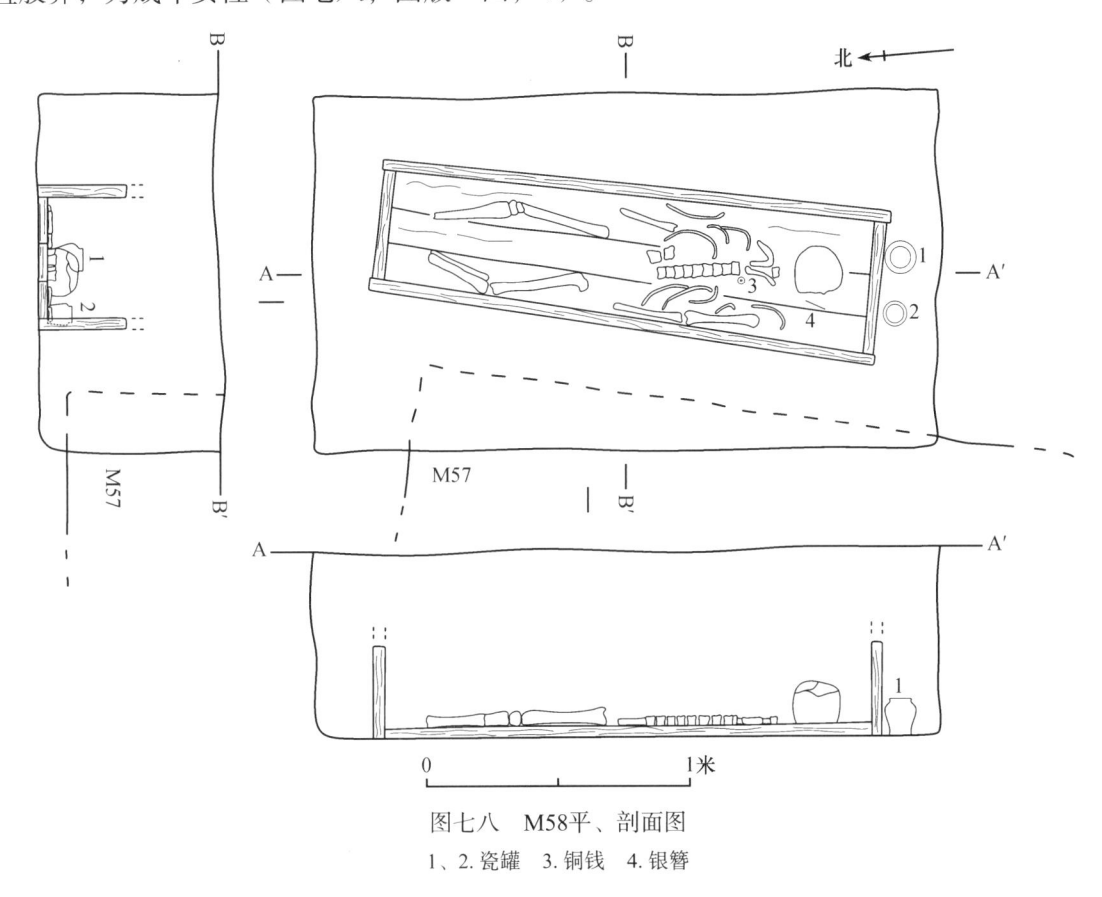

图七八　M58平、剖面图
1、2.瓷罐　3.铜钱　4.银簪

出土器物：棺外南部出土瓷罐2件；棺内头骨西侧出土银簪1件，肋骨南侧出土铜钱1枚。

瓷罐　2件。M58：1，近直口，方唇，短颈，鼓肩，曲腹，下腹内收，平底内凹。白胎，胎质细腻、坚致。唇部施酱色釉，体施青白色釉，底无釉，釉面光亮，施釉均匀。内、外壁有明显轮制痕迹。外壁釉面可见棕眼，底部无釉露胎处可见火石红。口径8厘米，腹径12.2厘米，底径8.6厘米，高13.8厘米（图七九，1；图版四四，1）。M58：2，侈口，圆唇，短颈，鼓肩，曲腹，下腹内收，平底内凹。白胎，胎质细腻、坚致。唇部施酱色釉，体施青白色釉，底无釉，施釉均匀。内壁有明显轮制痕迹。外壁釉面可见棕眼。口径7.4厘米，腹径12.4厘米，底径7.2厘米，高13.7厘米（图七九，2；图版四四，2）。

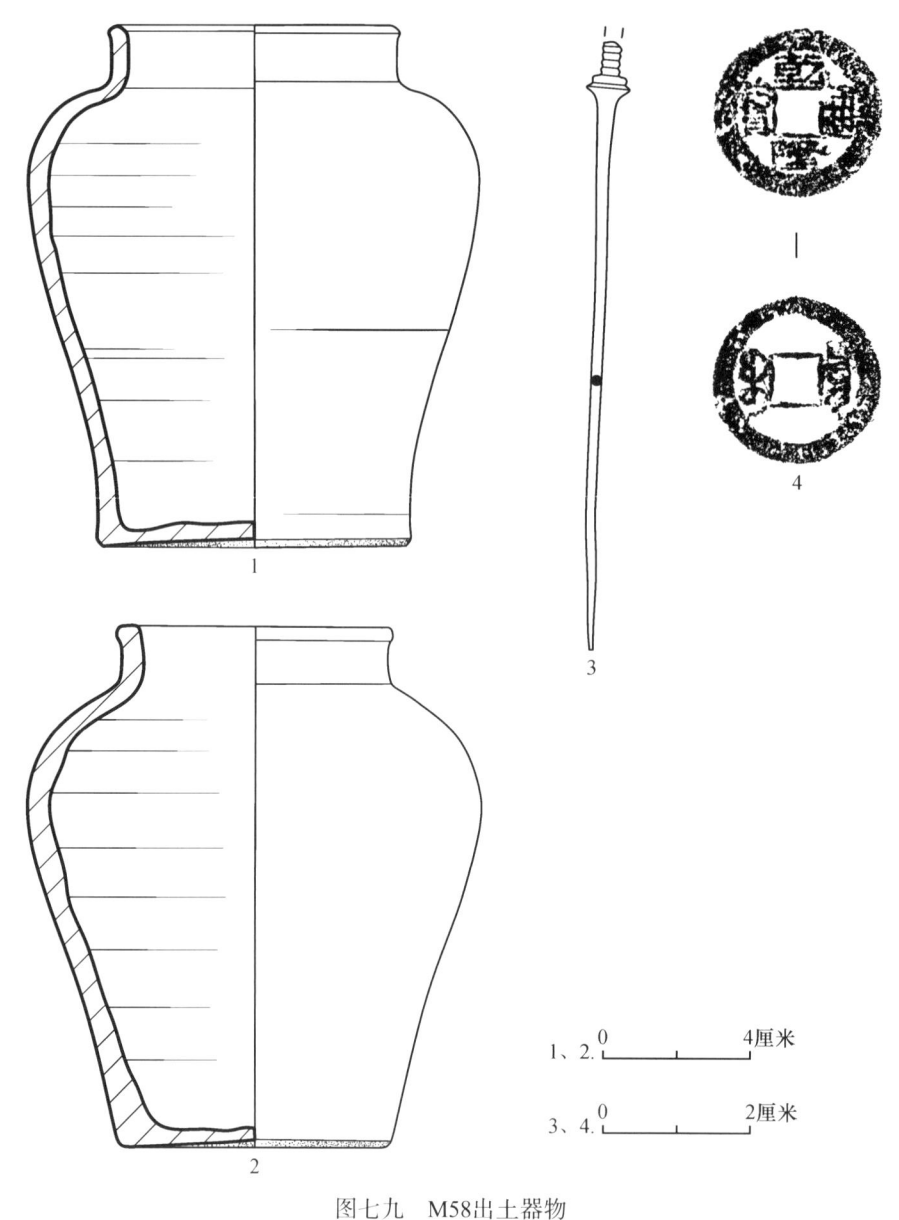

图七九　M58出土器物
1、2. 瓷罐（M58：1、M58：2）　3. 银簪（M58：4）　4. 乾隆通宝（M58：3）

银簪　1件。M58：4，残，仅存簪体。体呈细长圆锥形，顶部上饰四周凸弦纹、下饰双层节状凸颈。残长8厘米，厚0.15厘米，重2.06克（图七九，3；图版四四，3）。

乾隆通宝　1枚。M58：3，圆形、方穿，正、背面皆有内、外郭，正面书"乾隆通宝"四字，楷书，对读，背穿左右为满文"宝泉"局名。钱径2.36厘米，穿径0.54厘米，郭宽0.35厘米，郭厚0.16厘米，重3.26克（图七九，4）。

M59　位于发掘区东区的西部，东邻M60，开口于第2层下，方向165°。长方形竖穴土圹单棺墓。墓口距地表0.6米，墓底距地表1.54米。墓圹南北长3米，东西宽1.2米，深0.94米。墓圹四壁较规整，内填花土，土质较疏松。

葬具为单木棺，部分棺木已朽，残存四侧部分棺板和底板。棺木南北长2.08米，东西宽0.46~0.56米，残高0.34米，残厚0.04米。内葬置人骨一具，保存一般，头向南，面向不详，仰身直肢葬，为成年女性（图八〇；图版一五，1）。

未见出土器物。

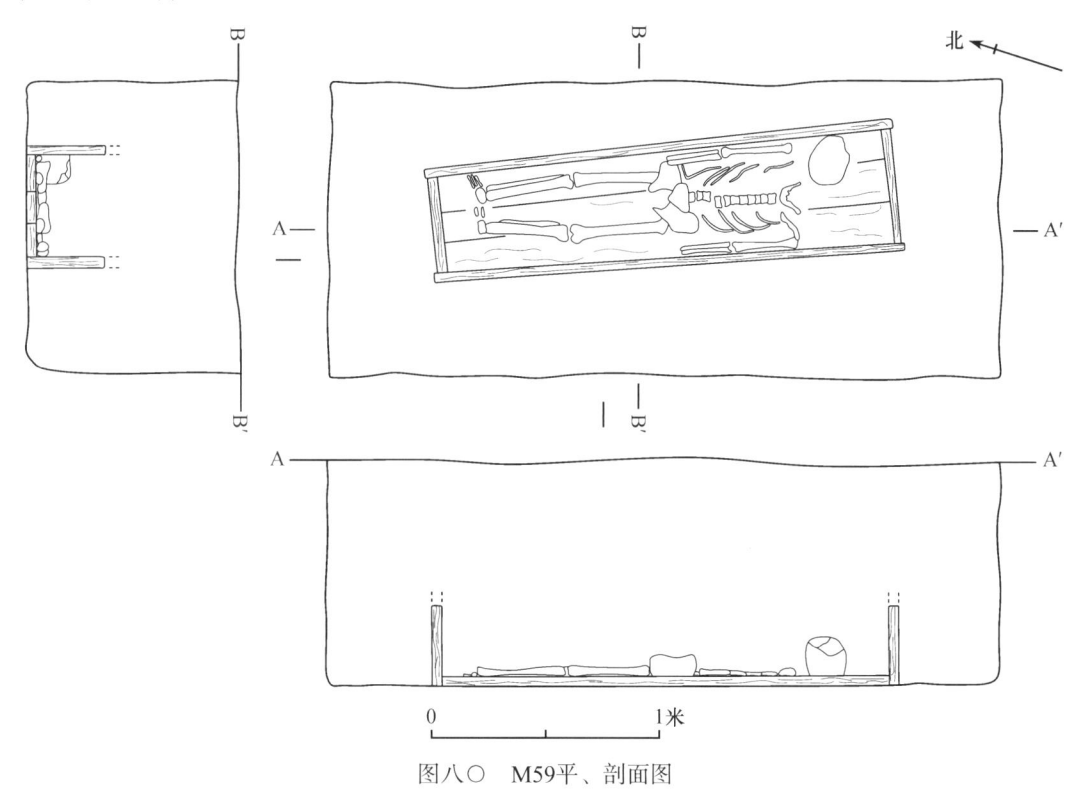

图八〇　M59平、剖面图

M63　位于发掘区东区的西部，北邻M75，东部打破M74，东北角被M75打破，开口于第2层下，方向203°。长方形竖穴土圹单棺墓。墓口距地表0.6米，墓底距地表1.1米。墓圹南北长2.5米，东西宽1米，深0.5米。墓圹四壁较规整，内填花土，土质较疏松。

葬具为单木棺，棺木已朽，仅存棺痕。棺痕南北长1.9米，东西宽0.66米，残高0.2米。内葬置人骨一具，保存较完整，头向南，面向上，仰身直肢葬，为成年男性（图八一；图版一五，2）。

出土器物：棺外南部出土瓷罐1件；棺内椎骨东侧出土铜钱6枚。

瓷罐　1件。M63：1，直口微侈，圆唇，短颈，鼓肩，曲腹，下腹内收，平底内凹。白胎，胎质细腻、坚致。体施青白色釉，口沿及底部露胎，釉面光亮，施釉均匀。内、外壁有明显轮制痕迹。外壁釉面可见棕眼。口径9.2厘米，肩径14厘米，底径10.5厘米，高14.8厘米（图八二，1；图版四四，4）。

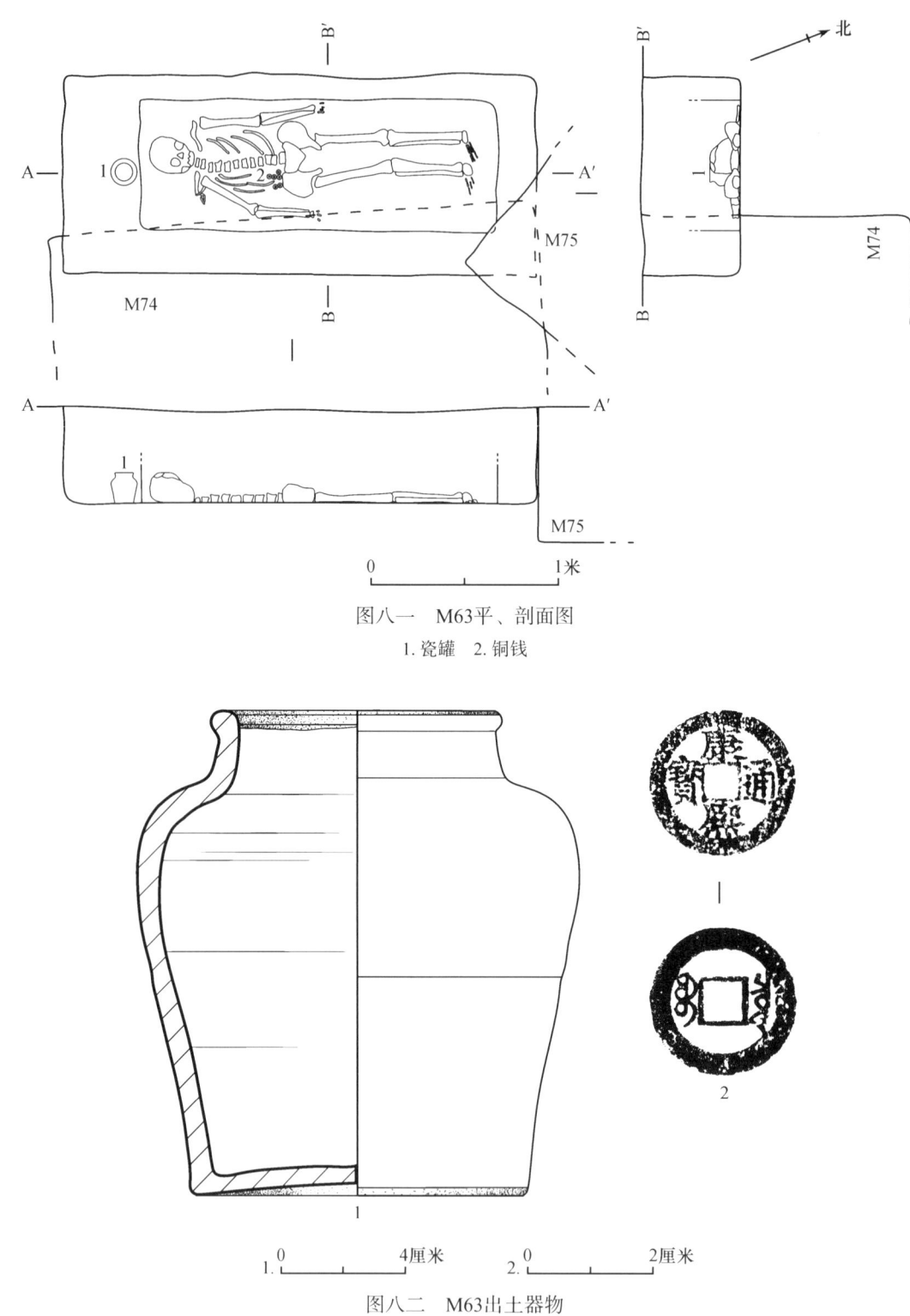

图八一　M63平、剖面图
1. 瓷罐　2. 铜钱

图八二　M63出土器物
1. 瓷罐（M63：1）　2. 康熙通宝（M63：2-1）

铜钱　6枚。其中康熙通宝1枚，其余5枚锈蚀较甚，字迹模糊不清。

康熙通宝　1枚。M63：2-1，圆形、方穿，正、背面皆有内、外郭，正面书"康熙通宝"四字，楷书，对读，背穿左右为满文"宝泉"局名。钱径2.32厘米，穿径0.54厘米，郭宽0.34厘米，郭厚0.11厘米，重2.75克（图八二，2）。

M67　位于发掘区东区的东部，南邻M18，开口于第2层下，方向5°。长方形竖穴土圹单棺墓。墓口距地表0.6米，墓底距地表1.64米。墓圹南北长2.14米，东西宽1.52米，深1.04米。墓圹四壁较规整，内填花土，土质较疏松。

葬具为单木棺，棺木已朽，仅存棺痕。棺痕南北长1.9米，东西宽0.36~0.5米，残高0.14米。内葬置人骨一具，保存较完整，头向北，面向上，仰身直肢葬，为成年女性。头部下枕红砖1块。用砖规格为0.32米×0.16米×0.06米，素面砖（图八三；图版一五，3）。

出土器物：棺内头骨东侧出土铜簪1件，椎骨东侧出土铜钱2枚。

铜簪　1件。M67：1，残，失簪首，仅存簪体。体中空，呈细长圆锥形，顶部饰凹弦纹、圆点纹。残长7.1厘米，残厚0.2厘米，重2.15克（图八四，1；图版四四，5）。

铜钱　2枚。其中天圣元宝1枚，余1枚锈蚀较甚，字迹模糊不清。

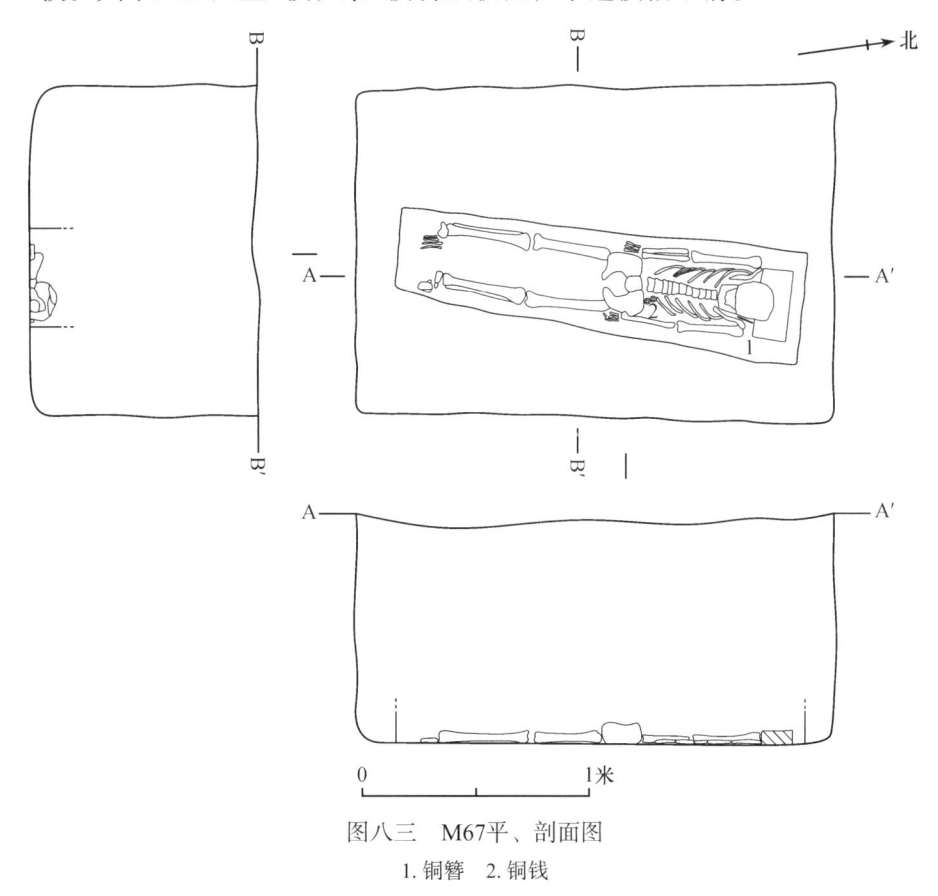

图八三　M67平、剖面图
1.铜簪　2.铜钱

天圣元宝 1枚。M67：2-1，圆形、方穿，正、背面皆有内、外郭，正面书"天圣元宝"四字，楷书，旋读，光背。钱径2.53厘米，穿径0.68厘米，郭宽0.28厘米，郭厚0.11厘米，重3.41克（图八四，2）。

M74 位于发掘区东区的西部，西邻M63，西部被M63打破，北部被M75打破，开口于第2层下，方向200°。长方形竖穴土圹单棺墓。墓口距地表0.6米，墓底距地表2米。墓圹南北长2.6米，东西宽1.1米，深1.4米。墓圹四壁较规整，内填花土，土质较疏松。

葬具为单木棺，部分棺木已朽，残存四侧部分棺板和底板。棺木南北长2.12米，东西宽0.7~0.75米，残高0.4米，残厚0.07米。内葬置人骨一具，保存一般，头向南，面向不详，侧身屈肢葬，为成年女性（图八五；图版一五，4）。

出土器物：棺内肋骨东侧出土铜钱8枚。

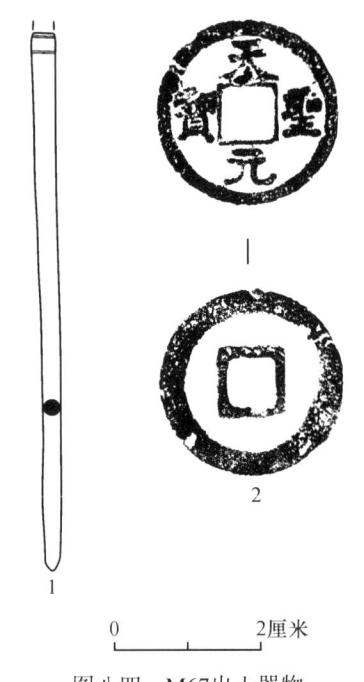

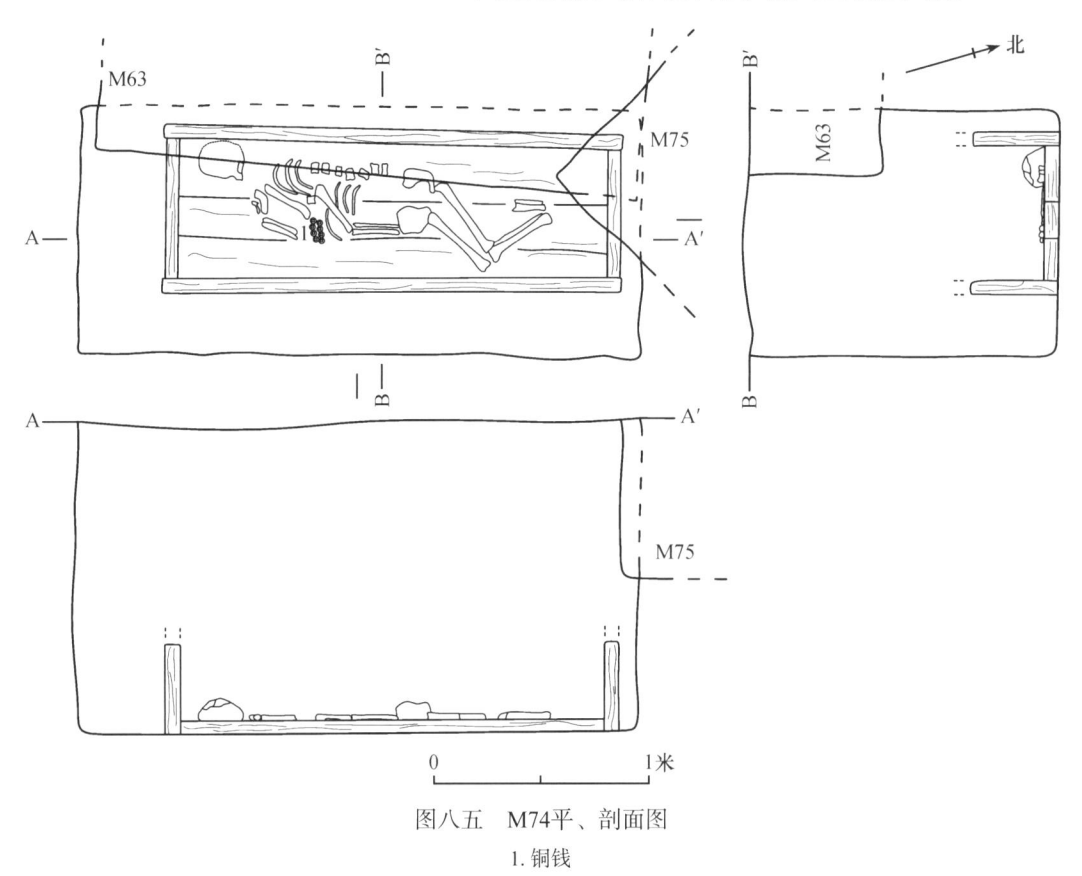

图八四　M67出土器物
1. 铜簪（M67：1）　2. 天圣元宝（M67：2-1）

图八五　M74平、剖面图
1. 铜钱

铜钱 8枚。其中2枚为康熙通宝，其余6枚锈蚀较甚，字迹模糊不清。

康熙通宝 2枚。均圆形、方穿，正、背面皆有内、外郭，正面书"康熙通宝"四字，楷书，对读，背穿左右为满文"宝泉"局名。标本M74∶1-1，钱径2.34厘米，穿径0.52厘米，郭宽0.25厘米，郭厚0.13厘米，重2.97克（图八六）。

M75 位于发掘区东区的西部，南邻M63，西南角打破M63、M74，开口于第2层下，方向145°。长方形竖穴土圹单棺墓。墓口距地表0.6米，墓底距地表1.3米。墓圹南北长2.8米，东西宽1米，深0.7米。墓圹四壁较规整，内填花土，土质较疏松。

葬具为单木棺，棺木已朽，仅存棺痕。棺痕南北长2.12米，南北宽0.66~0.76米，残高0.3米。内葬置人骨一具，保存一般，头向东南，面向、葬式不详，为成年女性。头部下枕青砖1块。用砖规格为0.24米×0.12米×0.04米，素面砖（图八七；图版一六，1）。

出土器物：棺内头骨西侧出土银耳环2件、骨簪2件。

图八六 M74出土康熙通宝（M74∶1-1）

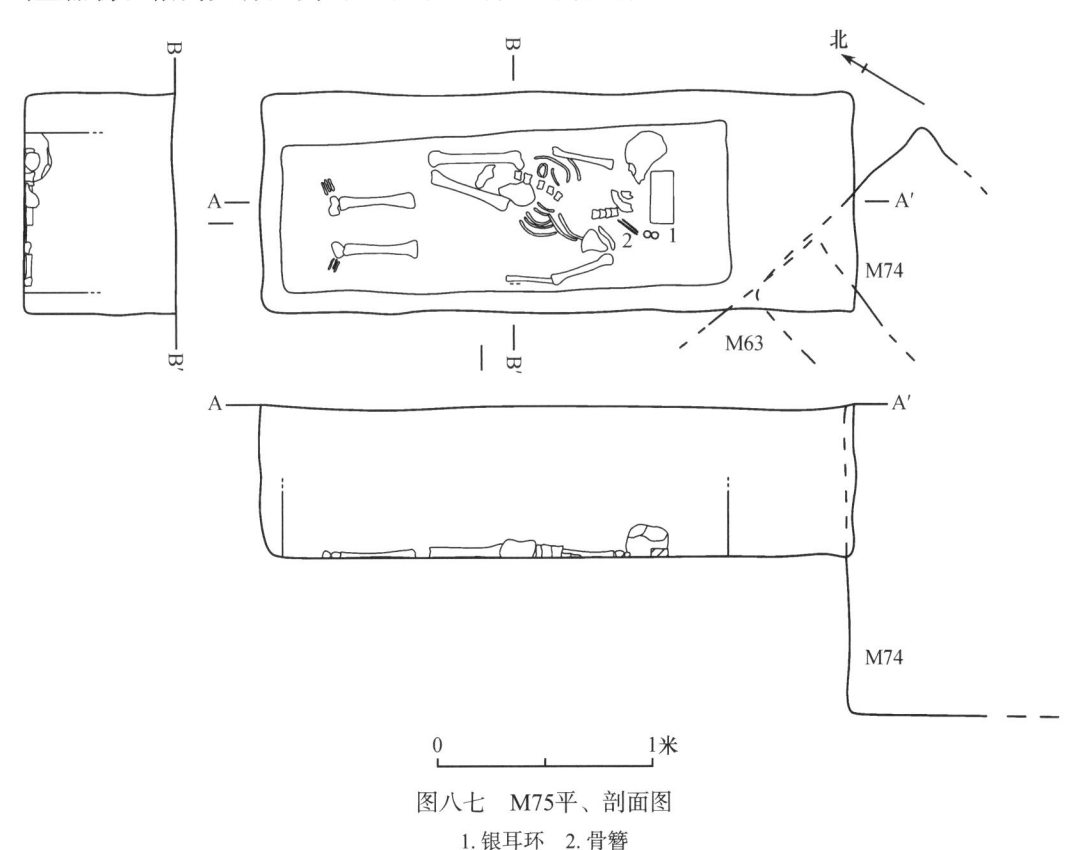

图八七 M75平、剖面图
1.银耳环 2.骨簪

银耳环　2件。形制相同，大小相近。均体呈圆环形，中部镂铸花叶纹，一端呈圆锥状，一端呈细长扁平状，铸有八宝纹。周长10.8厘米，宽2.5厘米。M75:1-1，重7.17克（图八八，1；图版四五，1）。M75:1-2，重7.64克（图八八，2；图版四五，2）。

骨簪　2件。M75:2-1，体呈尖锥棒状，头粗尾细，头部两侧削平。通体磨光。长12.3厘米，厚0.3厘米，重2.64克（图八八，4；图版四五，3）。M75:2-2，残，尾部断裂。体呈尖锥棒状，头粗尾细，头部穿孔，两侧削平。通体磨光。残长9.5厘米，厚0.4厘米，重2克（图八八，3；图版四五，4）。

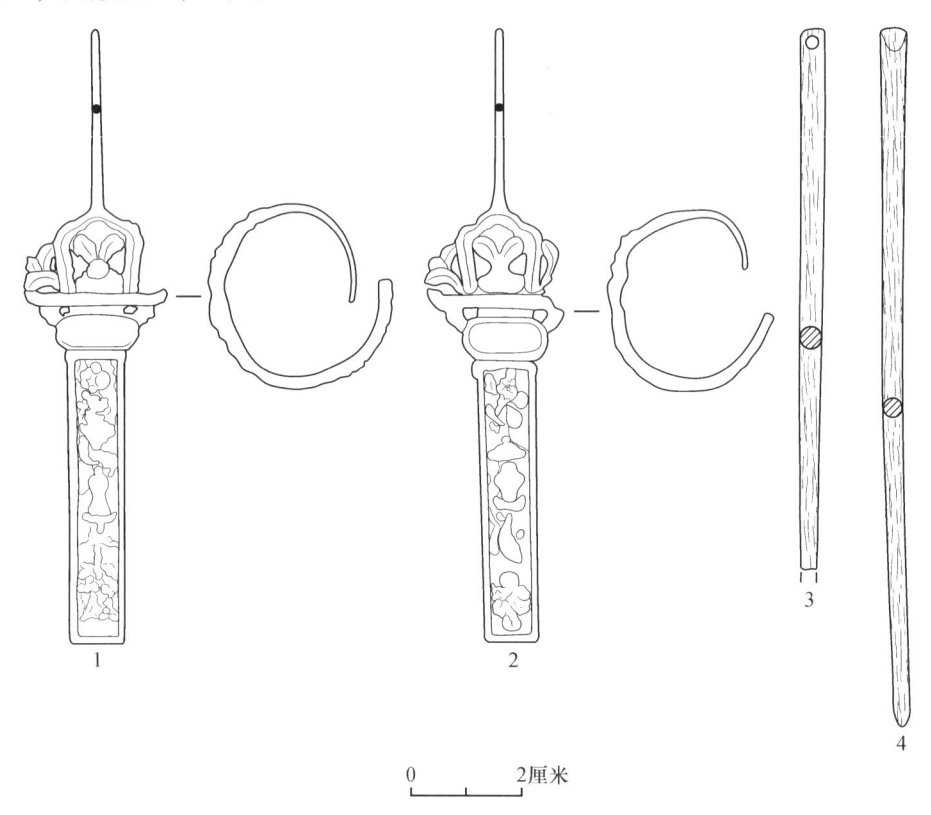

图八八　M75出土器物
1、2. 银耳环（M75:1-1、M75:1-2）　3、4. 骨簪（M75:2-2、M75:2-1）

M76　位于发掘区东区的西部，南邻M73，开口于第2层下，方向280°。长方形竖穴土圹单棺墓。墓口距地表0.6米，墓底距地表1.7米。墓圹东西长2.5米，南北宽1.08米，深1.1米。墓圹四壁较规整，内填花土，土质较疏松。

葬具为单木棺，部分棺木已朽，残存南、北两侧棺板和底板。棺木东西长2.04米，南北宽0.62~0.64米，残高0.3米，残厚0.04米。内葬置人骨一具，保存较差。头向、面向、葬式、性别均不详（图八九；图版一六，2）。

出土器物：棺内中部出土铜钱1枚。

铜钱　1枚。锈蚀较甚，字迹模糊不清。

图八九　M76平、剖面图
1. 铜钱

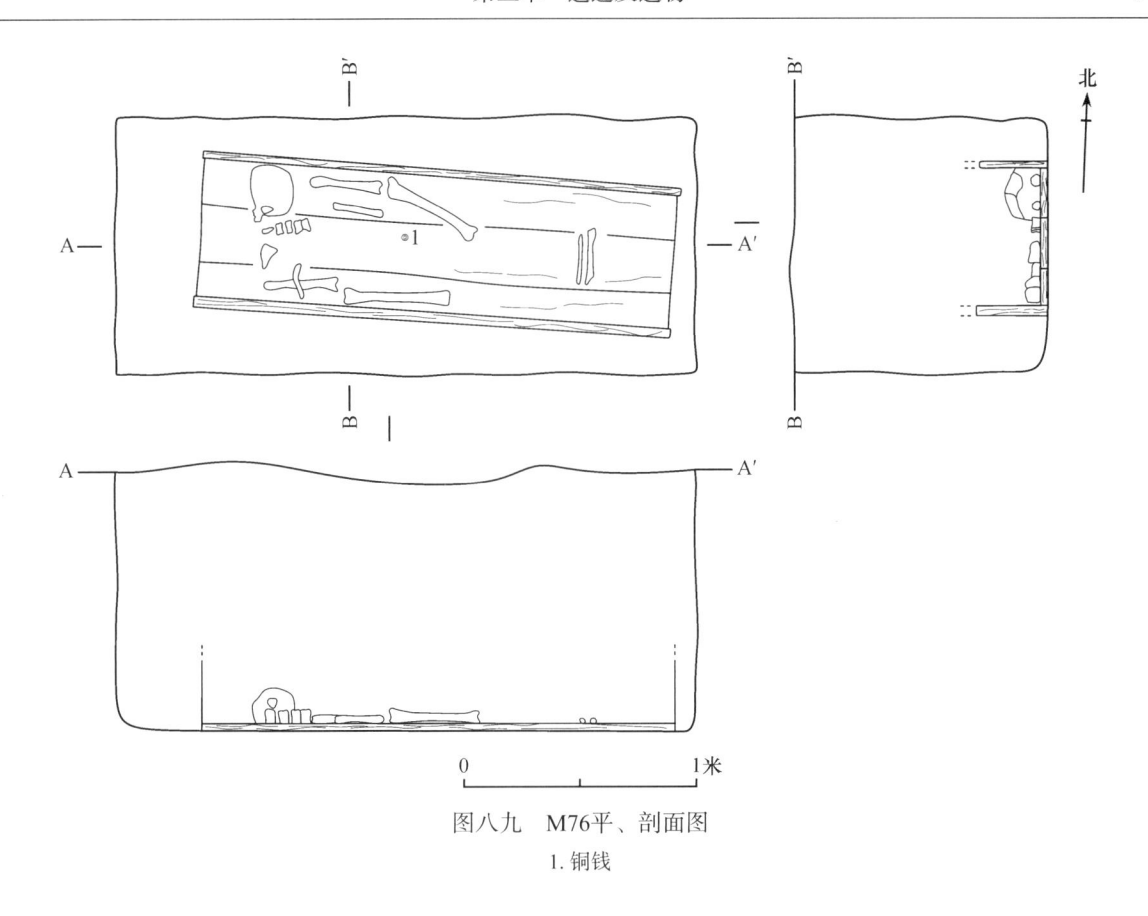

M77　位于发掘区东区的东部，西北邻M14，开口于第2层下，方向280°。梯形竖穴土圹单棺墓。墓口距地表0.6米，墓底距地表1.2米。墓圹东西长2.4米，南北宽1.4~1.56米，深0.6米。墓圹四壁较规整，内填花土，土质较疏松。

葬具为单木棺，棺木已朽，仅存棺痕。棺痕东西长1.96米，南北宽0.5~0.65米，残高0.14米。内葬置人骨一具，保存较完整，头向西，面向北，仰身直肢葬，为成年男性（图九〇；图版一六，3）。

出土器物：棺内头骨南侧出土银耳勺1件、铜耳勺1件。

银耳勺　1件。M77:2，残，勺体断裂。首呈勺形，挖勺较深，略呈半圆弧形，下部呈螺纹状；体呈细长四棱锥形，尾部断裂，部分残缺。残长7.8厘米，宽0.6厘米，重2.76克（图九一，2；图版四六，2）。

铜耳勺　1件。M77:1，残，勺体断裂。首呈勺形，挖勺较浅，略呈弧形，下部呈环节状；体呈细长圆锥形。残长10.7厘米，宽0.4厘米，重1.58克（图九一，1；图版四六，1）。

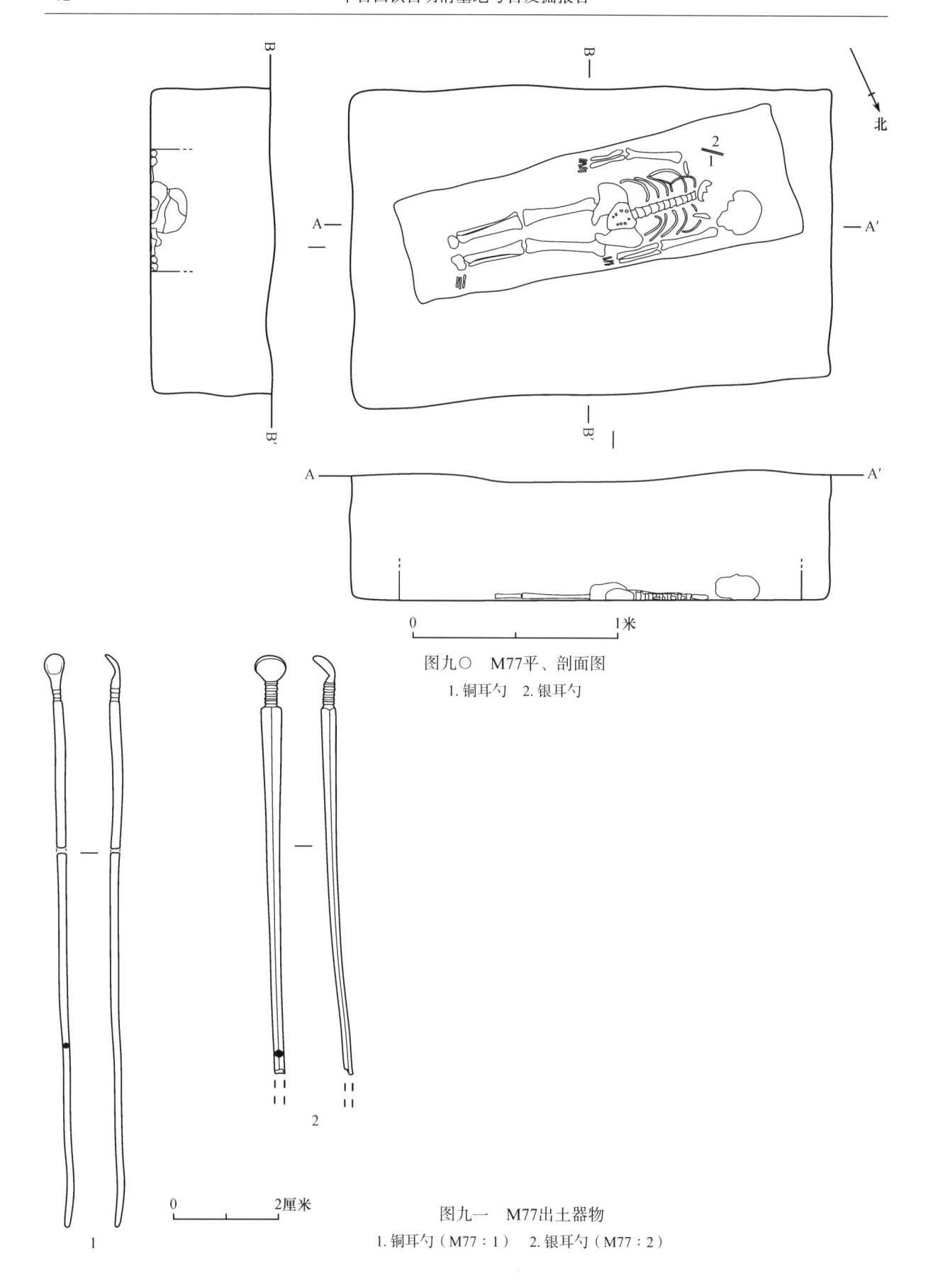

图九〇　M77平、剖面图
1. 铜耳勺　2. 银耳勺

图九一　M77出土器物
1. 铜耳勺（M77：1）　2. 银耳勺（M77：2）

M79 位于发掘区东区的东部,北邻M78,北部打破M78,开口于第2层下,方向95°。长方形竖穴土圹单棺墓。墓口距地表0.6米,墓底距地表1.4米。墓圹东西长2.4米,南北宽1.12米,深0.8米。墓圹四壁较规整,内填花土,土质较疏松。

葬具为单木棺,部分棺木已朽,残存四侧部分棺板和底板。棺木东西长1.84米,南北宽0.56~0.66米,残高0.2米,残厚0.03~0.04米。内葬置人骨一具,保存较差,头向、面向、葬式均不详,为成年男性(图九二;图版一六,4)。

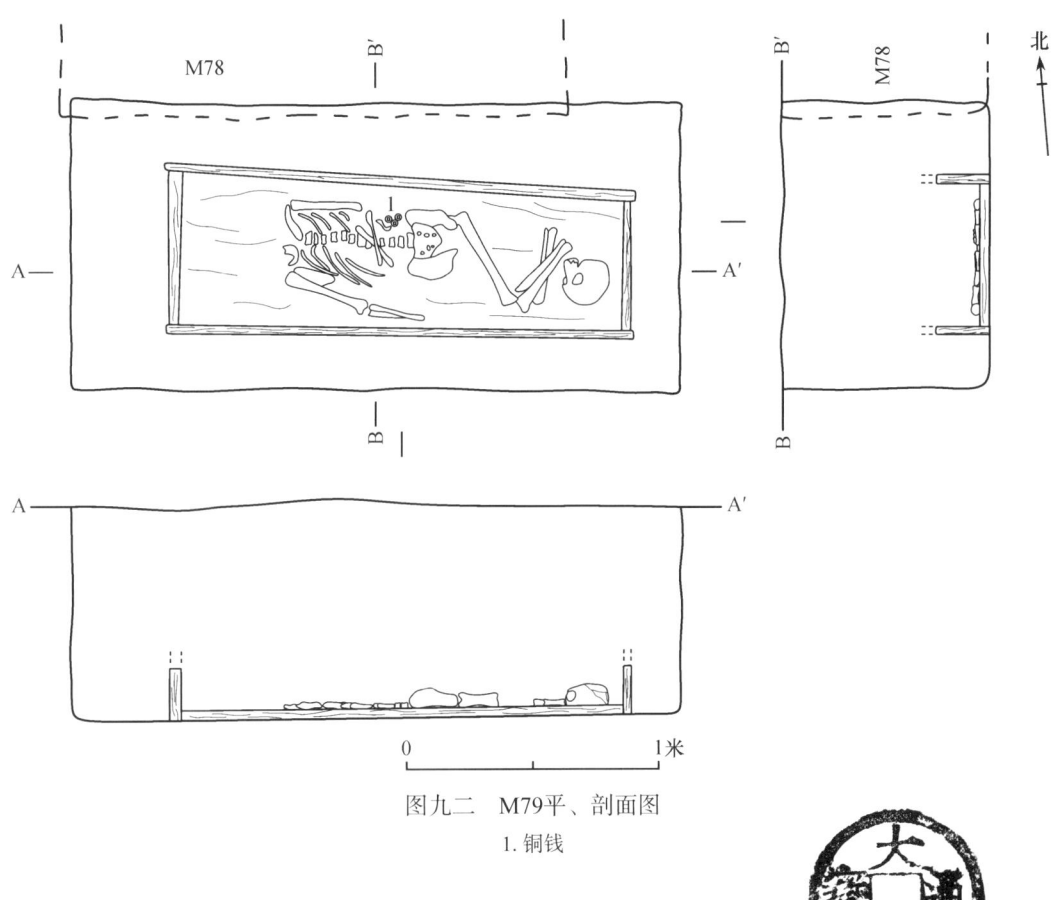

图九二 M79平、剖面图
1. 铜钱

出土器物:棺内椎骨北侧出土铜钱3枚。

铜钱 3枚。其中大定通宝1枚,其余2枚锈蚀较甚,字迹模糊不清。

大定通宝 1枚。M79:1-1,圆形、方穿,正、背面皆有内、外郭,正面书"大定通宝"四字,楷书,对读,背穿下铸汉字楷书双横"酉"。钱径2.51厘米,穿径0.66厘米,郭宽0.2厘米,郭厚0.11厘米,重2.77克(图九三)。

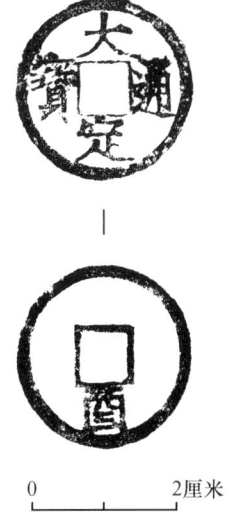

图九三 M79出土大定通宝(M79:1-1)

M80　位于发掘区东区的西部，北邻M24，开口于第2层下，方向10°。长方形竖穴土圹单棺墓。墓口距地表0.6米，墓底距地表1.26米。墓圹南北长2.6米，东西宽1.8米，深0.66米。墓圹四壁较规整，内填花土，土质较疏松。

葬具为单木棺，部分棺木已朽，残存四侧部分棺板和底板。棺木南北长1.92米，东西宽0.46～0.56米，残高0.4米，残厚0.06米。内葬置人骨一具，保存较完整，头向北，面向上，仰身直肢葬，为成年女性（图九四；图版一七，1）。

出土器物：棺外北部出土瓷罐1件，棺内髋骨北侧出土铜钱1枚。

瓷罐　1件。M80：1，直口，方唇，短颈，鼓肩，曲腹，下腹内收，平底微凹。白胎，胎质细腻、坚致。唇部施酱色釉，体施豆青色釉，底无釉，釉面光亮，施釉均匀。内、外壁有明显轮制痕迹。外壁釉面可见棕眼。口径7.5厘米，腹径11.7厘米，底径7.4厘米，高11.8厘米（图九五；图版四六，3）。

铜钱　1枚。锈蚀较甚，字迹模糊不清。

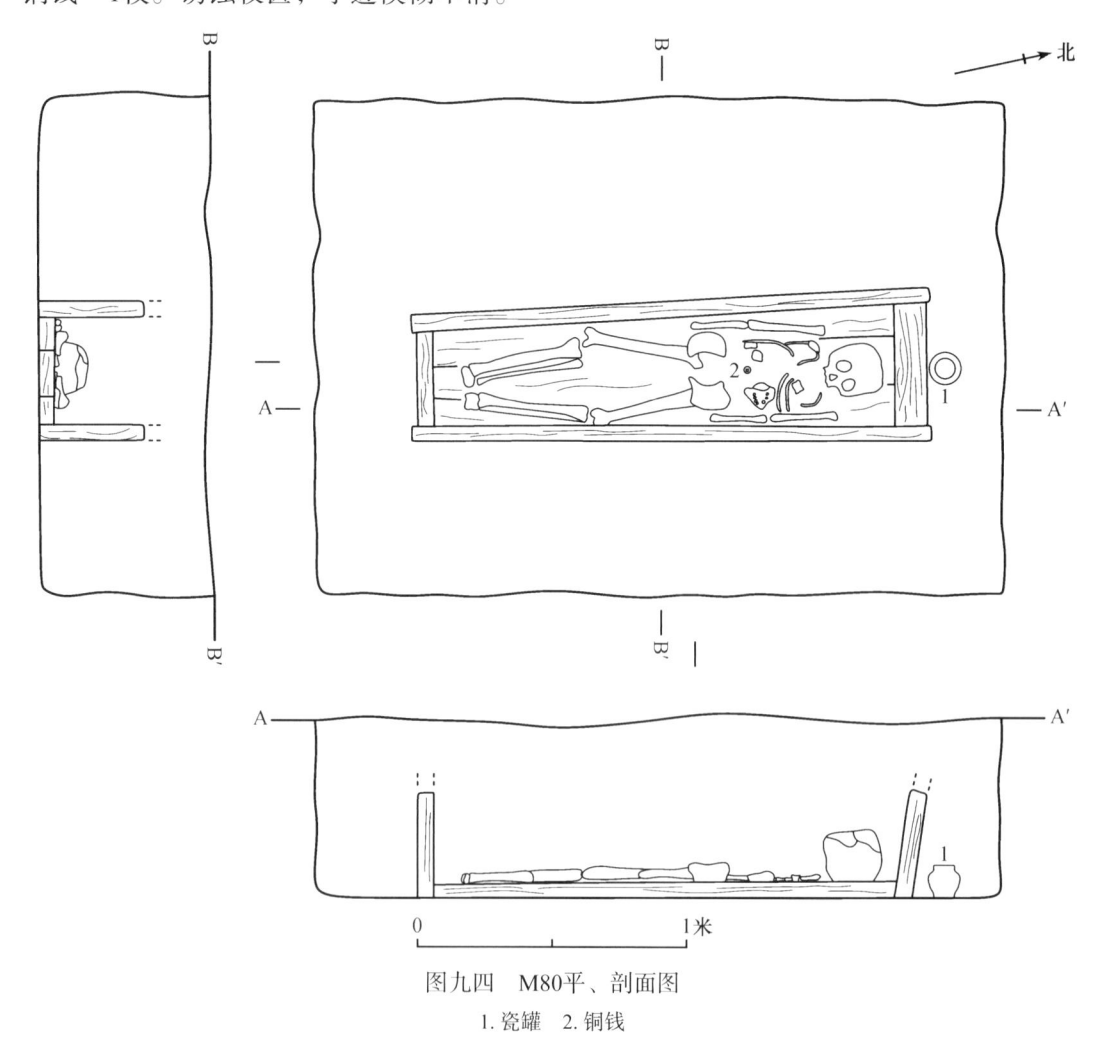

图九四　M80平、剖面图
1.瓷罐　2.铜钱

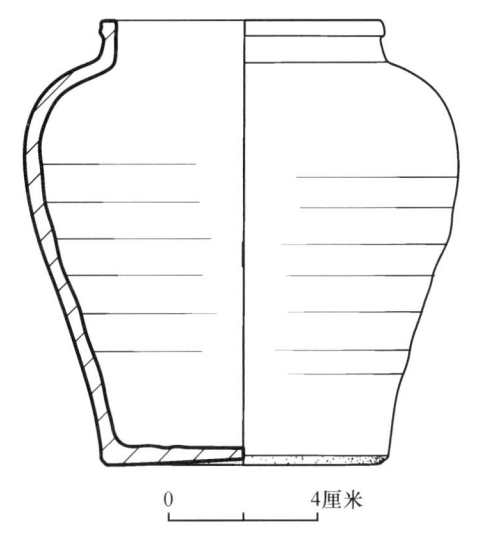

图九五　M80出土瓷罐（M80:1）

M81　位于发掘区东区的东部，北邻M82，东北部打破M82，开口于第2层下，方向265°。长方形竖穴土圹单棺墓。墓口距地表0.6米，墓底距地表1.2米。墓圹东西长2.66米，南北宽1~1.1米，深0.6米。墓圹四壁较规整，内填花土，土质较疏松。

葬具为单木棺，棺木已朽，仅存棺痕。棺痕东西长2.04米，南北宽0.6~0.7米，残高0.2米。内葬置人骨一具，保存较完整，头向西，面向南，仰身直肢葬，为成年女性（图九六；图版一七，2）。

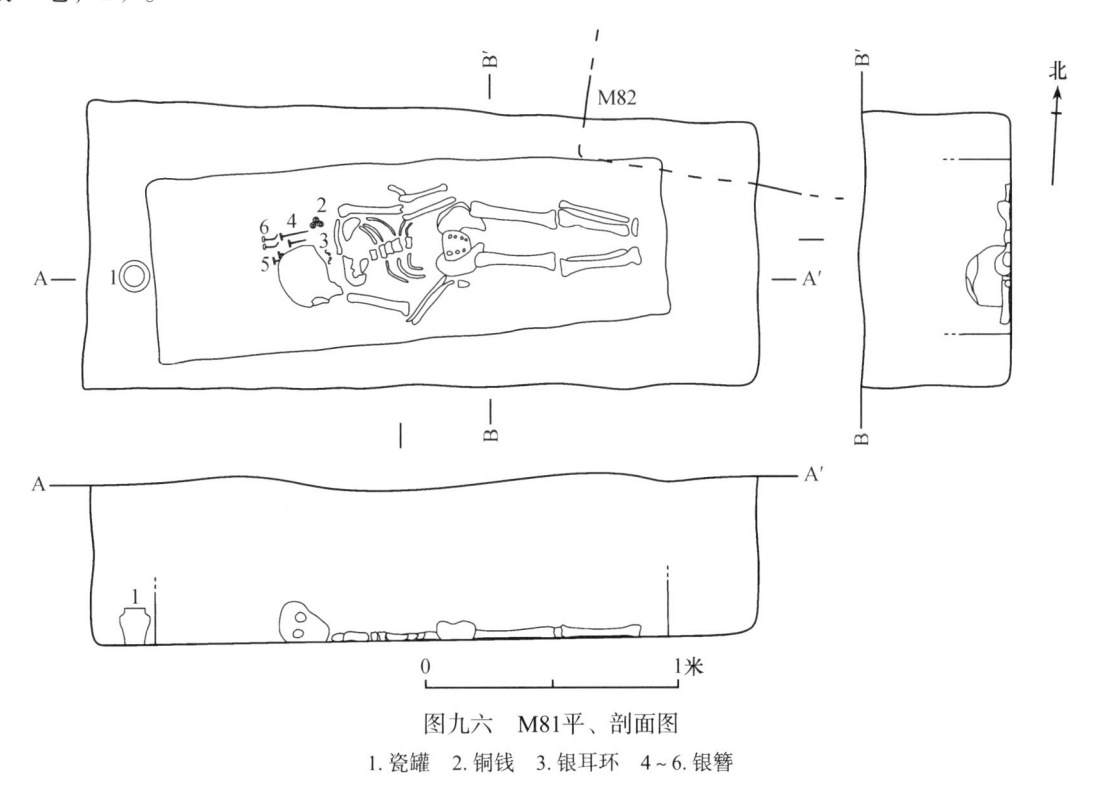

图九六　M81平、剖面图
1.瓷罐　2.铜钱　3.银耳环　4~6.银簪

出土器物：棺外西部出土瓷罐1件；棺内头骨北侧出土银簪6件、银耳环2件、铜钱3枚。

瓷罐　1件。M81：1，侈口，圆唇，短颈，鼓肩，曲腹，下腹内收，平底内凹。白胎，胎质细腻、坚致。唇部施酱色釉，体施青白色釉，底无釉，釉面光亮，施釉均匀。内壁下腹部有明显轮制痕迹。外壁釉面可见棕眼。口径8.1厘米，腹径12.5厘米，底径8.5厘米，高14.4厘米（图九七，1；图版四六，4）。

银耳环　2件。形制相同、大小相近。均通体鎏金，环面呈圆饼状；环体近似钩形，尾部尖。M81：3-1，长2.03厘米，宽2.04厘米，环面直径0.74厘米，重1.45克（图九七，2；图版四七，1）。M81：3-2，长2.32厘米，宽1.7厘米，环面直径0.71厘米，重1.3克（图九七，2；图版四七，1）。

银簪　6件。M81：4-1，残，存簪首，部分簪体残缺。簪首鎏金，呈12瓣立体花瓣状，花瓣内铸羽叶纹，中部凸起呈圆环形，环内铸"金"字纹，簪背镂铸呈莲花底座形，莲瓣间铸如

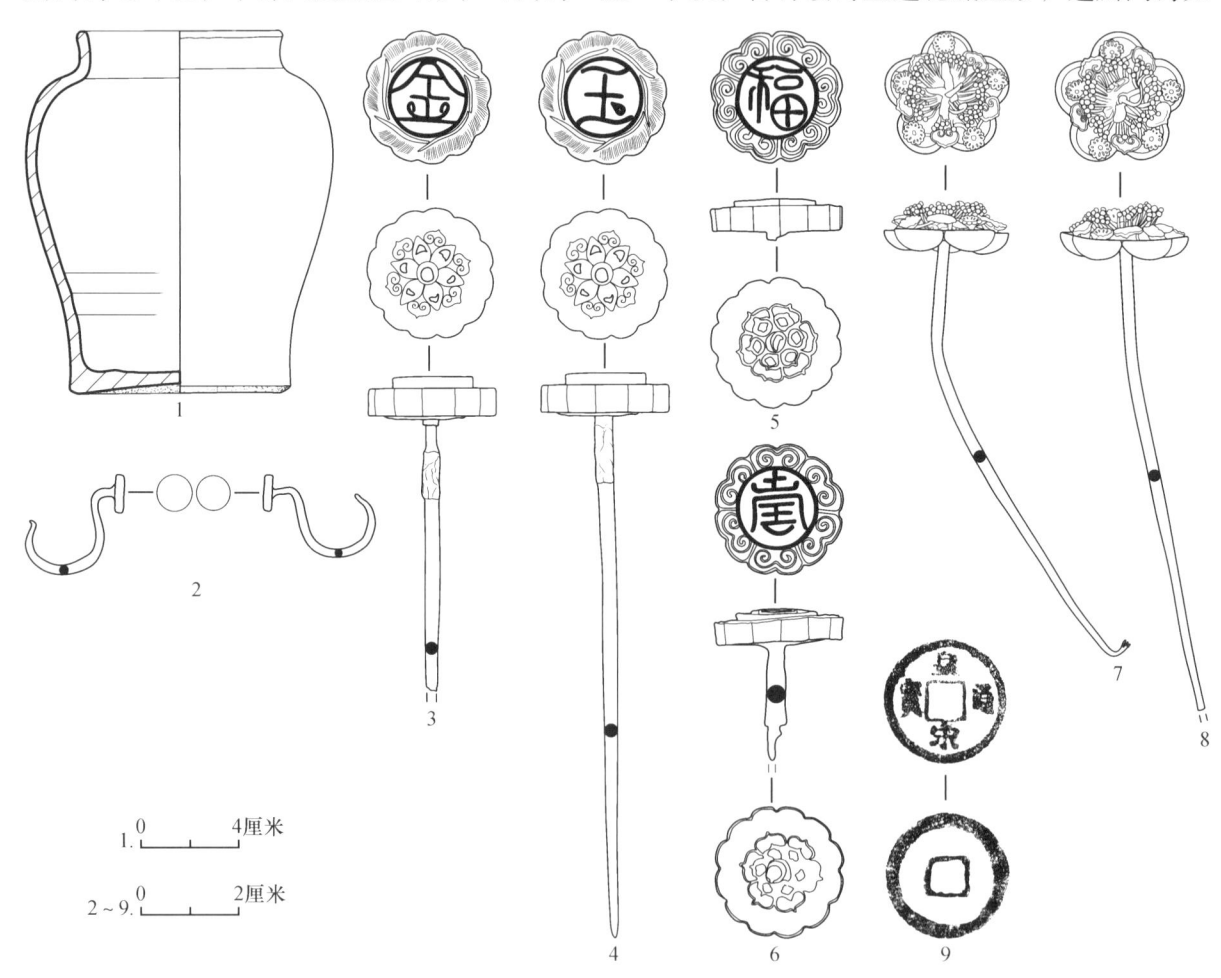

图九七　M81出土器物

1. 瓷罐（M81：1）　2. 银耳环（M81：3-1、M81：3-2）　3~8. 银簪（M81：4-1、M81：4-2、M81：5-1、M81：5-2、M81：6-1、M81：6-2）　9. 皇宋通宝（M81：2-1）

意云纹；体呈细长圆锥形，顶部附一宽箍，尾端残缺。簪首高0.8厘米，簪首宽2.6厘米，残长6.3厘米，重7.8克（图九七，3；图版四七，2）。M81：4-2，簪首鎏金，呈12瓣立体花瓣状，花瓣内铸羽叶纹，中部凸起呈圆环形，环内铸"玉"字纹，簪背镂铸呈莲花底座形，莲瓣间铸如意云纹；体呈细长圆锥形，顶部附一宽箍。簪首高0.8厘米，簪首宽2.6厘米，残长11.2厘米，重7.85克（图九七，4；图版四七，3）。M81：5-1，残，簪首、簪体分离，失簪体。簪首鎏金，呈12瓣立体花瓣状，花瓣内铸卷云纹，中部凸起呈圆环形，环内铸"福"字纹，簪背镂铸呈重瓣莲花底座形；簪体残缺。簪首高0.72厘米，簪首宽2.66厘米，残高0.8厘米，重5.51克（图九七，5；图版四八，1）。M81：5-2，残，簪首、簪体分离，失簪体。簪首鎏金，呈12瓣立体花瓣状，花瓣内铸卷云纹，中部凸起呈圆环形，环内铸"寿"字纹，簪背镂铸呈重瓣莲花底座形；簪体残缺。簪首高0.69厘米，簪首宽2.71厘米，残高0.86厘米，厚0.39厘米，重6.33克（图九七，6；图版四八，2）。M81：6-1，簪首鎏金，为盛开的花朵状，中间铸花蕊，花蕊中间镶嵌料珠，料珠残缺；花蕊周围铸有花朵纹和如意云纹；首背为花朵形，花瓣截面呈半圆弧形，底部铸有五瓣花萼；体呈细长圆锥形，尾端弯曲有分叉三个。簪首高1厘米，簪首宽2.5厘米，长9厘米，重8克（图九七，7；图版四八，3）。M81：6-2，簪首鎏金，为盛开的花朵状，中间铸花蕊，花蕊中间镶嵌料珠，料珠残缺；花蕊周围铸有花朵纹和如意云纹；首背为花朵形，花瓣截面呈半圆弧形，底部铸有五瓣花萼；体呈细长圆锥形，尾端残缺。簪首高1.2厘米，簪首宽2.6厘米，残长10.1厘米，重8.98克（图九七，8；图版四九，1）。

铜钱　3枚。其中皇宋通宝1枚，其余2枚锈蚀较甚，字迹模糊不清。

皇宋通宝　1枚。M81：2-1，圆形、方穿，正、背面皆有内、外郭，正面书"皇宋通宝"四字，楷书，对读，光背。钱径2.54厘米，穿径0.69厘米，郭宽0.24厘米，郭厚0.14厘米，重4.01克（图九七，9）。

M82　位于发掘区东区的东部，南邻M81，西南部被M81打破，开口于第2层下，方向186°。长方形竖穴土圹单棺墓。墓口距地表0.6米，墓底距地表1.3米。墓圹南北长3米，东西宽1.12米，深0.7米。墓圹四壁较规整，内填花土，土质较疏松。

葬具为单木棺，棺木已朽，仅存棺痕。棺痕南北长2.23米，东西宽0.6～0.65米，残高0.2米。内葬置人骨一具，保存较差，头向南，面向上，葬式、性别不详（图九八；图版一七，3）。

出土器物：棺内中部出土铜钱9枚。

铜钱　9枚。其中乾隆通宝1枚、嘉庆通宝2枚，其余6枚锈蚀较甚，字迹模糊不清。

乾隆通宝　1枚。M82：1-1，圆形、方穿，正、背面皆有内、外郭，正面书"乾隆通宝"四字，楷书，对读，背穿左右为满文"宝泉"局名。钱径2.22厘米，穿径0.59厘米，郭宽0.29厘米，郭厚0.15厘米，重3.38克（图九九，1）。

图九八　M82平、剖面图
1. 铜钱

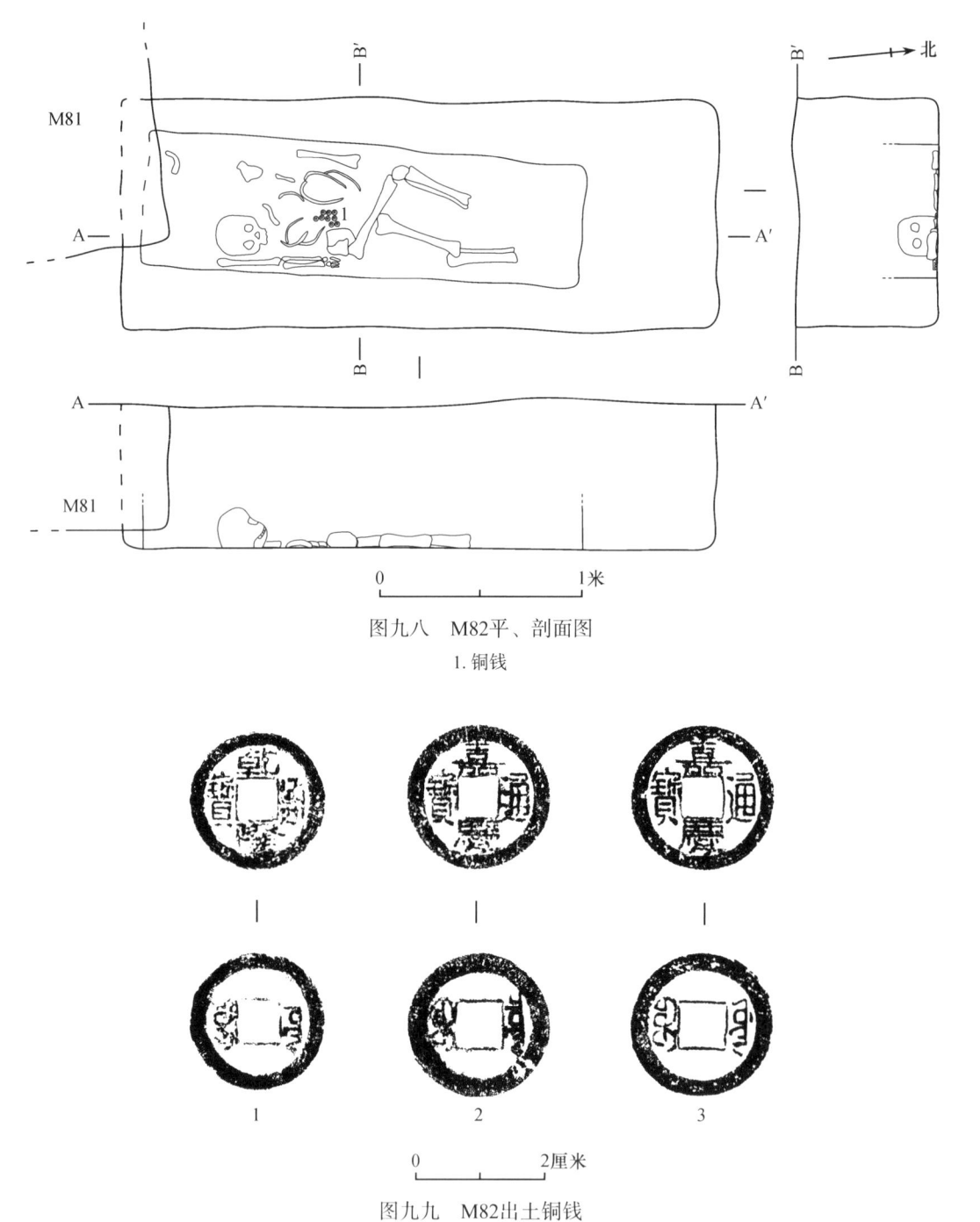

图九九　M82出土铜钱
1. 乾隆通宝（M82:1-1）　2、3. 嘉庆通宝（M82:1-2、M82:1-3）

嘉庆通宝　2枚。均圆形、方穿，正、背面皆有内、外郭，正面书"嘉庆通宝"四字，楷书，对读。M82:1-2，背穿左右为满文"宝泉"局名。钱径2.3厘米，穿径0.65厘米，郭宽0.26厘米，郭厚0.14厘米，重3.52克（图九九，2）。M82:1-3，背穿左右为满文"宝源"局名。钱径2.27厘米，穿径0.62厘米，郭宽0.25厘米，郭厚0.14厘米，重3.4克（图九九，3）。

M83　位于发掘区东区的东部，东邻M84，东北部打破M84，开口于第2层下，方向278°。长方形竖穴土圹单棺墓。墓口距地表0.6米，墓底距地表1米。墓圹东西长2.66米，南北宽1.28米，深0.4米。墓圹四壁较规整，内填花土，土质较疏松。

葬具为单木棺，棺木已朽，仅存棺痕。棺痕东西长1.92米，南北宽0.6～0.7米，残高0.2米。内葬置人骨一具，保存较完整，头向西，面向北，侧身屈肢葬，为成年女性（图一〇〇；图版一八，1）。

出土器物：棺外西部出土瓷罐1件；棺内肋骨南侧出土铜钱4枚。

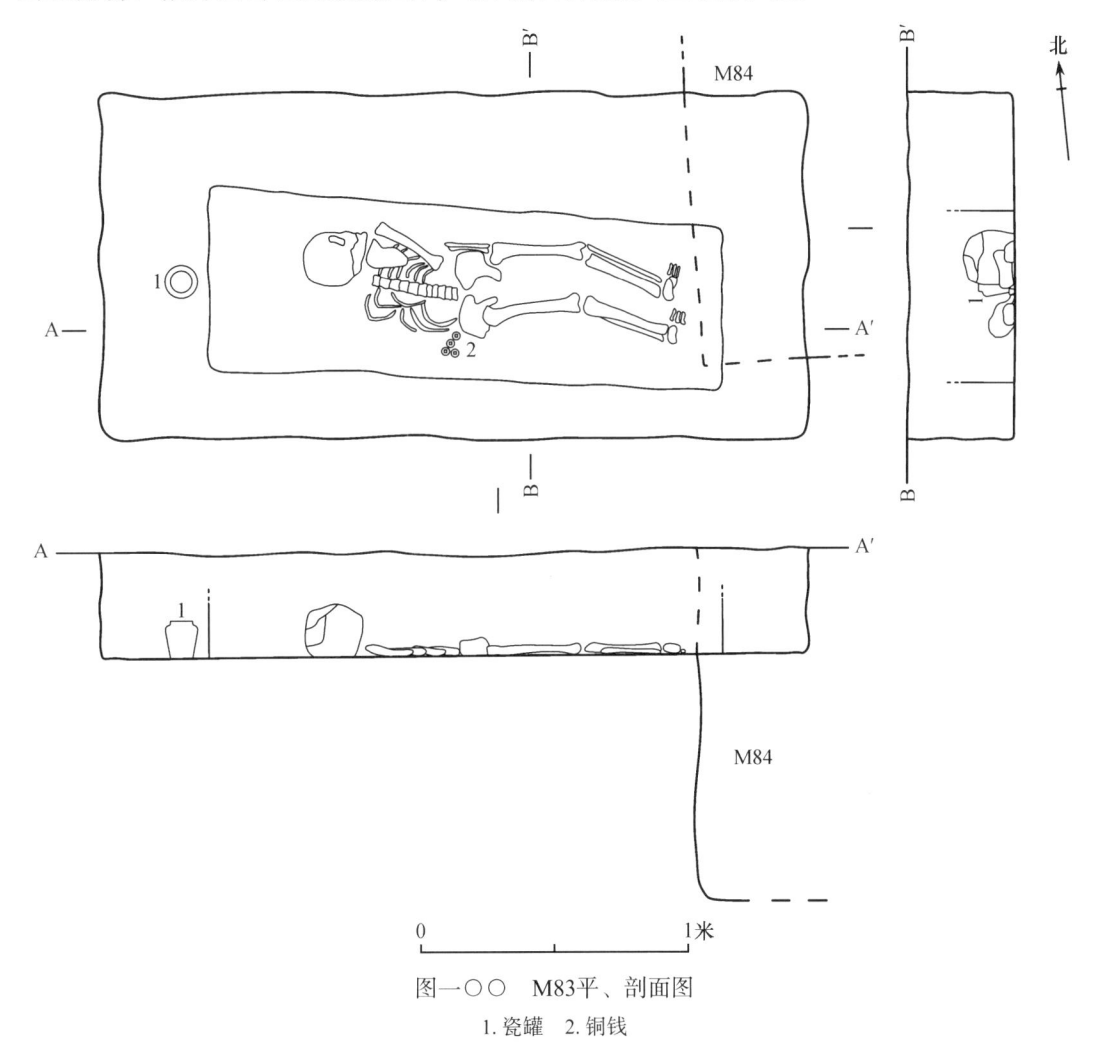

图一〇〇　M83平、剖面图
1.瓷罐　2.铜钱

瓷罐　1件。M83：1，直口，方唇，短颈，圆肩，曲腹，下腹内收，平底内凹。白胎，胎质细腻、坚致。唇部施酱色釉，体施青白色釉，底无釉，釉面光亮，施釉均匀。内壁有明显轮制痕迹。外壁釉面可见棕眼。口径8厘米，腹径12.1厘米，底径8厘米，高13.7厘米（图一〇一，1；图版四九，2）。

铜钱　4枚。其中康熙通宝2枚，其余2枚锈蚀较甚，字迹模糊不清。

康熙通宝　2枚。均圆形、方穿，正、背面皆有内、外郭，正面书"康熙通宝"四字，楷书，对读。M83：2-1，背穿左右为满文"宝源"局名。钱径2.62厘米，穿径0.63厘米，郭宽0.46厘米，郭厚0.13厘米，重4.12克（图一〇一，2）。M83：2-2，背穿左右为满文"宝泉"局名。钱径2.75厘米，穿径0.62厘米，郭宽0.4厘米，郭厚0.12厘米，重3.5克（图一〇一，3）。

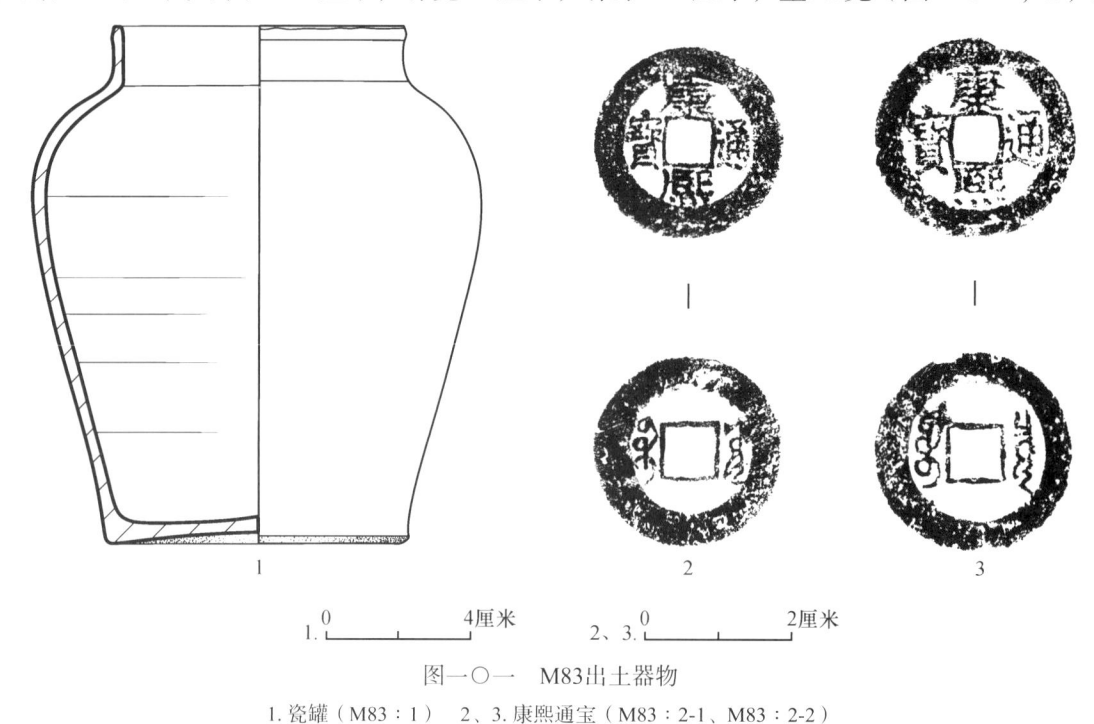

图一〇一 M83出土器物
1. 瓷罐（M83：1） 2、3. 康熙通宝（M83：2-1、M83：2-2）

M85 位于发掘区西区的东部，东邻M3，开口于第2层下，方向180°。梯形竖穴土圹单棺墓。墓口距地表0.6米，墓底距地表1.7米。墓圹南北长2.6米，东西宽1~1.2米，深1.1米。墓圹四壁较规整，内填花土，土质较疏松。

葬具为单木棺，部分棺木已朽，残存四侧部分棺板和底板。棺木南北长1.85米，东西宽0.66~0.78米，残高0.3米，残厚0.04米。内葬置人骨一具，保存较完整，头向南，面向东，侧身屈肢葬，为成年男性（图一〇二；图版一八，2）。

出土器物：棺外南部出土瓷罐1件；棺内髋骨东侧出土铜钱9枚。

瓷罐 1件。M85：1，侈口，圆唇，短颈，鼓肩，曲腹，下腹内收，平底内凹。白胎，胎质细腻、坚致。口沿内侧无釉，体施青白色釉，底无釉，釉面光亮，施釉均匀。内壁有明显轮制痕迹。外壁釉面可见棕眼。口径8.2厘米，腹径12.6厘米，底径8.9厘米，高14.5厘米（图一〇三，1；图版四九，3）。

铜钱 9枚。其中康熙通宝4枚，其余5枚锈蚀较甚，字迹模糊不清。

康熙通宝 4枚。均圆形、方穿，正、背面皆有内、外郭，正面书"康熙通宝"四字，楷书，对读。M85：2-1，背穿左右为满文"宝泉"局名。钱径2.36厘米，穿径0.56厘米，郭宽0.35厘米，郭厚0.12厘米，重3.15克（图一〇三，2）。M85：2-2，背穿左右为满文"宝源"局

第三章 遗迹及遗物

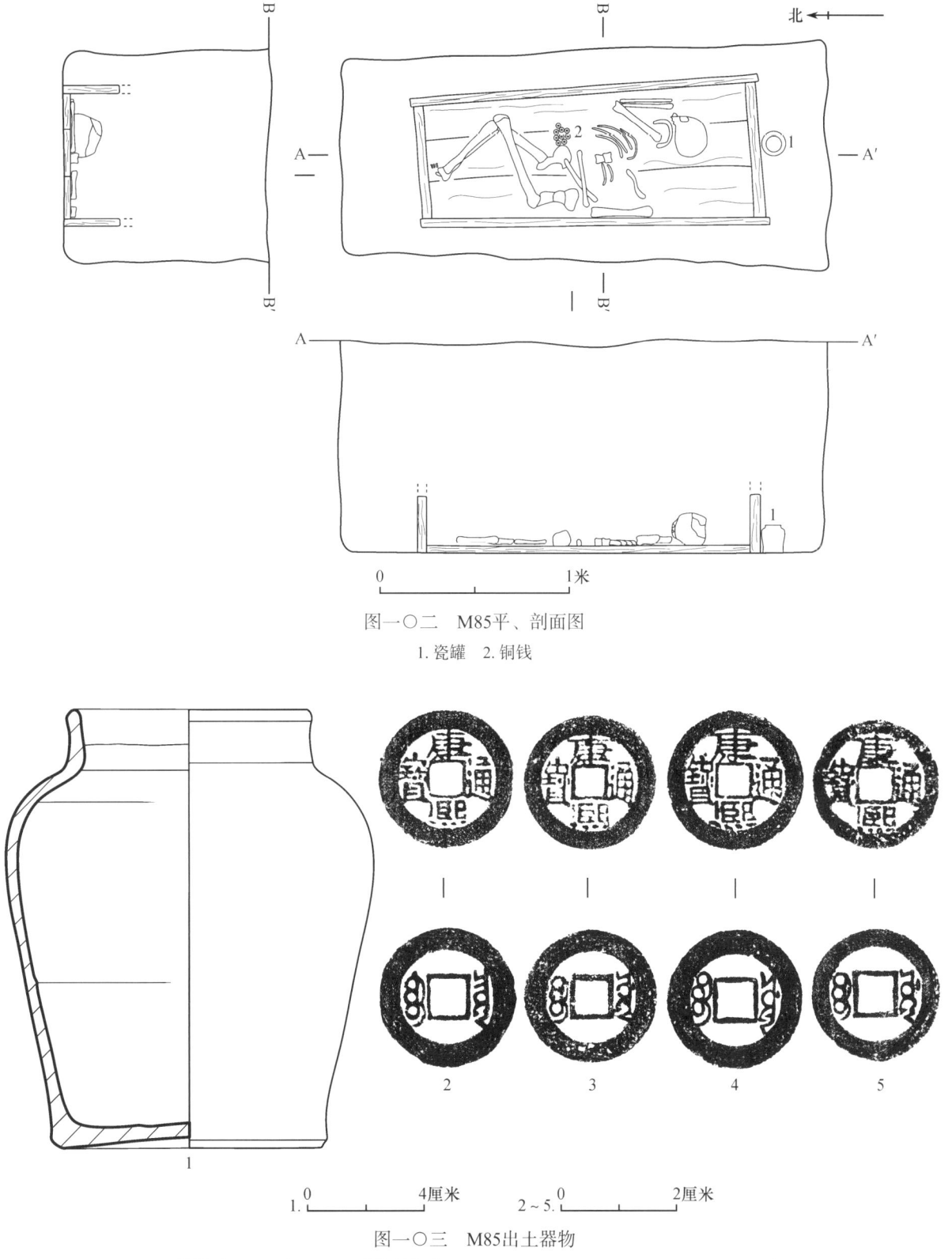

图一〇二 M85平、剖面图
1. 瓷罐 2. 铜钱

图一〇三 M85出土器物
1. 瓷罐（M85：1） 2~5. 康熙通宝（M85：2-1、M85：2-2、M85：2-3、M85：2-4）

名。钱径2.32厘米,穿径0.53厘米,郭宽0.36厘米,郭厚0.1厘米,重3.06克(图一〇三,3)。M85:2-3,背穿左右为满文"宝源"局名。钱径2.37厘米,穿径0.57厘米,郭宽0.38厘米,郭厚0.13厘米,重2.62克(图一〇三,4)。M85:2-4,背穿左右为满文"宝源"局名。钱径2.25厘米,穿径0.55厘米,郭宽0.26厘米,郭厚0.12厘米,重2.47克(图一〇三,5)。

(二)双棺墓

M9 位于发掘区东区的西部,北邻M10,西南邻M75,开口于第2层下,方向184°。近长方形竖穴土圹双棺墓。墓口距地表0.6米,墓底距地表1.36~1.4米。墓圹南北长2.54~2.58米,东西宽1.8~1.88米,深0.76~0.8米。墓圹四壁较规整,内填沙质花土,土质较疏松。

葬具为双木棺,棺木已朽,仅存棺痕。西棺打破东棺。东棺棺痕南北长1.8米,东西宽0.52~0.62米,残高0.16米。内葬置人骨一具,保存一般,头向南,面向西,仰身直肢葬,为成年女性。西棺棺痕南北长1.8米,东西宽0.48~0.54米,残高0.2米。内葬置人骨一具,保存较完整,头向南,面向上,仰身直肢葬,为成年男性(图一〇四;图版一九,1)。

未见出土器物。

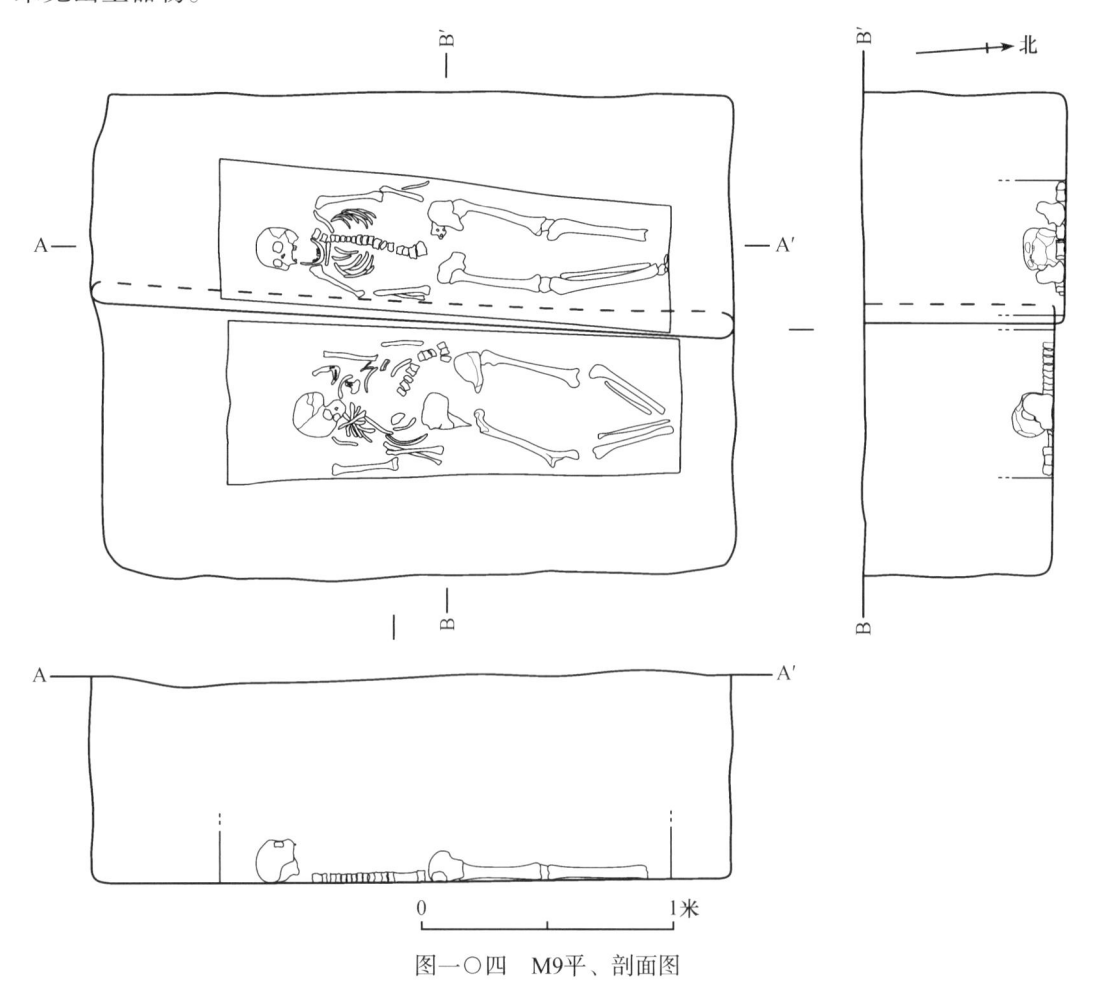

图一〇四 M9平、剖面图

M10　位于发掘区东区的西部，北邻M57，东邻M11，南邻M9，开口于第2层下，方向185°。不规则形竖穴土圹双棺墓。墓口距地表0.6米，墓底距地表1.4米。墓圹南北长2.1～2.3米，东西宽1.5米，深0.8米。墓圹四壁较规整，内填花土，土质较疏松。

葬具为双木棺，棺木已朽，仅存朽痕。西棺打破东棺。东棺棺痕南北长1.84米，东西宽0.42米，残高0.2米。内葬置人骨一具，保存较完整，头向南，面向西，仰身直肢葬，为成年男性。西棺棺痕南北长1.85米，东西宽0.47米，残高0.2米。内葬置人骨一具，保存一般，头向南，面向不详，仰身直肢葬，为成年女性（图一〇五；图版一九，2）。

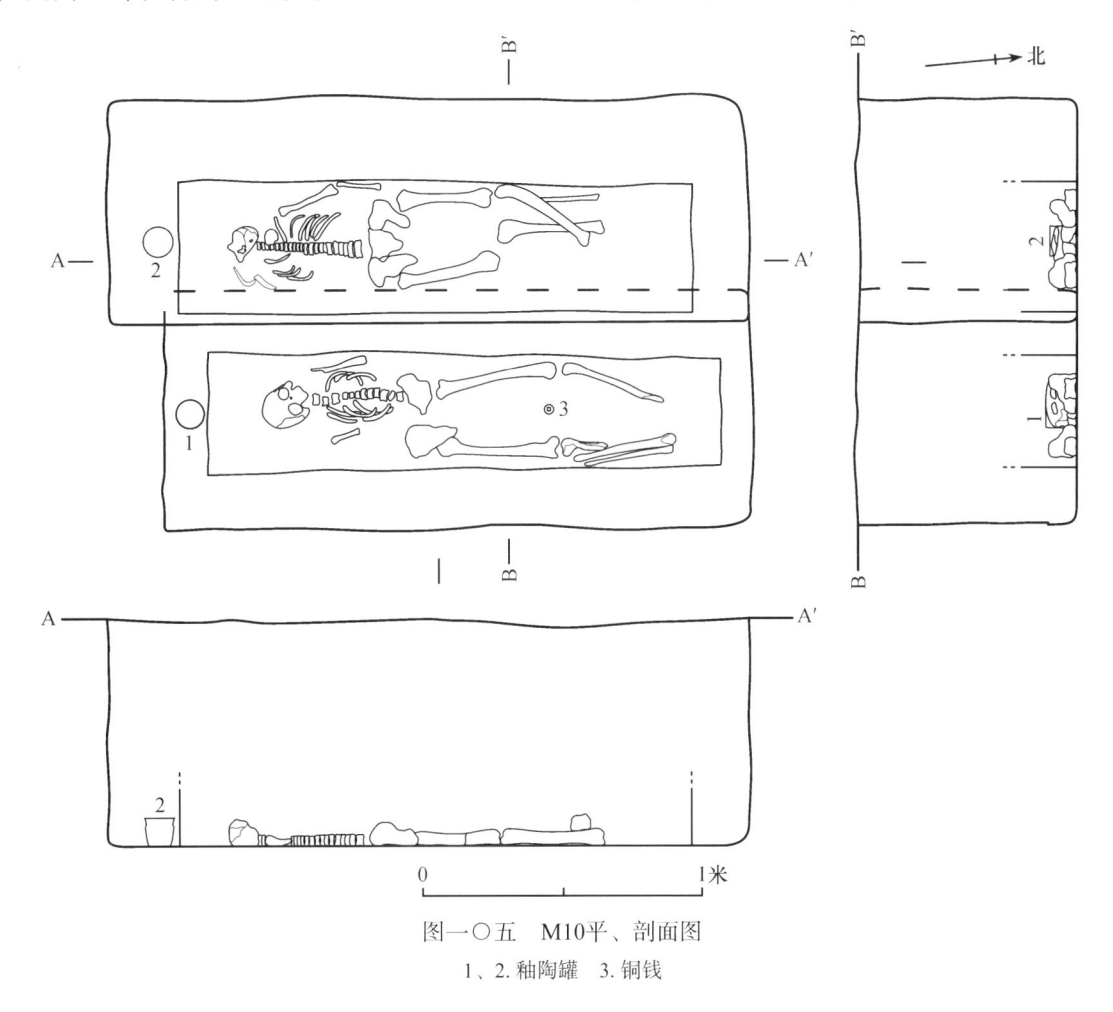

图一〇五　M10平、剖面图
1、2.釉陶罐　3.铜钱

出土器物：东棺棺外南部出土釉陶罐1件；棺内股骨内侧出土铜钱1枚。西棺棺外南部出土釉陶罐1件。

釉陶罐　2件。M10∶1，侈口，圆唇，短束颈，溜肩，斜曲腹，平底内凹。灰胎，胎质较细腻。施黄褐色釉，口沿内侧至外壁上腹部施釉，其余部分皆露胎。釉面粗糙，施釉不均匀，有流釉现象。颈部有一周弦纹。内、外壁有明显轮制痕迹。口径10厘米，肩径10.2厘米，底径7.4厘米，高11.2厘米（图一〇六，1；图版五〇，1）。M10∶2，侈口，圆唇，短束颈，溜肩，斜直腹，平底内凹。红胎，胎质较细腻。施黄褐色釉，口沿内侧至外壁上腹部施釉，其余部分皆露胎。釉面粗糙，施釉不均匀。内、外壁有明显轮制痕迹。口径10.8厘米，肩径10.3厘米，底径7.4厘米，高10厘米（图一○六，2；图版五○，2）。

康熙通宝　1枚。M10：3，圆形、方穿，正、背面皆有内、外郭，正面书"康熙通宝"四字，楷书，对读，背穿左右为满文"宝泉"局名。钱径2.58厘米，穿径0.6厘米，郭宽0.46厘米，郭厚0.12厘米，重3.17克（图一○六，3）。

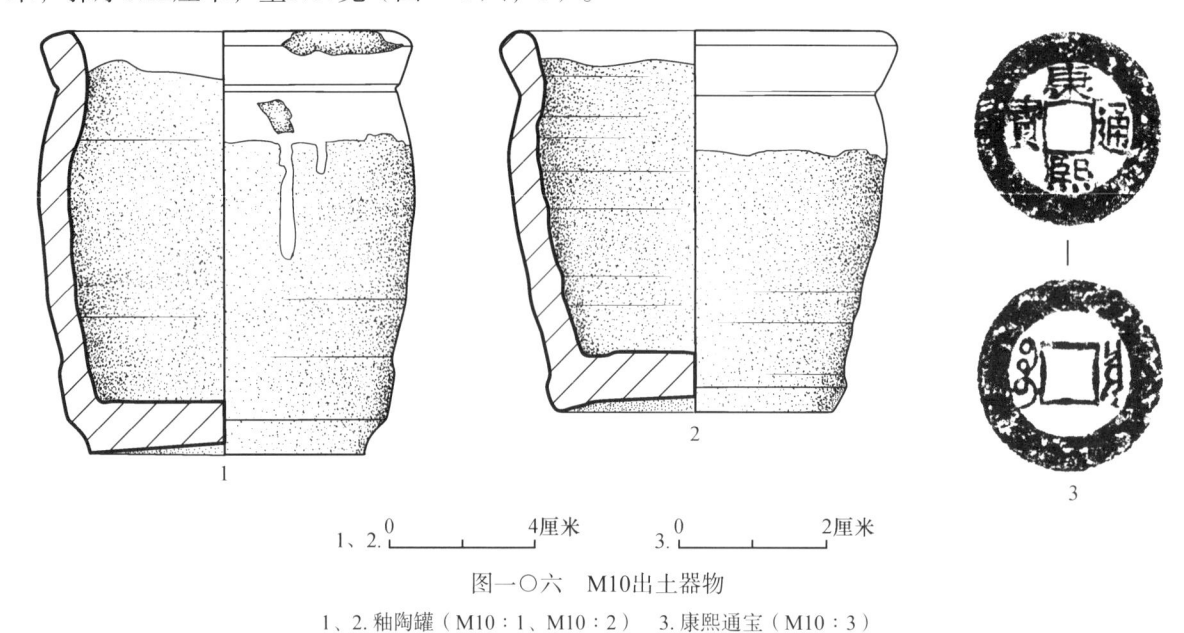

图一○六　M10出土器物
1、2.釉陶罐（M10：1、M10：2）　3.康熙通宝（M10：3）

M11　位于发掘区东区的西部，北邻M59，西南邻M10，开口于第2层下，方向12°。不规则形竖穴土圹双棺墓。墓口距地表0.6米，墓底距地表1.3米。墓圹南北长2.44～2.66米，东西宽0.86～1.62米，深0.7米。墓圹四壁较规整，内填花土，土质较疏松。

葬具为双木棺，棺木已朽，仅存棺痕。东棺打破西棺。西棺棺痕南北长2.02米，东西宽0.56～0.7米，残高0.2米。内葬置人骨一具，保存较完整，头向北，面向东，仰身直肢葬，为成年女性。东棺棺痕南北长2米，东西宽0.52～0.6米，残高0.16米。内葬置人骨一具，保存较差，头向北，面向、葬式不详，为成年男性（图一○七；图版二○，1）。

出土器物：东棺棺外北部出土釉陶罐1件。

釉陶罐　1件。M11：1，侈口，方唇，短束颈，溜肩，曲腹，下腹斜收，平底内凹。夹砂红胎，胎质较粗糙。施绿釉，口沿内侧至外壁上腹部施釉，其余部分皆露胎。釉面粗糙，施釉不均匀，有剥釉现象。素面。内、外壁有明显轮制痕迹。口径9厘米，肩径12.5厘米，底径7.2厘米，高12.6厘米（图一○八；图版五○，3）。

第三章 遗迹及遗物

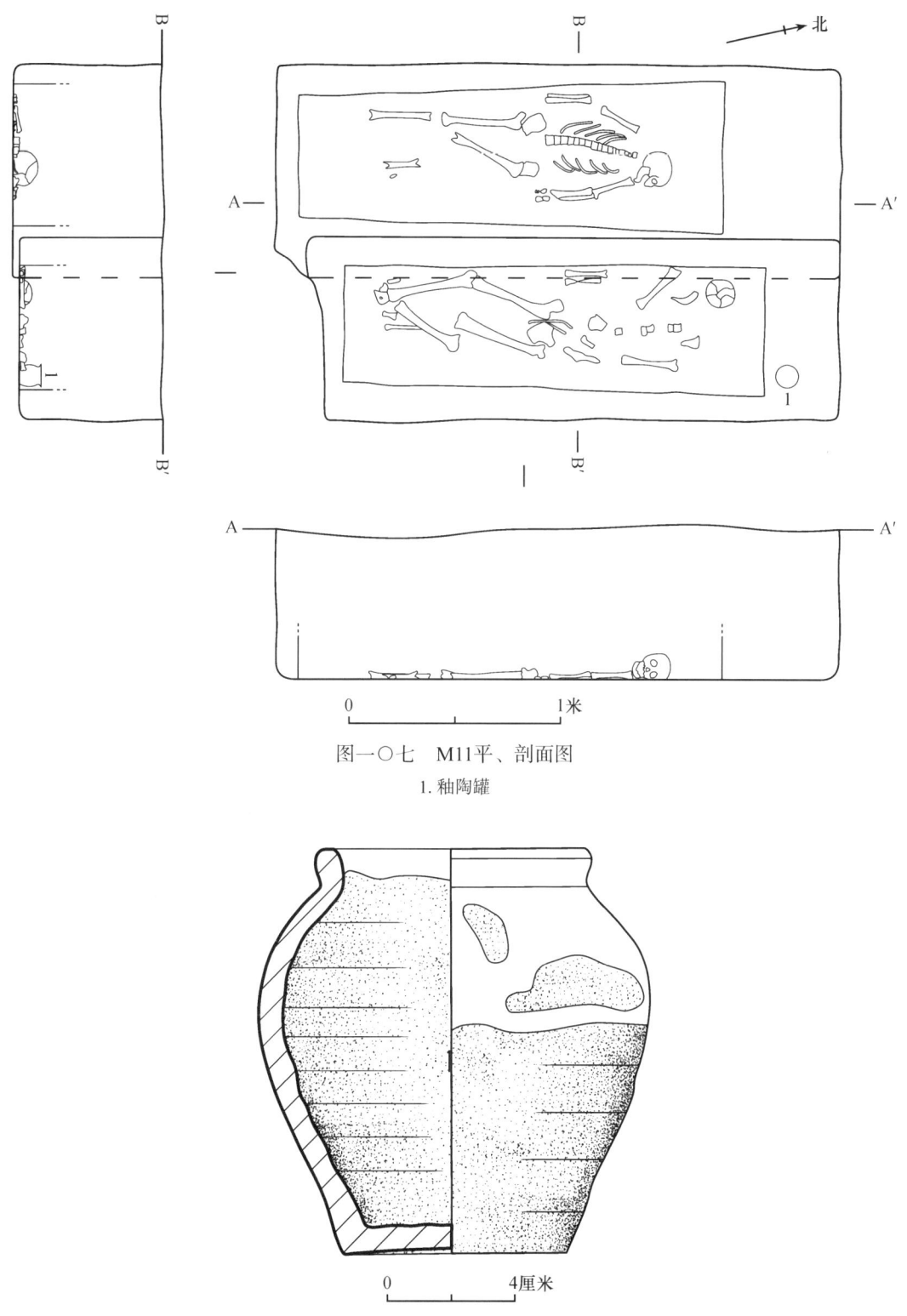

图一〇七 M11平、剖面图
1. 釉陶罐

图一〇八 M11出土釉陶罐（M11:1）

M12 位于发掘区东区的西部，北邻M13，开口于第2层下，方向185°。梯形竖穴土圹双棺墓。墓口距地表0.6米，墓底距地表1米。墓圹南北长2.5米，东西宽2~2.1米，深0.4米。墓圹四壁较规整，内填花土，土质较疏松。

葬具为双木棺，部分棺木已朽，残存东棺东、西侧板。东棺打破西棺。西棺棺痕南北长1.85米，东西宽0.6~0.68米，残高0.2米。内葬置人骨一具，保存差，头向、面向、葬式、性别均不详。东棺棺木南北长1.84米，东西宽0.6~0.68米，残高0.2米，残厚0.06米。内葬置人骨一具，保存差，头向、面向、葬式均不详，性别推测为女性（图一〇九；图版二〇，2）。

出土器物：西棺棺外南部出土陶罐1件。东棺棺外南部出土釉陶罐1件；棺内头骨东侧出土银簪1件、银押发1件，头骨南侧出土银耳环2件。

陶罐 1件。M12:1，泥质灰陶，胎质较细腻。侈口，方唇，短束颈，溜肩，曲腹，下腹内收，平底内凹。素面。内壁有明显轮制痕迹。口径10厘米，肩径9.8厘米，底径5.6厘米，高9.2厘米（图一一〇，1；图版五〇，4）。

釉陶罐 1件。M12:2，侈口，尖唇，短颈，鼓肩，曲腹，下腹内收，平底内凹。红胎，

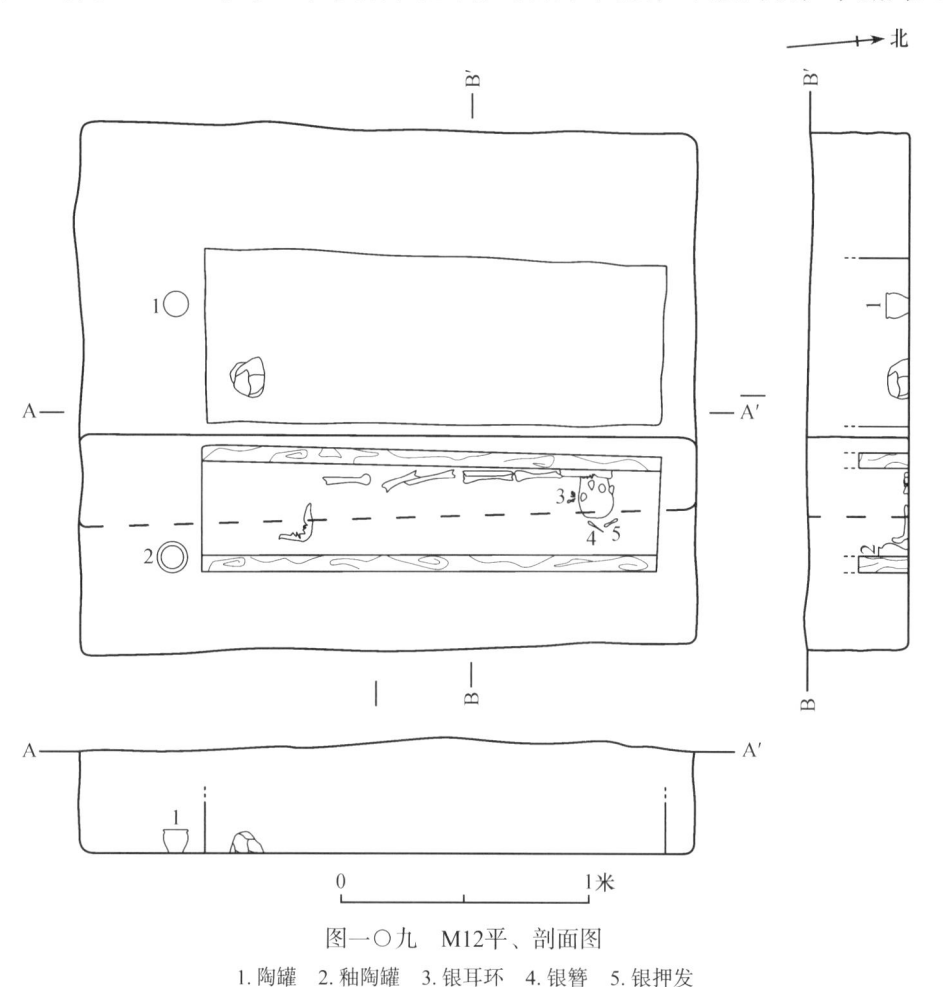

图一〇九 M12平、剖面图
1.陶罐 2.釉陶罐 3.银耳环 4.银簪 5.银押发

胎质较细腻。内、外壁满釉，内壁釉面较薄，呈酱黄色，内壁口沿及外壁釉面呈绿色，釉面较粗糙，外壁釉面剥落严重，施釉不均匀，外壁有流釉现象。素面。内壁有明显轮制痕迹，外壁底部有刻划痕迹。口径9厘米，肩径12.2厘米，底径7.8厘米，高12厘米（图一一〇，2；图版五〇，5）。

银耳环　2件。形制相同、大小相近。均环面呈圆饼状，錾刻圆形"寿"字纹；环体近似钩形，尾部尖。M12：3-1，长3.6厘米，宽1.3厘米，厚0.1厘米，环面直径1.66厘米，重2.23克（图一一〇，5；图版五一，1）。M12：3-2，长2.4厘米，宽1.8厘米，厚0.1厘米，环面直径1.66厘米，重1.66克（图一一〇，5；图版五一，1）。

银簪　1件。M12：4，簪首鎏金，呈柳叶状，顶部略弯呈弧形，錾刻圆形"寿"字纹，中部扁平，背戳印"无□足纹"字样；体呈短粗圆锥形。长7.25厘米，宽1.11厘米，厚0.2厘米，重3.83克（图一一〇，3；图版五一，2、3）。

银押发　1件。M12：5，通体鎏金。体呈弓形，两端较宽呈柳叶状，中部收束；两端錾刻对称圆形"寿"字纹，背戳印"卐"字样。长5.85厘米，宽1.14厘米，厚0.2厘米，重5.45克（图一一〇，4；图版五二）。

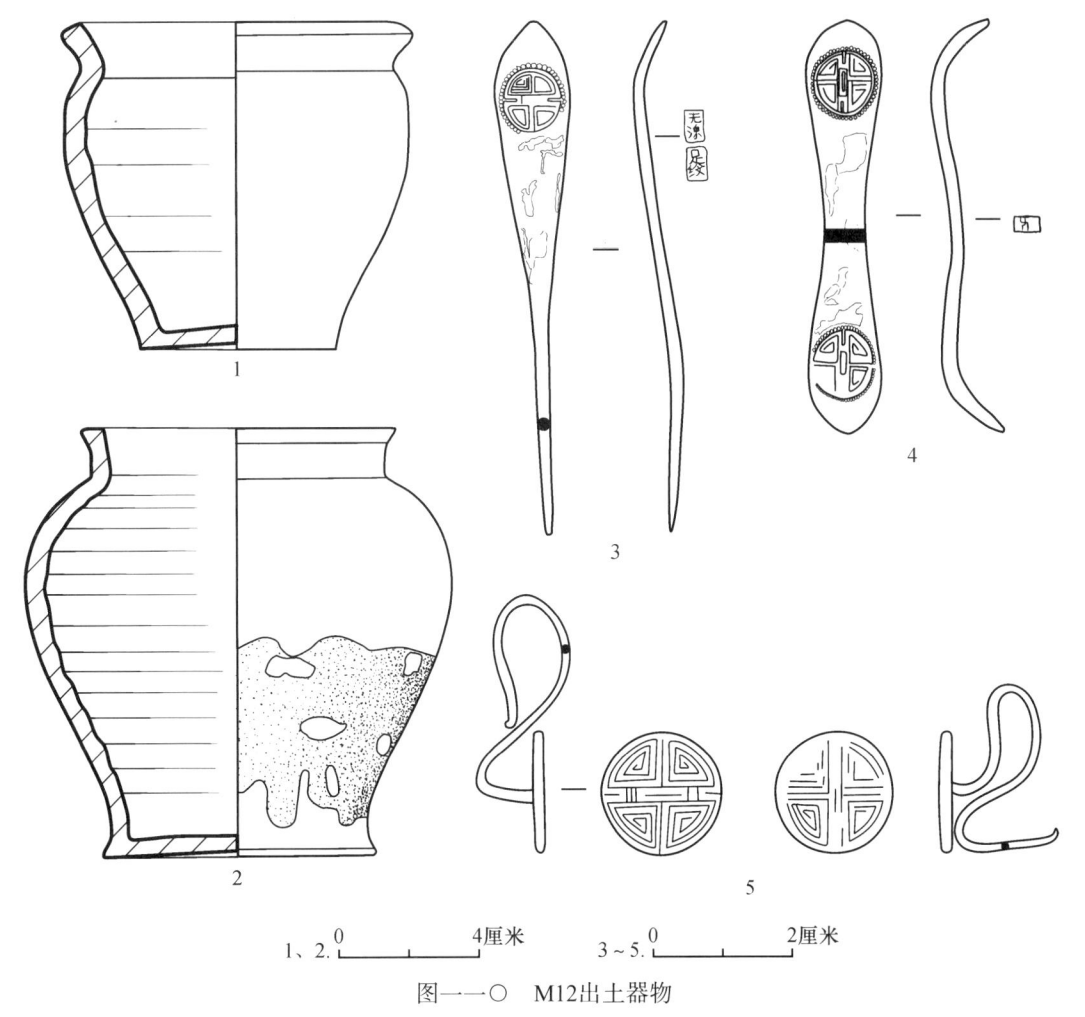

图一一〇　M12出土器物

1.陶罐（M12：1）　2.釉陶罐（M12：2）　3.银簪（M12：4）　4.银押发（M12：5）　5.银耳环（M12：3-1、M12：3-2）

M16 位于发掘区东区的西部，东邻M14，西邻M73，开口于第2层下，方向285°。不规则形竖穴土圹双棺墓。墓口距地表0.6米，墓底距地表1.2米。墓圹东西长2.15~2.23米，南北宽1.7米，深0.6米。墓圹四壁较规整，内填花土，土质较松。

葬具为双木棺，棺木已朽，仅存棺痕。北棺打破南棺。南棺棺痕东西长1.5米，南北宽0.5~0.6米，残高0.2米。内葬置人骨一具，保存一般，头向西，面向不详，仰身直肢葬，为成年男性。头部下枕青砖1块，用砖规格为0.3米×0.16米×0.06米，素面砖。北棺棺痕东西长1.5米，南北宽0.5~0.6米，残高0.2米。内葬置人骨一具，保存较完整，头向西，面向上，侧身屈肢葬，为成年女性。头部下枕青砖1块，用砖规格为0.3米×0.16米×0.06米，素面砖（图一一一；图版二一，1）。

出土器物：南棺棺内头骨北侧出土铜烟锅1件，股骨北侧出土铜钱2枚。北棺棺内头骨北侧出土银簪2件。

银簪 2件。M16:2，簪首为扁平圆帽形，结构较小；体呈细长扁条形，上宽下尖。通体素面。长10.8厘米，宽0.77厘米，厚0.2厘米，重4克（图一一二，2；图版五三，1）。

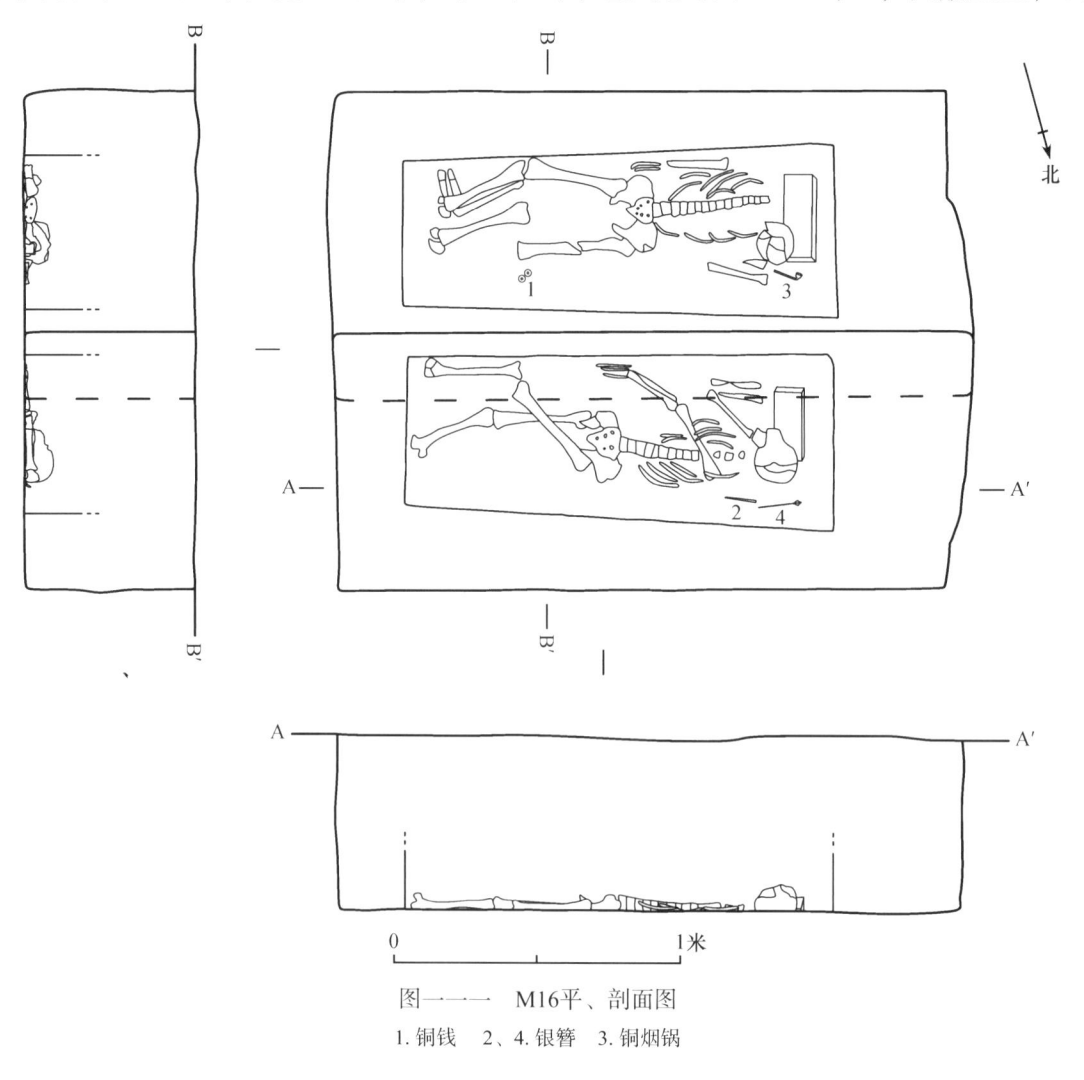

图一一一 M16平、剖面图
1. 铜钱 2、4. 银簪 3. 铜烟锅

M16：4，簪首为银丝缠绕而成的五面形禅杖，顶呈葫芦形；颈部上饰数周凸弦纹，下饰节状凸颈；体呈细长圆锥形。簪首高3.23厘米，簪首宽1.71厘米，残长14.86厘米，厚0.25厘米，重5.21克（图一一二，1；图版五三，3）。

铜烟锅　1件。M16：3，由锅、颈、杆三部分组成。锅为圆形、中空，外錾刻三周弦纹；颈内弯；杆为木制。锅直径2.1厘米，残长8.8厘米，厚0.2厘米，重11.4克（图一一二，3；图版五三，2）。

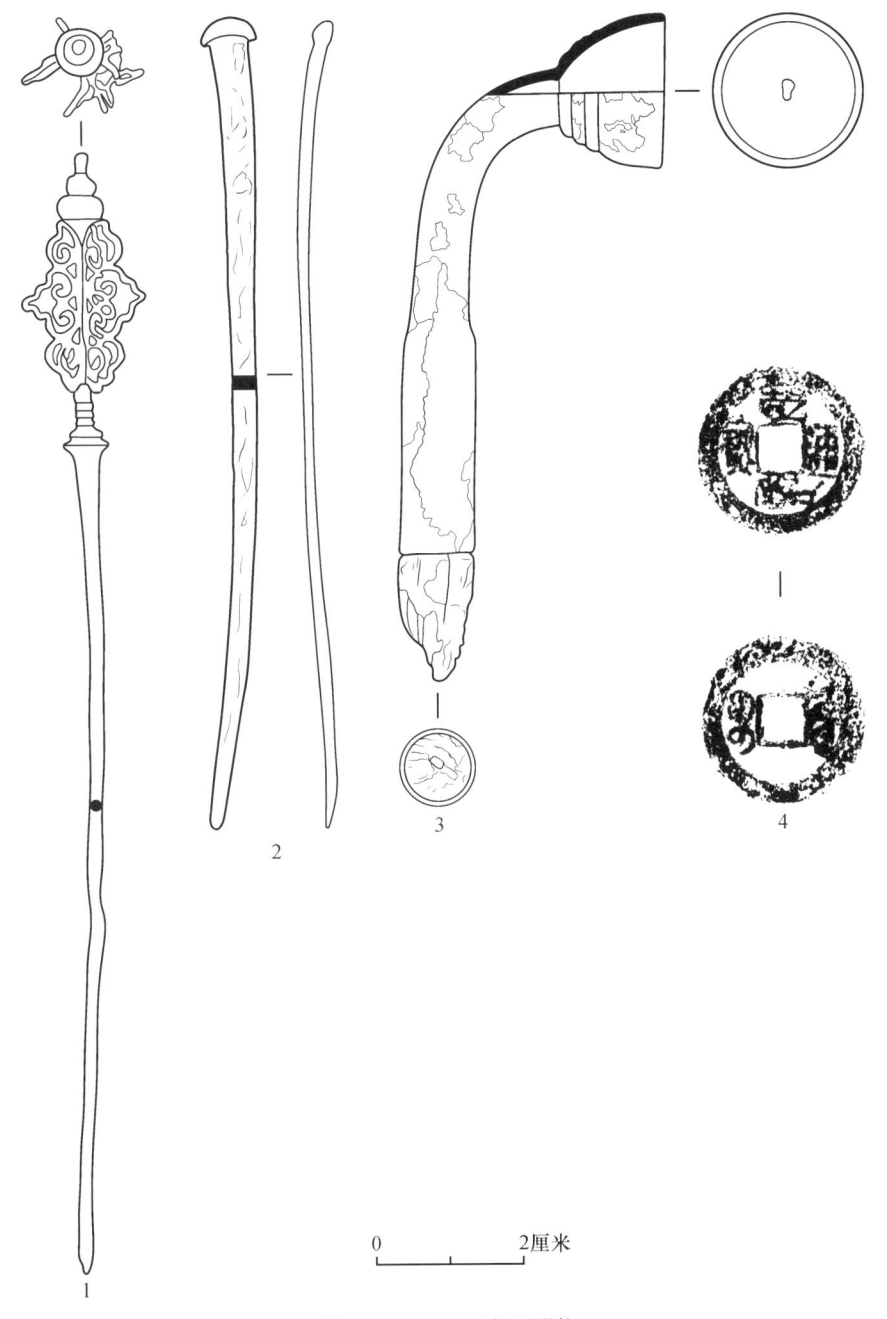

图一一二　M16出土器物
1、2. 银簪（M16：4、M16：2）　3. 铜烟锅（M16：3）　4. 乾隆通宝（M16：1-1）

铜钱 2枚。其中乾隆通宝1枚，余1枚锈蚀较甚，字迹模糊不清。

乾隆通宝 1枚。M16：1-1，圆形、方穿，正、背面皆有内、外郭，正面书"乾隆通宝"四字，楷书，对读，背穿左右为满文"宝源"局名。钱径2.37厘米，穿径0.59厘米，郭宽0.32厘米，郭厚0.16厘米，重3.66克（图一一二，4）。

M18 位于发掘区东区的东部，东北邻M17，东邻M19，开口于第2层下，方向195°。梯形竖穴土圹双棺墓。墓口距地表0.6米，墓底距地表0.9米。墓圹南北长2.3米，东西宽1.7～1.9米，深0.3米。墓圹四壁较规整，内填花土，土质较疏松。

葬具为双木棺，棺木已朽，仅存棺痕。东棺打破西棺。西棺棺痕南北长1.93米，东西宽0.6～0.66米，残高0.2米。内葬置人骨一具，保存差，头向南，面向、葬式均不详，性别推测为成年女性。东棺棺痕南北长1.86米，东西宽0.6～0.64米，残高0.2米。内葬置人骨一具，保存较差，头向南，面向、葬式不详，为成年男性。头部下枕青砖1块，用砖规格0.3米×0.12米×0.06米，素面砖（图一一三；图版二一，2）。

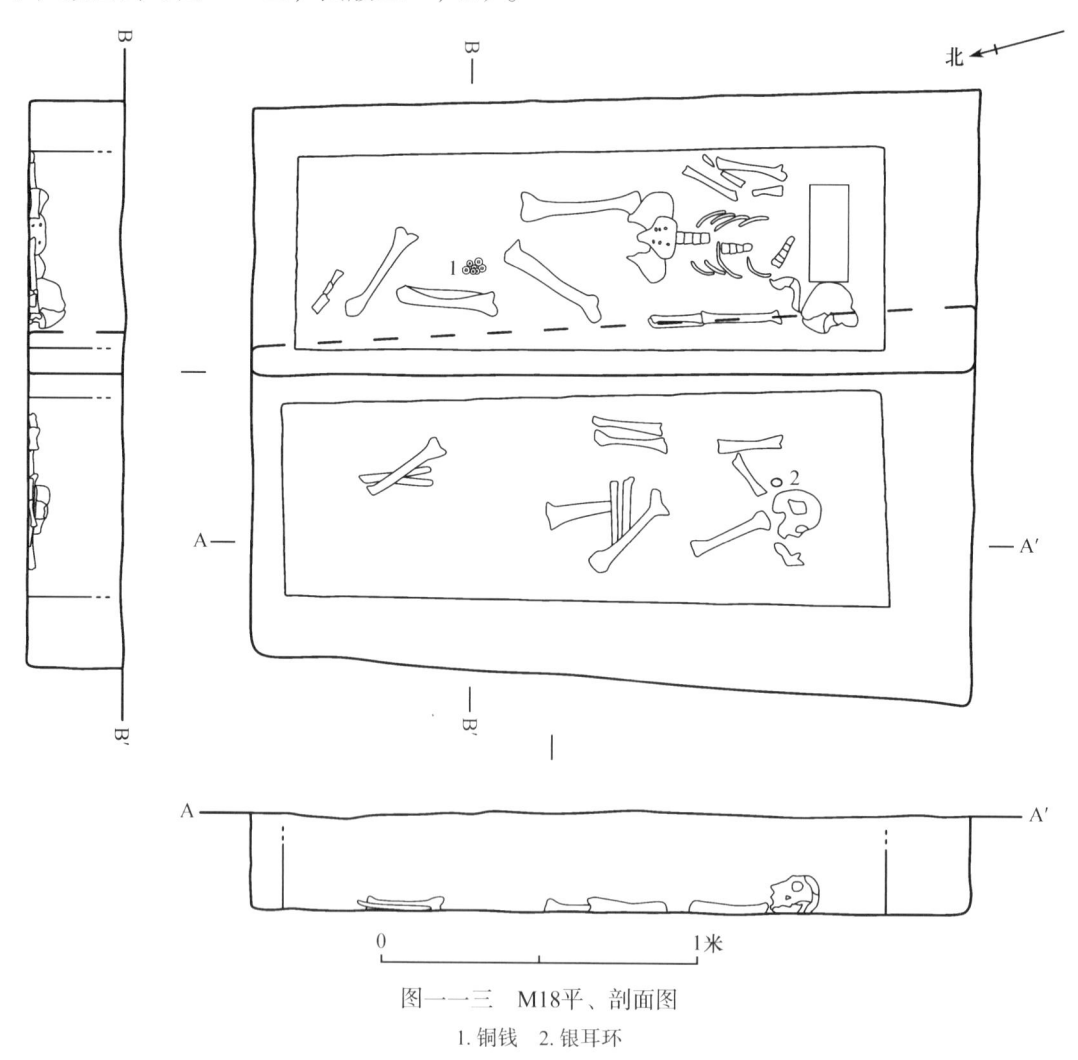

图一一三 M18平、剖面图
1. 铜钱　2. 银耳环

出土器物：西棺棺内头骨东侧出土银耳环1件。东棺棺内胫骨东侧出土铜钱7枚。

银耳环　1件。M18：2，体呈椭圆环形，中部呈如意首形，以圆珠纹为地纹，上錾刻蝙蝠纹、牡丹花纹，一端呈细圆锥状，尾部尖，一端呈细长扁平状，以圆珠纹为地纹，上錾刻花叶纹；背戳印"□原纹银"字样。周长10.37厘米，宽2.43厘米，厚0.15厘米，重6.34克（图一一四，1；图版五三，4）。

铜钱　7枚。其中同治重宝1枚、宣统通宝1枚，其余5枚锈蚀较甚，字迹模糊不清。

同治重宝　1枚。M18：1-1，圆形、方穿，正、背面皆有内、外郭，正面书"同治重宝"四字，楷书，对读，背穿左右为满文"宝泉"局名，上下汉字楷书"当十"。钱径2.46厘米，穿径0.7厘米，郭宽0.38厘米，郭厚0.14厘米，重2.64克（图一一四，2）。

宣统通宝　1枚。M18：1-2，圆形、方穿，正、背面皆有内、外郭，正面书"宣统通宝"四字，楷书，对读，背穿左右为满文"宝泉"局名。钱径1.87厘米，穿径0.41厘米，郭宽0.19厘米，郭厚0.12厘米，重1.35克（图一一四，3）。

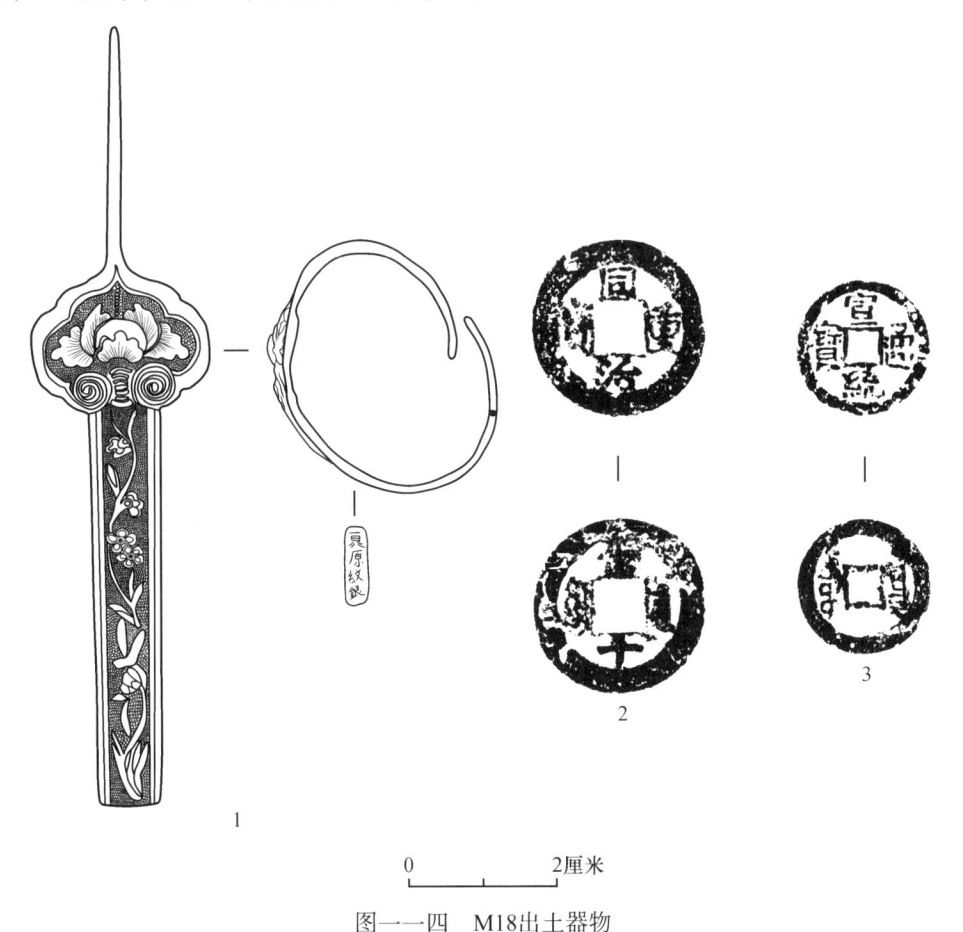

图一一四　M18出土器物

1. 银耳环（M18：2）　2. 同治重宝（M18：1-1）　3. 宣统通宝（M18：1-2）

M19 位于发掘区东区的东部，西邻M18，开口于第2层下，方向60°。不规则形竖穴土圹双棺墓。墓口距地表0.6米，墓底距地表1.24米。墓圹东西长2.2～2.7米，南北宽0.8～1.52米，深0.64米。墓圹四壁较规整，内填花土，土质较疏松。

葬具为双木棺，棺木已朽，仅存棺痕。南棺打破北棺。北棺棺痕东西长1.94米，南北宽0.52米，残高0.2米。内葬置人骨一具，保存较完整，头向东北，面向上，仰身直肢葬，为成年女性。南棺棺痕南北长1.92米，东西宽0.46～0.48米，残高0.1米。内葬置人骨一具，保存较完整，头向东北，面向东南，仰身直肢葬，为成年男性（图一一五；图版二二，1）。

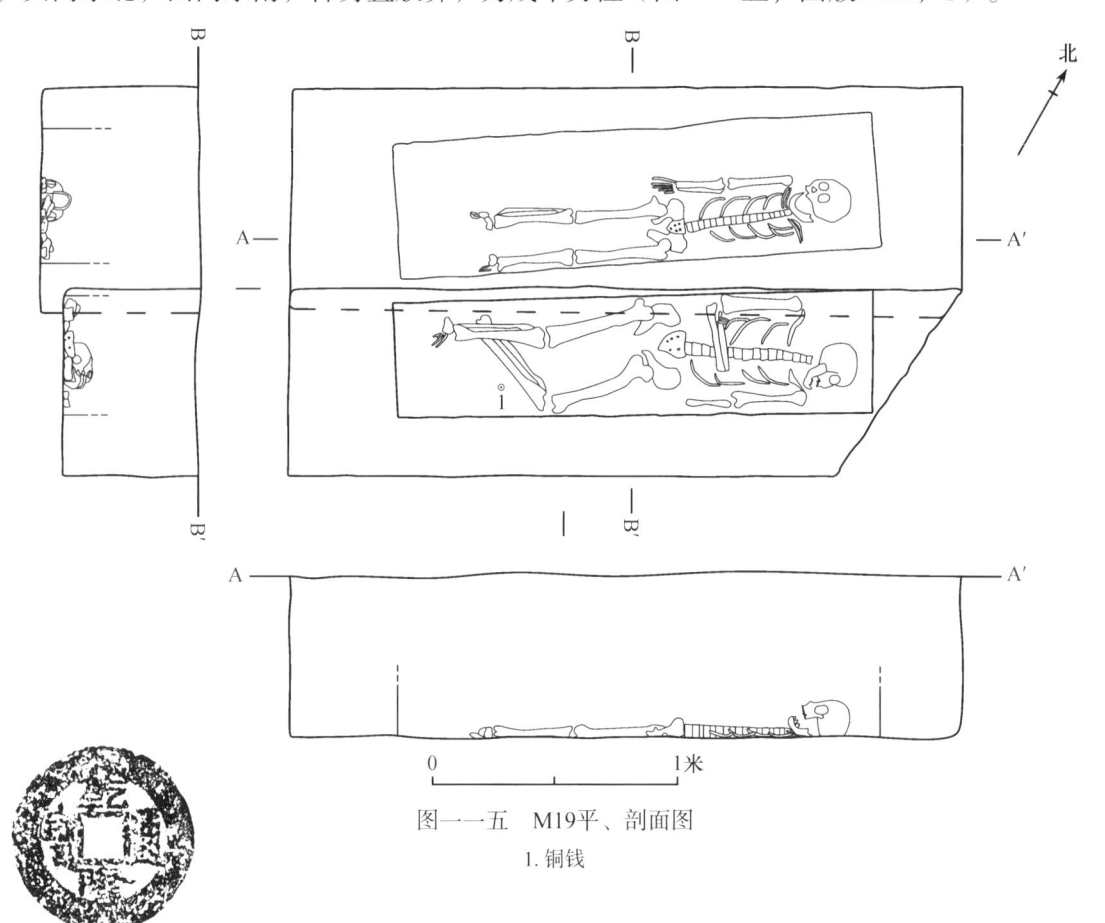

图一一五 M19平、剖面图
1. 铜钱

出土器物：南棺棺内胫骨南侧出土铜钱1枚。

乾隆通宝 1枚。M19：1，圆形、方穿，正、背面皆有内、外郭，正面书"乾隆通宝"四字，楷书，对读，背穿左右为满文"宝泉"局名。钱径2.5厘米，穿径0.51厘米，郭宽0.38厘米，郭厚0.11厘米，重3.41克（图一一六）。

图一一六 M19出土乾隆通宝（M19：1）

M22 位于发掘区东区的西部，西邻M24，开口于第2层下，方向340°。不规则形竖穴土圹双棺墓。墓口距地表0.6米，墓底距地表1米。墓圹南北长2.03～2.2米，东西宽1.6

米，深0.4米。墓圹四壁较规整，内填花土，土质较疏松。

葬具为双木棺，棺木已朽，仅存棺痕。西棺打破东棺。东棺棺痕南北长1.86米，东西宽0.42～0.5米，残高0.16米。内葬置人骨一具，保存较完整，头向北，面向西，仰身直肢葬，为成年男性。西棺棺痕南北长1.86米，东西宽0.42～0.48米，残高0.26米。内葬置人骨一具，保存较完整，头向北，面向上，仰身直肢葬，为成年女性（图一一七；图版二二，2）。

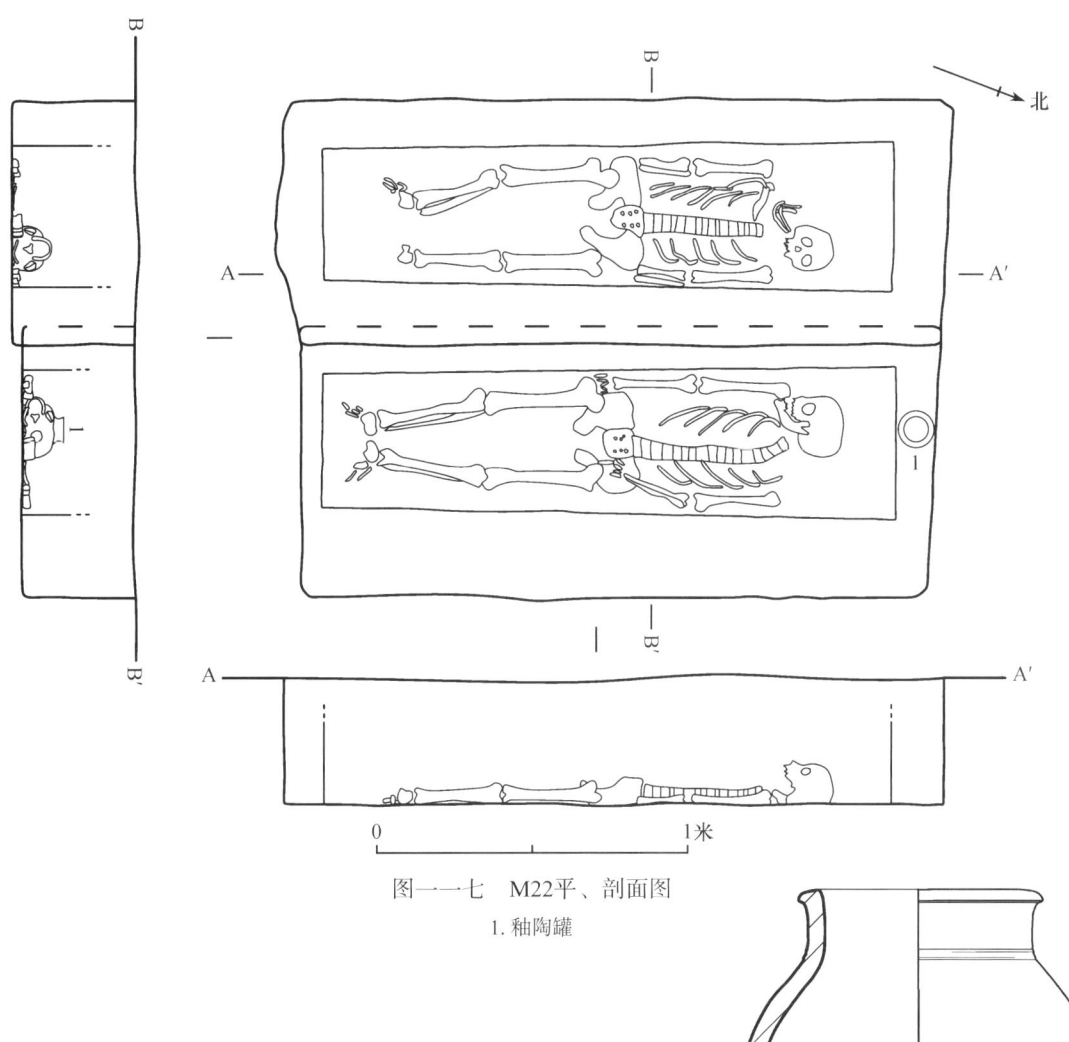

图一一七 M22平、剖面图
1. 釉陶罐

出土器物：东棺棺外北部出土釉陶罐1件。

釉陶罐　1件。M22∶1，直口微侈，尖唇，短颈，溜肩，曲腹，下腹内收，平底内凹。红胎，胎质较细腻。内、外壁满施酱色釉，外壁腹底边沿处无釉露胎，釉面粗糙，施釉不均匀。颈部饰两周弦纹。口径8厘米，肩径11.6厘米，底径7厘米，高13.4厘米（图一一八；图版五三，5）。

图一一八　M22出土釉陶罐（M22∶1）

M24 位于发掘区东区的西部，北邻M74，西邻M23，开口于第2层下，方向185°。梯形竖穴土圹双棺墓。墓口距地表0.6米，墓底距地表1.6米。墓圹南北长2.4米，东西宽1.2～1.4米，深1米。墓圹四壁较规整，内填花土，土质较疏松。

葬具为双木棺，部分棺木已朽，残存西棺四侧棺板。推测东、西棺为同穴合葬。东棺棺痕南北长0.8米，东西宽0.22～0.25米，残高0.1米，残厚0.06米。内葬置人骨一具，保存较差，头向南，面向上，葬式、性别不详。西棺棺木南北长2米，东西宽0.48～0.54米，残高0.3米。内葬置人骨一具，保存较差，头向南，面向、葬式不详，为成年男性（图一一九；图版二三，1）。

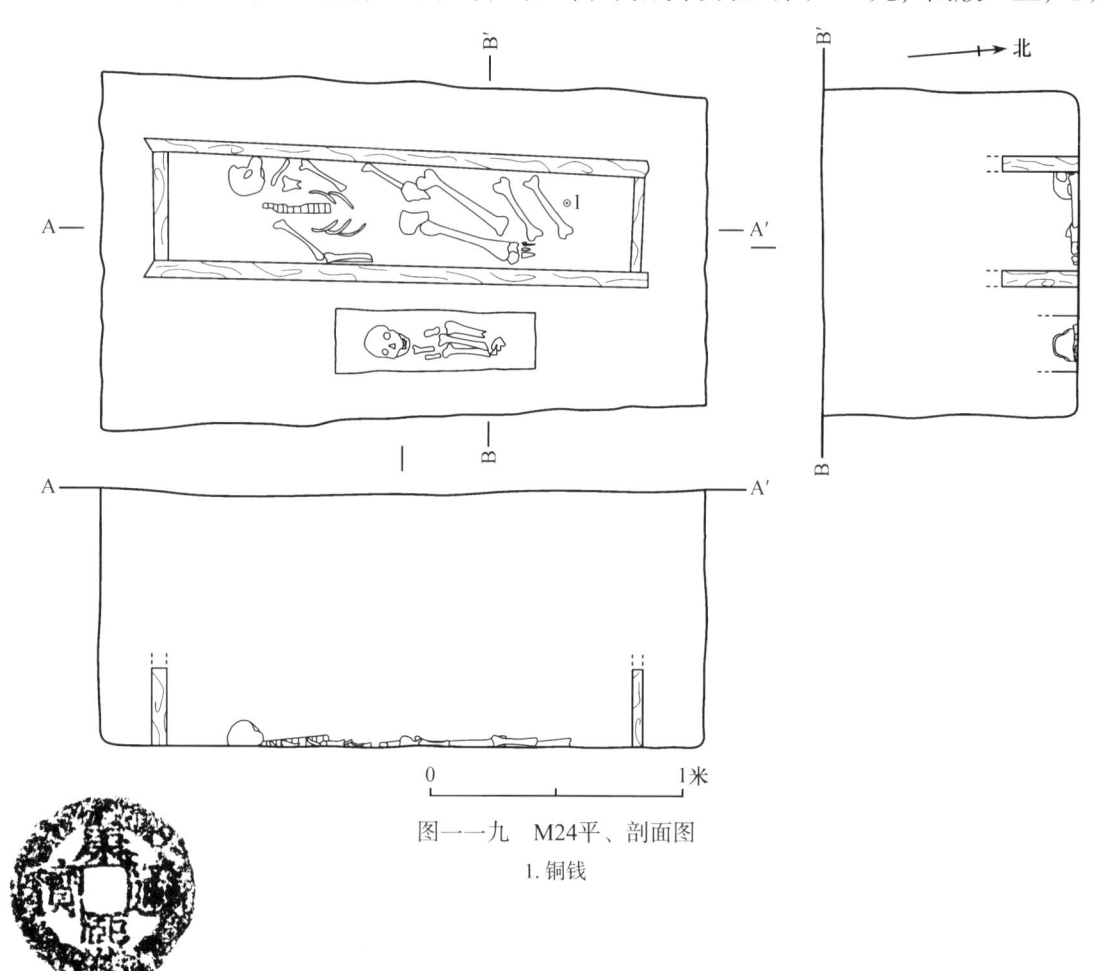

图一一九 M24平、剖面图
1. 铜钱

出土器物：西棺棺内胫骨北部出土铜钱1枚。

康熙通宝 1枚。M24:1，圆形、方穿，正、背面皆有内、外郭，正面书"康熙通宝"四字，楷书，对读，背穿左右为满文"宝泉"局名。钱径2.6厘米，穿径0.61厘米，郭宽0.45厘米，郭厚0.12厘米，重3.43克（图一二〇）。

图一二〇 M24出土康熙通宝（M24:1）

M35 位于发掘区西区的西部，西邻M34，北邻M36，西南部被M34打破，开口于第2层下，方向185°。长方形竖穴土圹双棺墓。墓口距地表0.6米，墓底距地表1.6米。墓圹南北长2.2米，东西宽2米，深1米。墓圹四壁较规整，内填花土，土质较疏松。

葬具为双木棺，部分棺木已朽，残存东、西棺四侧棺板。东棺打破西棺。西棺棺木南北长1.9米，东西宽0.58~0.68米，残高0.3米，残厚0.06米。内葬置人骨一具，保存较完整，头向南，面向西，仰身直肢葬，为成年男性。东棺棺木南北长1.85米，东西宽0.58~0.7米，残高0.2米，残厚0.04米。内葬置人骨一具，保存差，头向、面向、葬式、性别均不详（图一二一；图版二三，2）。

出土器物：西棺棺外南部出土青花瓷罐1件。

青花瓷罐 1件。M35：1，敛口，方唇，短颈，圆肩，深曲腹，下腹内收，矮圈足，足墙

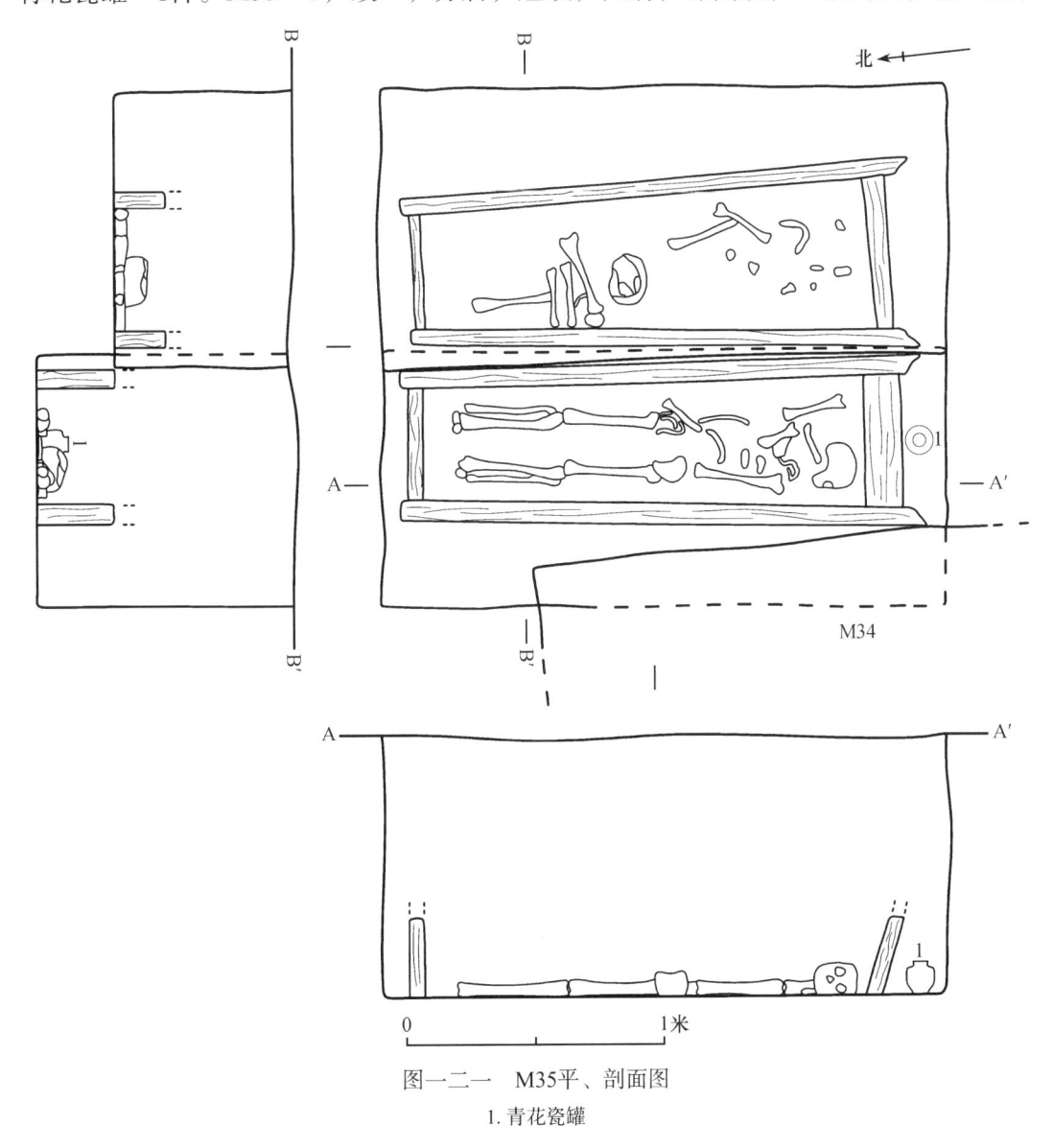

图一二一 M35平、剖面图
1.青花瓷罐

外敛内撇。白胎，胎质细腻、坚致。口沿处施酱色釉，内外满施透明釉，釉面均匀，釉色泛青，足端无釉露胎。外壁口沿处饰三周弦纹；肩部饰变形花瓣纹；腹部饰兰花、牵牛花、长春花、山石纹。青花发色灰暗，呈灰蓝色。内壁有明显轮制痕迹，外底釉面可见棕眼。口径5厘米，腹径11厘米，底径6.7厘米，高12.4厘米（图一二二；图版五四）。

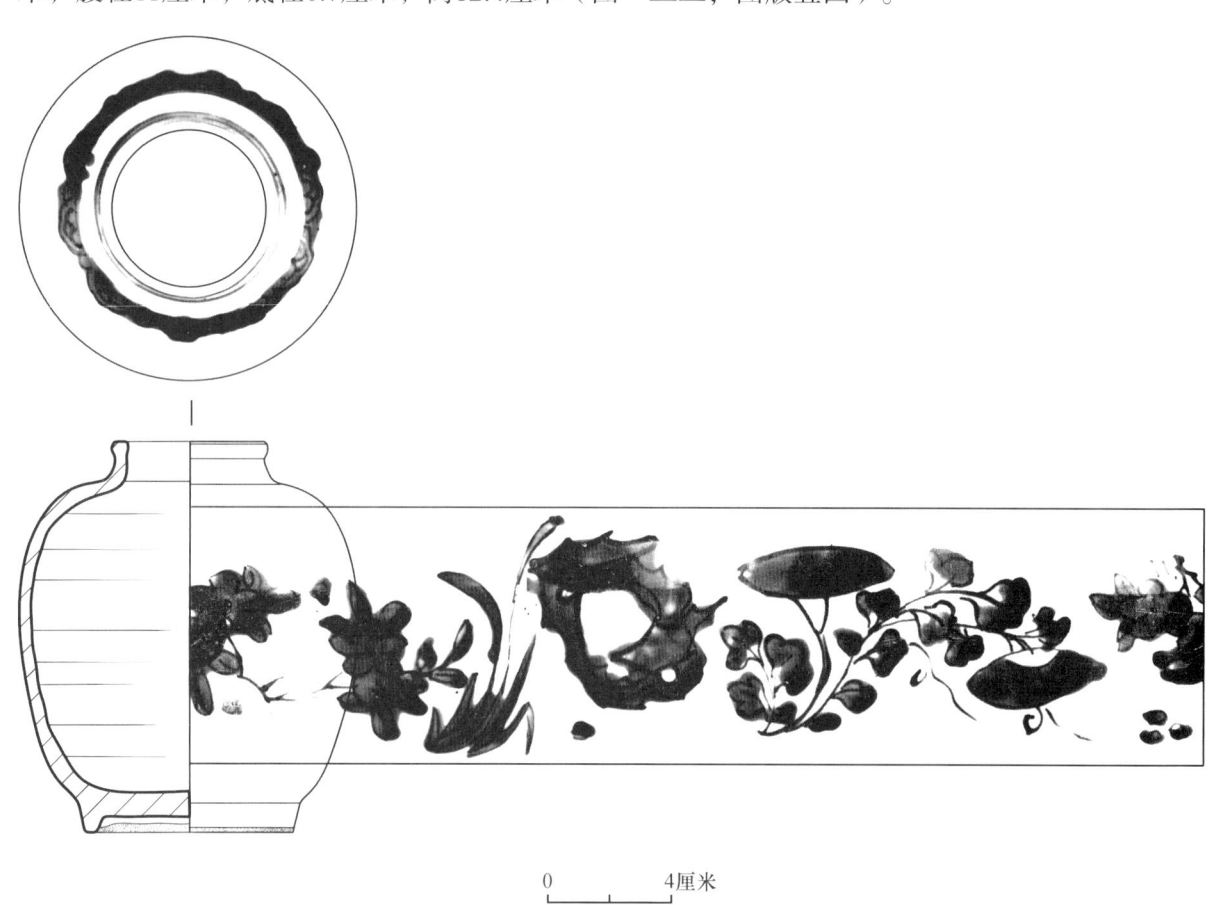

图一二二　M35出土青花瓷罐（M35：1）

M44　位于发掘区西区的西部，南邻M5，开口于第2层下，方向274°。长方形竖穴土圹双棺墓。墓口距地表0.6米，墓底距地表1.84米。墓圹东西长2.4米，南北宽1.36米，深1.24米。墓圹四壁较规整，内填花土，土质较疏松。

葬具为双木棺，棺木已朽，仅存棺痕。南棺打破北棺。北棺棺痕东西长2.1米，南北宽0.54~0.64米，残高0.2米。内葬置人骨一具，保存差，头向、面向、葬式均不详，为成年男性。南棺棺痕东西长1.88米，南北宽0.42~0.54米，残高0.1米。内葬置人骨一具，保存差，头向、面向、葬式、性别均不详（图一二三；图版二三，3）。

未见出土器物。

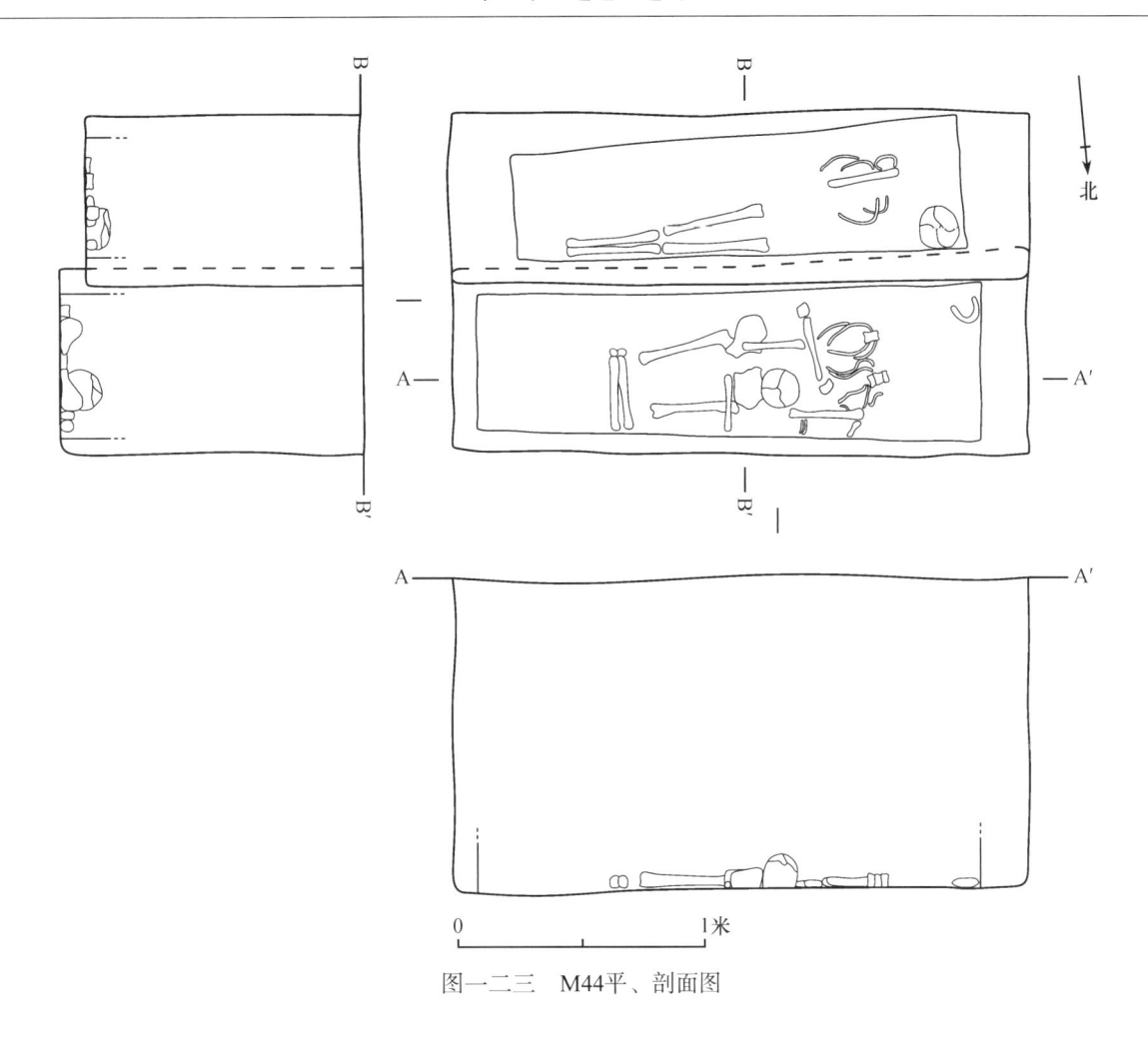

图一二三　M44平、剖面图

M49　位于发掘区西区的西部，西邻M41，开口于第2层下，方向180°。梯形竖穴土圹双棺墓。墓口距地表0.6米，墓底距地表1.6米。墓圹南北长2.4米，东西宽1.76～2.08米，深1米。墓圹四壁较规整，内填花土，土质较疏松。

葬具为双木棺，部分棺木已朽，残存东、西棺四侧部分棺板和底板。东棺打破西棺。西棺棺木南北长2.03米，东西宽0.64～0.78米，残高0.2米，残厚0.04米。内葬置人骨一具，保存较完整，头向南，面向东，仰身直肢葬，为成年男性。东棺棺木南北长2米，东西宽0.58～0.64米，残高0.2米，残厚0.03米。内葬置人骨一具，保存较完整，头向南，面向西，侧身屈肢葬，为成年女性（图一二四；图版二四，1）。

未见出土器物。

图一二四　M49平、剖面图

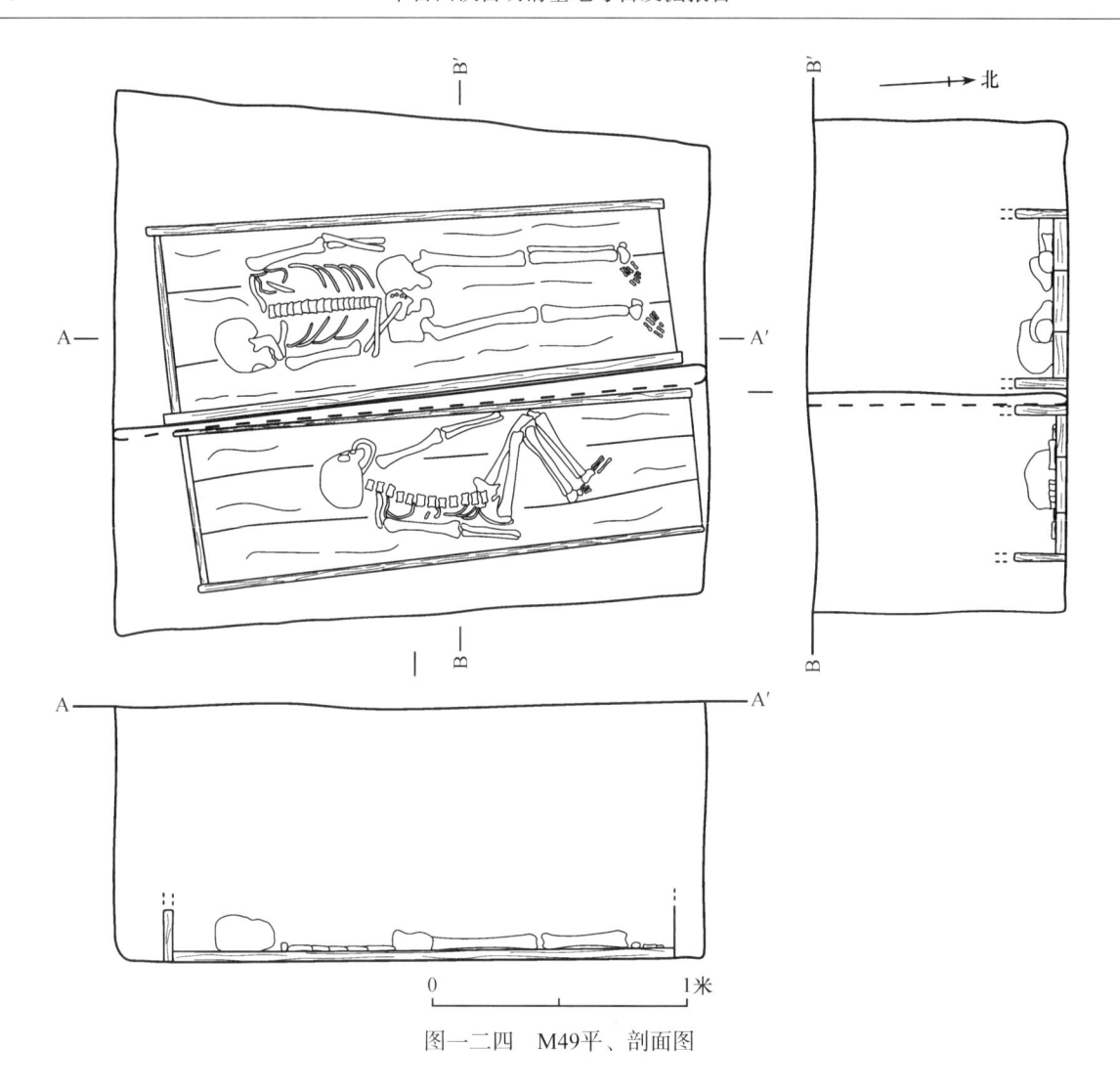

M50　位于发掘区西区的西部，东南邻M8，开口于第2层下，方向95°。长方形竖穴土圹双棺墓。墓口距地表0.6米，墓底距地表1.8米。墓圹东西长2.46米，南北宽2米，深1.2米。墓圹四壁较规整，内填花土，土质较疏松。

葬具为双木棺，棺木已朽，仅存棺痕。南棺打破北棺。北棺棺痕东西长1.96米，南北宽0.6~0.7米，残高0.2米。内葬置人骨一具，保存较完整，头向东，面向上，仰身直肢葬，为成年女性。南棺棺痕东西长2.15米，南北宽0.52~0.6米，残高0.2米。内葬置人骨一具，保存较完整，头向东，面向南，仰身直肢葬，为成年男性（图一二五；图版二四，2）。

出土器物：北棺棺外东部出土瓷罐1件；棺内椎骨南侧出土铜钱1枚。南棺棺外东部出土瓷罐1件。

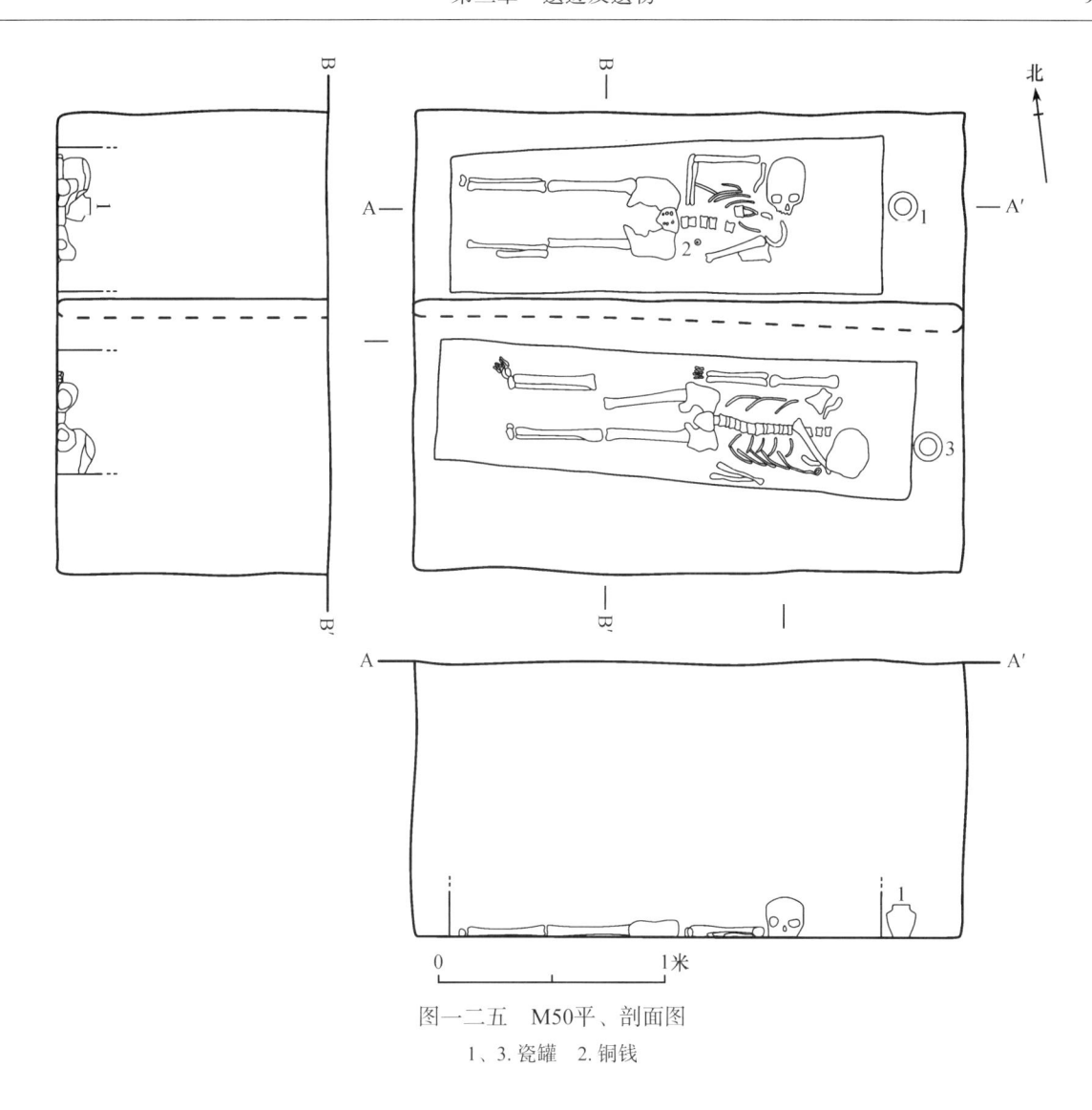

图一二五　M50平、剖面图
1、3.瓷罐　2.铜钱

瓷罐　2件。M50：1，直口，方唇，短颈，鼓肩，曲腹，下腹内收，平底内凹。白胎，胎质细腻、坚致。唇部施酱色釉，体施青白色釉，底无釉，釉面光亮，施釉均匀，有流釉现象。内、外壁有明显轮制痕迹。外壁釉面可见棕眼。口径7.4厘米，肩径13厘米，底径7.8厘米，高14.4厘米（图一二六，1；图版五五，1）。M50：3，直口，方唇，短颈，鼓肩，曲腹，下腹内收，平底内凹。白胎，胎质细腻、坚致。唇部施酱色釉，体施青白色釉，底无釉，釉面光亮，施釉均匀。外壁肩部有明显轮制痕迹。外壁釉面可见棕眼。口径7.6厘米，肩径12.6厘米，底径8.3厘米，高14.5厘米（图一二六，2；图版五五，2）。

铜钱　1枚。锈蚀较甚，字迹模糊不清。

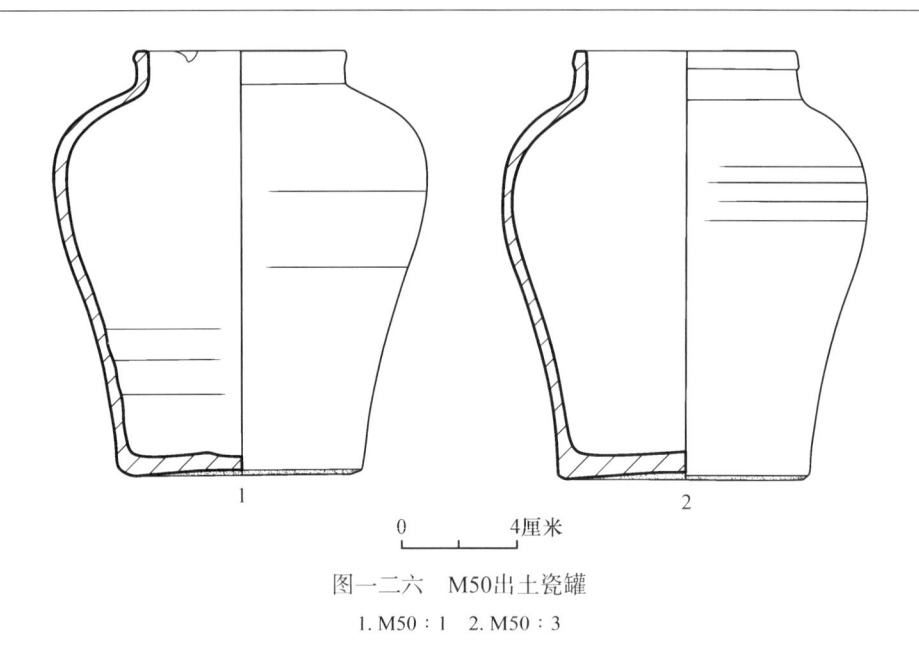

图一二六　M50出土瓷罐
1. M50∶1　2. M50∶3

M55 位于发掘区东区的西部,南邻M6,开口于第2层下,方向185°。梯形竖穴土圹双棺墓。墓口距地表0.6米,墓底距地表1.2米。墓圹南北长2.7米,东西宽2.08~2.28米,深0.6米。墓圹四壁较规整,内填花土,土质较疏松。

葬具为双木棺,部分棺木已朽,残存东、西棺四侧部分棺板和底板。西棺打破东棺。东棺棺木南北长1.76米,东西宽0.64~0.69米,残高0.2米,残厚0.04米。内葬置人骨一具,保存一般,头向南,面向不详,仰身直肢葬,为成年女性。西棺棺木南北长1.94米,东西宽0.58~0.68米,残高0.2米,残厚0.02米。内葬置人骨一具,保存较完整,头向南,面向西,侧身屈肢葬,为成年男性(图一二七;图版二五,1)。

出土器物:东棺棺外南部出土瓷罐1件;棺内肱骨东侧出土铜钱1枚。西棺棺外南部出土瓷罐1件。

瓷罐　2件。M55∶1,直口,圆唇,短颈,鼓肩,斜曲腹,下腹内收,平底内凹。白胎,胎质细腻、坚致。唇部施酱色釉,体施青白色釉,底无釉,釉面光亮,施釉均匀。内壁有明显轮制痕迹。外壁釉面可见棕眼。口径6.6厘米,肩径10.6厘米,底径7厘米,高13厘米(图一二八,1;图版五五,3)。M55∶3,侈口,方唇,短颈,鼓肩,曲腹,下腹内收,平底内凹。灰白胎,胎质细腻、坚致。唇部施酱色釉,体施青白色釉,底无釉,施釉均匀。内壁有明显轮制痕迹。外壁釉面可见棕眼。口径8.2厘米,肩径12.2厘米,底径8.4厘米,高13.8厘米(图一二八,2;图版五五,4)。

康熙通宝　1枚。M55∶2,圆形、方穿,正、背面皆有内、外郭,正面书"康熙通宝"四字,楷书,对读,背穿左右为满文"宝泉"局名。钱径2.31厘米,穿径0.52厘米,郭宽0.3厘米,郭厚0.12厘米,重2.74克(图一二八,3)。

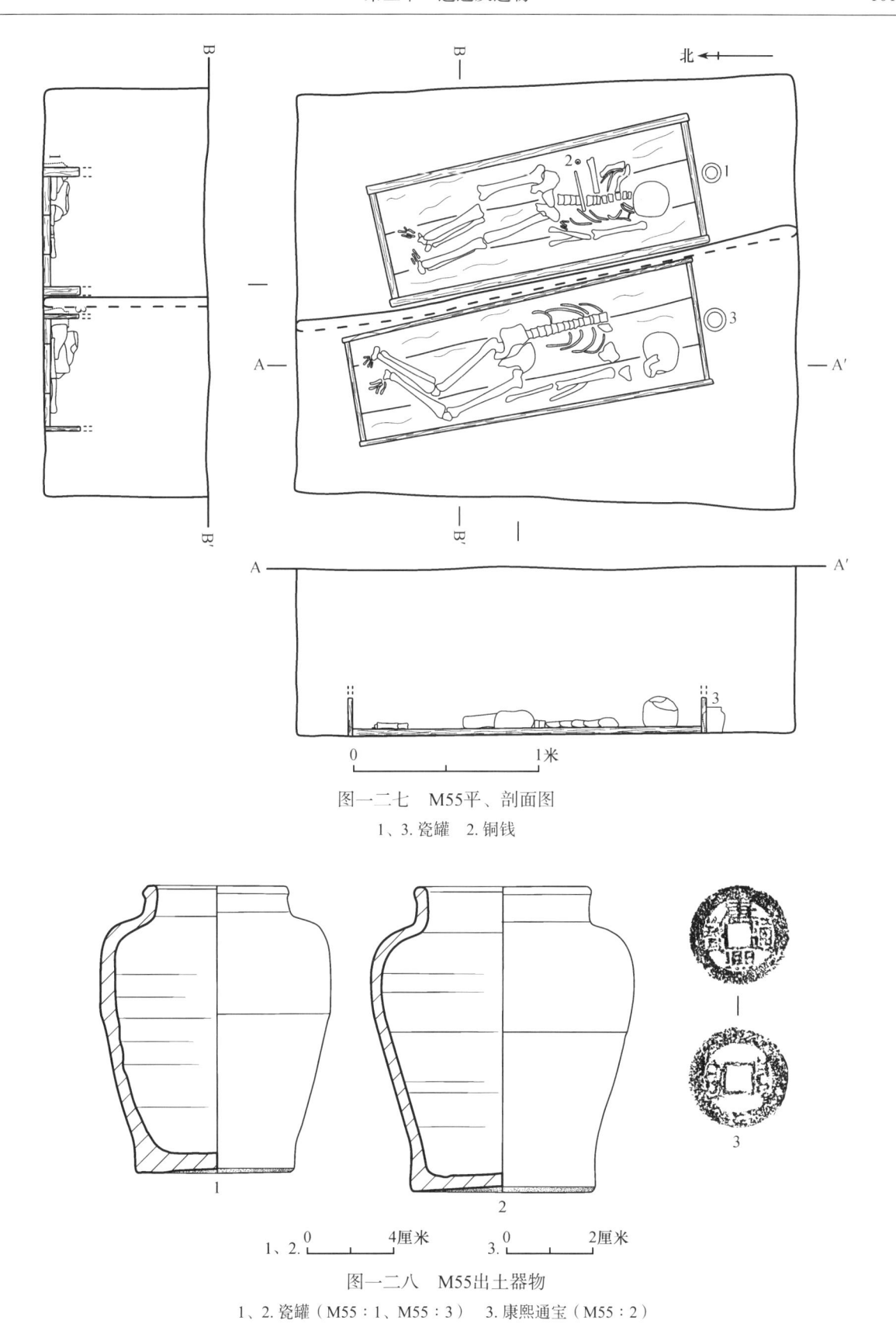

图一二七　M55平、剖面图
1、3. 瓷罐　2. 铜钱

图一二八　M55出土器物
1、2. 瓷罐（M55∶1、M55∶3）　3. 康熙通宝（M55∶2）

M60 位于发掘区东区的西部，西南邻M59，开口于第2层下，方向203°。梯形竖穴土圹双棺墓。墓口距地表0.6米，墓底距地表1米。墓圹南北长2.78米，东西宽1.56～1.68米，深0.4米。墓圹四壁较规整，内填花土，土质较疏松。

葬具为双木棺，棺木已朽，仅存棺痕。东棺打破西棺。西棺棺痕南北长2.22米，东西宽0.54～0.64米，残高0.2米。内葬置人骨一具，保存一般，头向南，面向不详，仰身直肢葬，为成年女性。头部下枕青砖，用砖规格为0.18米×0.13米×0.04米，素面砖。东棺棺痕南北长2.03米，东西宽0.5～0.6米，残高0.2米。内葬置人骨一具，保存较差，头向南，面向、葬式不详，为成年男性（图一二九；图版二五，2）。

出土器物：西棺棺外南部出土釉陶罐1件；棺内头骨南侧出土银簪1件、银押发1件，左手指骨北侧出土银戒指1件。

釉陶罐　1件。M60：1，侈口，圆唇，短束颈，曲腹，平底微凹。红胎，胎质较细腻。施绿釉，内壁满釉，外壁施釉至下腹部，其余部分皆露胎，釉面粗糙存在剥落现象，施釉不均匀，外壁有流釉、剥釉现象。素面。内壁唇部凹痕处饰一周凹弦纹，外壁颈部饰三周凹弦纹。内壁有明显轮制痕迹，外壁釉面有棕眼。口径12.3厘米，腹径12.8厘米，底径7.4厘米，高9.2厘米（图一三〇，1；图版五五，5）。

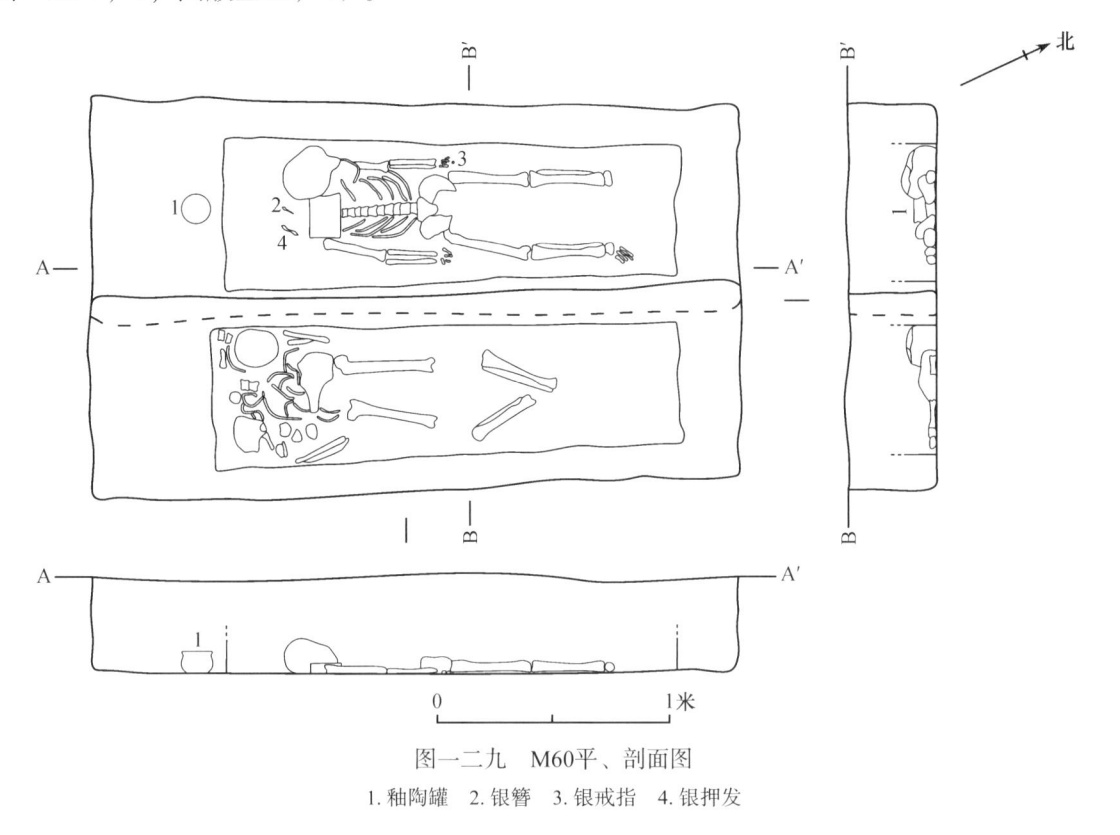

图一二九　M60平、剖面图
1. 釉陶罐　2. 银簪　3. 银戒指　4. 银押发

银簪　1件。M60∶2，簪首鎏金，呈柳叶状，顶部略弯呈弧形，中部扁平，錾刻花叶纹，背戳印"□宝"字样；体呈短粗圆锥形。通长6.6厘米，宽1.1厘米，厚0.15厘米，重3.2克（图一三〇，2；图版五六，1~3）。

银戒指　1件。M60∶3，圆环形，环体扁平；中部为椭圆形，四周镂刻如意云纹，中部为两层花瓣形纹饰；两端尖。周长9厘米，宽1.45厘米，厚0.15厘米，重2.14克（图一三〇，3；图版五六，4）。

银押发　1件。M60∶4，残，中部断裂。体呈弓形，两端较宽呈柳叶状，中部收束；两端錾刻对称缠枝花草纹，背戳印"□□"字样，已辨识不清。长7.8厘米，宽1厘米，厚0.15厘米，重5.99克（图一三〇，4；图版五六，5、6）。

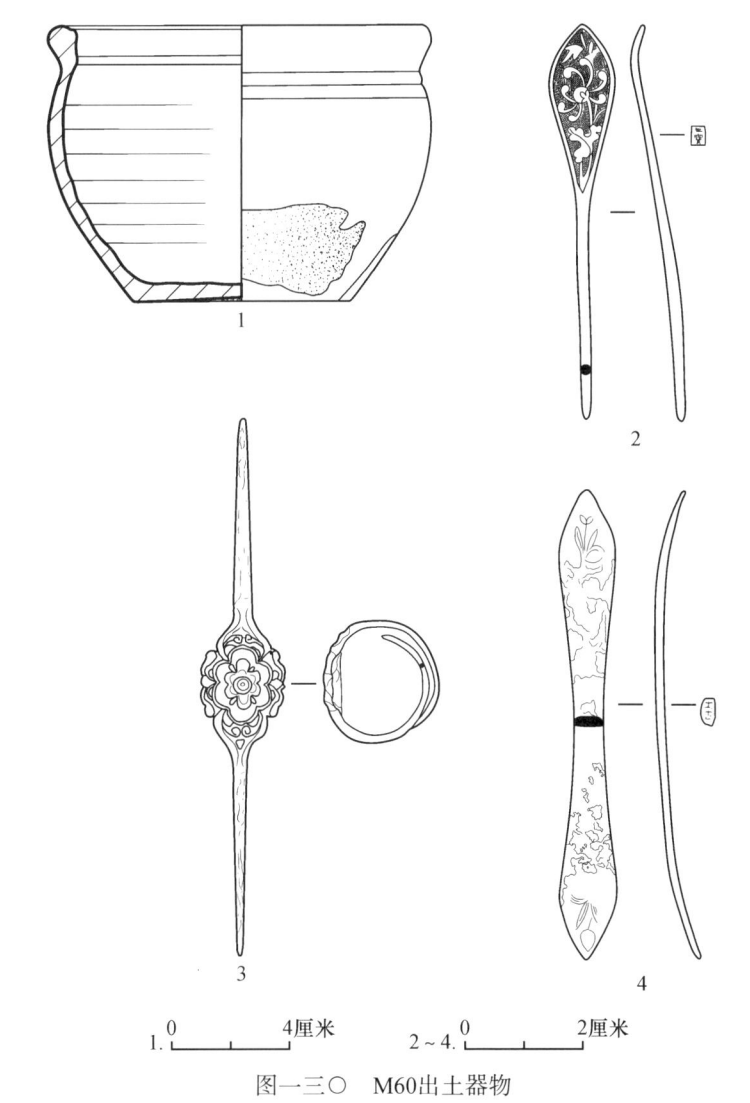

图一三〇　M60出土器物

1. 釉陶罐（M60∶1）　2. 银簪（M60∶2）　3. 银戒指（M60∶3）　4. 银押发（M60∶4）

M61 位于发掘区东区的西部，东邻M62，东部打破M62，开口于第2层下，方向220°。梯形竖穴土圹双棺墓。墓口距地表0.6米，墓底距地表1.2米。墓圹南北长2.5米，东西宽0.88～1.12米，深0.6米。墓圹四壁较规整，内填花土，土质较疏松。

葬具为双木棺，部分棺木已朽，残存东棺部分侧板。推测东、西棺为同穴合葬。东棺棺木南北残长1.84米，东西残宽0.54～0.6米，残高0.2米。内葬置人骨一具，保存较完整，头向西南，面向上，仰身直肢葬，为成年女性。西棺棺痕南北长0.9米，东西宽0.28～0.32米，残高0.2米。内葬置人骨一具，保存较差，头向西南，面向、葬式不详，为男性（图一三一；图版二六，1）。

未见出土器物。

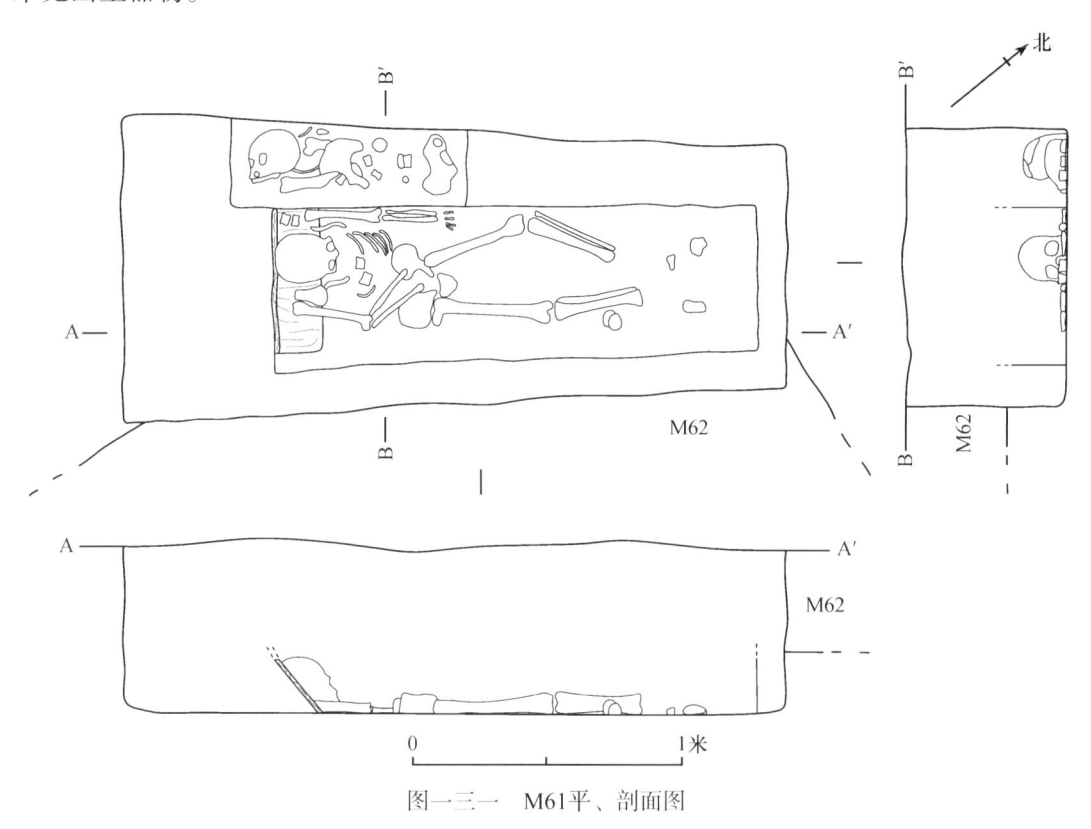

图一三一 M61平、剖面图

M62 位于发掘区东区的西部，西邻M61，西北部被M61打破至底，开口于第2层下，方向185°。不规则形竖穴土圹双棺墓。墓口距地表0.6米，墓底距地表1.1米。墓圹南北长2.7米，东西宽1.68米，深0.5米。墓圹四壁较规整，内填花土，土质较疏松。

葬具为双木棺，棺木已朽，仅存棺痕。西棺打破东棺。东棺棺痕南北长2米，东西宽0.38～0.5米，残高0.2米。内葬置人骨一具，保存较完整，头向南，面向东，仰身直肢葬，为成年女性。西棺棺痕残长不详，东西宽0.58米，残高0.14米。内葬置人骨一具，保存较完整，头向南，面向西，仰身直肢葬，为成年男性（图一三二；图版二六，2）。

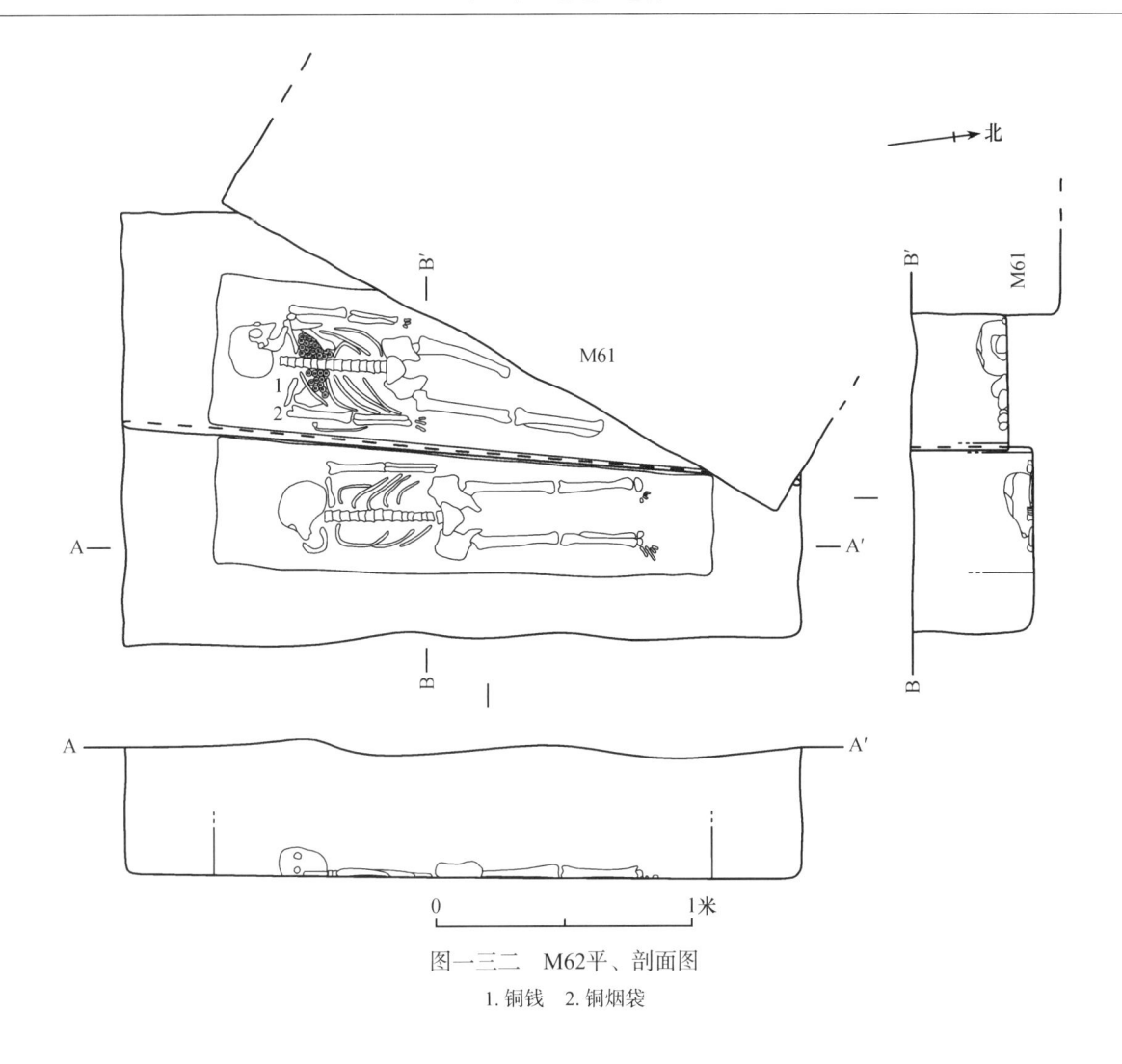

图一三二　M62平、剖面图
1. 铜钱　2. 铜烟袋

出土器物：西棺棺内椎骨两侧出土铜钱34枚，肱骨东侧出土铜烟袋1件。

铜烟袋　1件。M62:2，残，烟锅、烟杆、烟嘴均已断裂破损。铜质烟锅，平面呈圆形，直口，方唇，直腹斜收，腹底作弯道连接烟杆；烟杆上半部分铜质，呈圆筒状，中空，下半部分原嵌木杆，现已断裂；铜制烟嘴呈圆形，中空。残长16.78厘米，重25.55克（图一三三，1；图版五七，1）。

铜钱　34枚。其中乾隆通宝2枚、嘉庆通宝20枚、道光通宝11枚，其余1枚锈蚀较甚，字迹模糊不清。

乾隆通宝　2枚。均圆形、方穿，正、背面皆有内、外郭，正面书"乾隆通宝"四字，楷书，对读。M62:1-1，背穿左右为满文"宝源"局名。钱径2.22厘米，穿径0.54厘米，郭宽0.26厘米，郭厚0.15厘米，重3.43克（图一三三，2）。M62:1-2，背穿左右为满文"宝昌"局名。钱径2.49厘米，穿径0.58厘米，郭宽0.37厘米，郭厚0.12厘米，重2.78克（图一三三，3）。

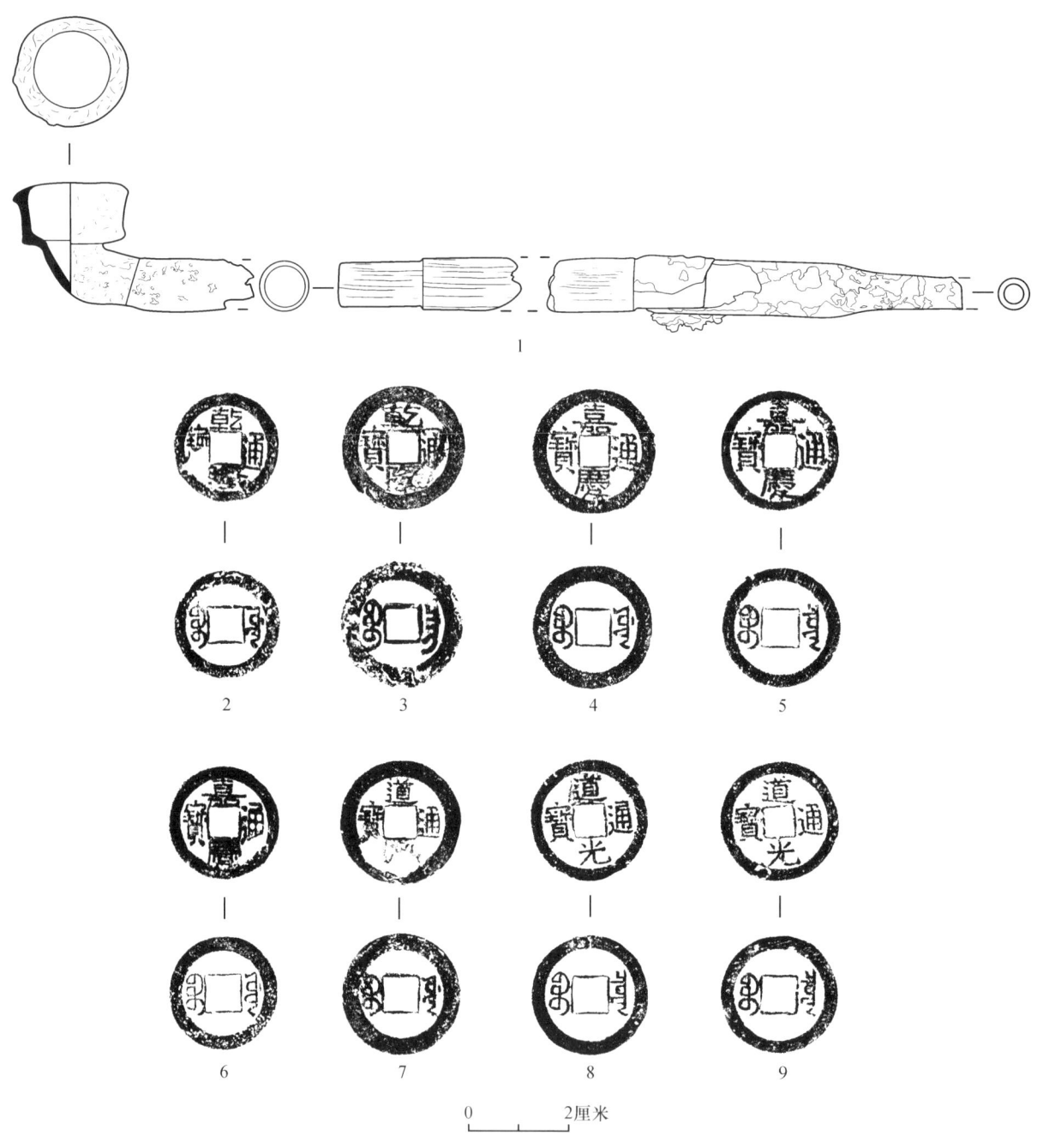

图一三三　M62出土器物

1. 铜烟袋（M62：2）　2、3. 乾隆通宝（M62：1-1、M62：1-2）　4~6. 嘉庆通宝（M62：1-3、M62：1-4、M62：1-5）
7~9. 道光通宝（M62：1-6、M62：1-7、M62：1-8）

嘉庆通宝　20枚。均圆形、方穿，正、背面皆有内、外郭，正面书"嘉庆通宝"四字，楷书，对读。标本M62：1-3，背穿左右为满文"宝源"局名。钱径2.54厘米，穿径0.55厘米，郭宽0.37厘米，郭厚0.12厘米，重3.82克（图一三三，4）。标本M62：1-4，背穿左右为满文"宝泉"局名。钱径2.41厘米，穿径0.6厘米，郭宽0.24厘米，郭厚0.13厘米，重3.42克（图一三三，5）。标本M62：1-5，背穿左右为满文"宝源"局名。钱径2.28厘米，穿径0.58厘米，郭宽0.31厘米，郭厚0.16厘米，重4.13克（图一三三，6）。

道光通宝　11枚。均圆形、方穿，正、背面皆有内、外郭，正面书"道光通宝"四字，楷书，对读。标本M62：1-6，背穿左右为满文"宝源"局名。钱径2.47厘米，穿径0.6厘米，郭宽0.38厘米，郭厚0.14厘米，重3.52克（图一三三，7）。标本M62：1-7，背穿左右为满文"宝泉"局名。钱径2.41厘米，穿径0.6厘米，郭宽0.32厘米，郭厚0.15厘米，重3.73克（图一三三，8）。标本M62：1-8，背穿左右为满文"宝泉"局名。钱径2.46厘米，穿径0.52厘米，郭宽0.33厘米，郭厚0.18厘米，重4.7克（图一三三，9）。

M64　位于发掘区东区的东部，东邻M66，东南角打破M66，开口于第2层下，方向260°。近长方形竖穴土圹双棺墓。墓口距地表深0.6米，墓底距地表深1.4米。墓圹东西长2.8米，南北宽1.8~1.88米，深0.8米。墓圹四壁较规整，内填花土，土质较疏松。

葬具为双木棺，棺木已朽，仅存棺痕。南棺打破北棺。北棺棺痕东西长1.86米，南北宽0.46~0.68米，残高0.2米。内葬置人骨一具，保存一般，头向西，面向不详，侧身屈肢葬，为成年男性。南棺棺痕东西长1.96米，南北宽0.68~0.7米，残高0.2米。内葬置人骨一具，保存一般，头向西，面向北，葬式不详，为成年女性（图一三四；图版二七，1）。

出土器物：北棺棺外西部出土釉陶罐1件；棺内肋骨北侧出土铜钱16枚。南棺棺外西部出土釉陶罐1件；棺内头骨南侧出土铜簪1件、骨簪1件，椎骨北侧出土铜钱2枚。

釉陶罐　2件。M64：1，侈口，圆唇，短束颈，肩部微折，斜直腹内收，平底。夹砂红胎，胎质较粗糙。内壁口沿至外壁肩部施褐色釉，其余部分皆露胎，釉面粗糙，存在开片、剥落现象，施釉不均匀，外壁有流釉现象。素面。内、外壁有明显轮制痕迹。口径9厘米，腹径10.5厘米，底径7.3厘米，高10.9厘米（图一三五，1；图版五七，2）。M64：4，侈口，圆唇，短束颈，圆肩，斜直腹内收，平底内凹。红胎，胎质较细腻。内壁口沿至外壁肩部施褐色釉，其余部分皆露胎，釉面粗糙，施釉不均匀，外壁有流釉现象。素面。内、外壁有明显轮制痕迹，外壁底部可见利坯旋痕。口径9.6厘米，腹径10.8厘米，底径7.2厘米，高11.7厘米（图一三五，2；图版五七，4）。

铜簪　1件。M64：3，首呈圆帽形；体呈细长圆锥形。通体素面。长10.97厘米，宽1.06厘米，厚0.2厘米，重4.21克（图一三五，3；图版五七，3）。

骨簪　1件。M64：6，体呈扁条状，头部宽平，颈部作一弯折，侧面略呈弧形，尾部削尖。通体磨光。通长9.47厘米，宽0.2~0.65厘米，厚0.31厘米，重2.49克（图一三五，4；图版五七，5）。

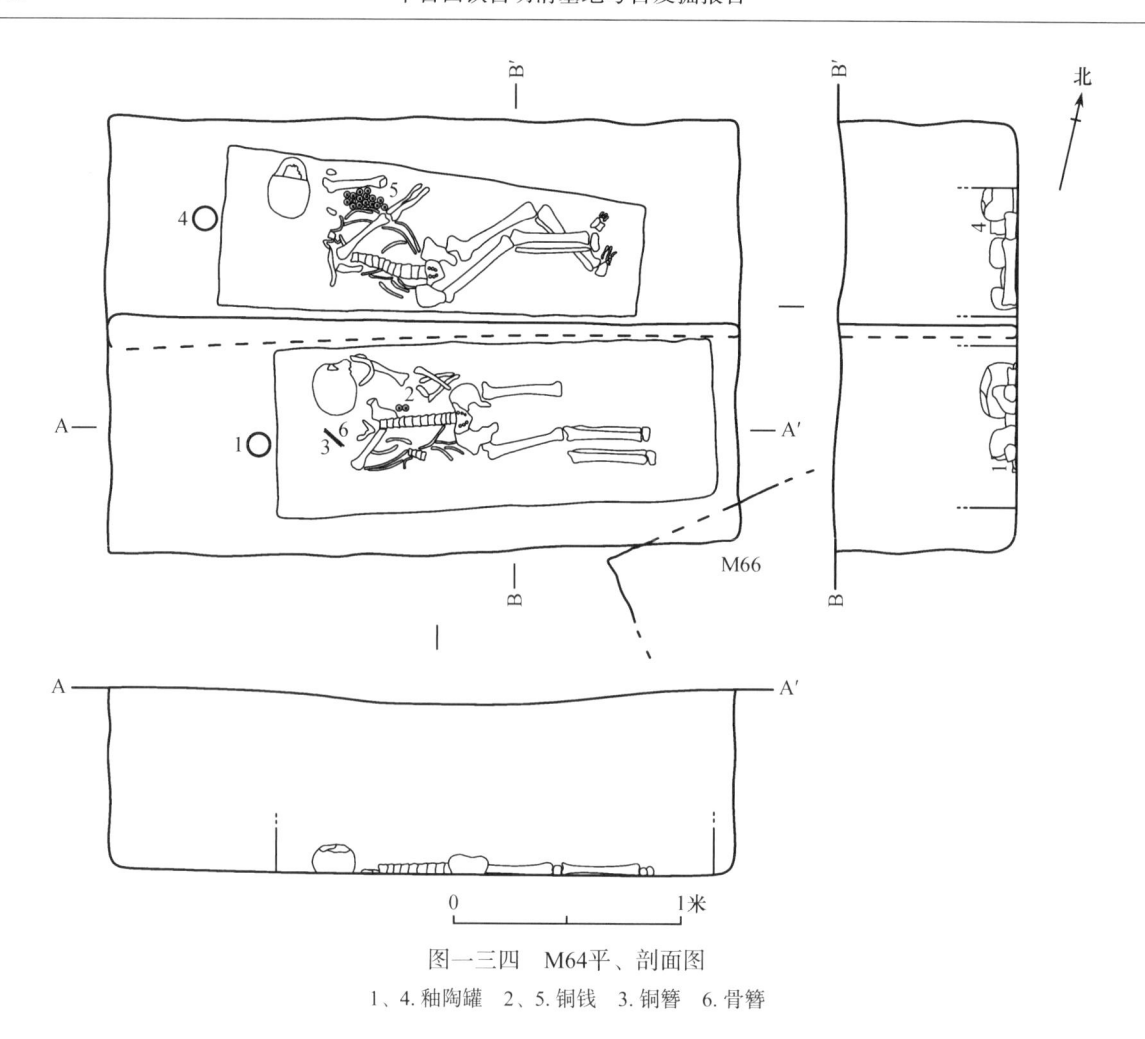

图一三四　M64平、剖面图
1、4.釉陶罐　2、5.铜钱　3.铜簪　6.骨簪

铜钱　18枚。其中康熙通宝17枚，余1枚锈蚀较甚，字迹模糊不清。

康熙通宝　17枚。均圆形、方穿，正、背面皆有内、外郭，正面书"康熙通宝"四字，楷书，对读。标本M64：2-1，背穿左右为满文"宝泉"局名。钱径2.57厘米，穿径0.65厘米，郭宽0.43厘米，郭厚0.11厘米，重2.66克（图一三五，5）。标本M64：5-1，背穿左右为满文"宝泉"局名。钱径2.34厘米，穿径0.55厘米，郭宽0.29厘米，郭厚0.12厘米，重3.01克（图一三五，6）。标本M64：5-2，背穿左右为满文"宝泉"局名。钱径2.68厘米，穿径0.58厘米，郭宽0.4厘米，郭厚0.12厘米，重4.22克（图一三五，7）。标本M64：5-3，背穿左右为满文"宝源"局名。钱径2.66厘米，穿径0.64厘米，郭宽0.53厘米，郭厚0.14厘米，重5克（图一三五，8）。标本M64：5-4，背穿左右为满文"宝源"局名。钱径2.6厘米，穿径0.54厘米，郭宽0.48厘米，郭厚0.13厘米，重4.74克（图一三五，9）。标本M64：5-5，背穿左右为满文"宝源"局名。钱径2.69厘米，穿径0.63厘米，郭宽0.37厘米，郭厚0.12厘米，重4.51克（图一三五，10）。标本M64：5-6，背穿左右为满文"宝泉"局名。钱径2.6厘米，穿径0.55厘米，郭宽0.48厘米，郭厚0.13厘米，重4.83克（图一三五，11）。

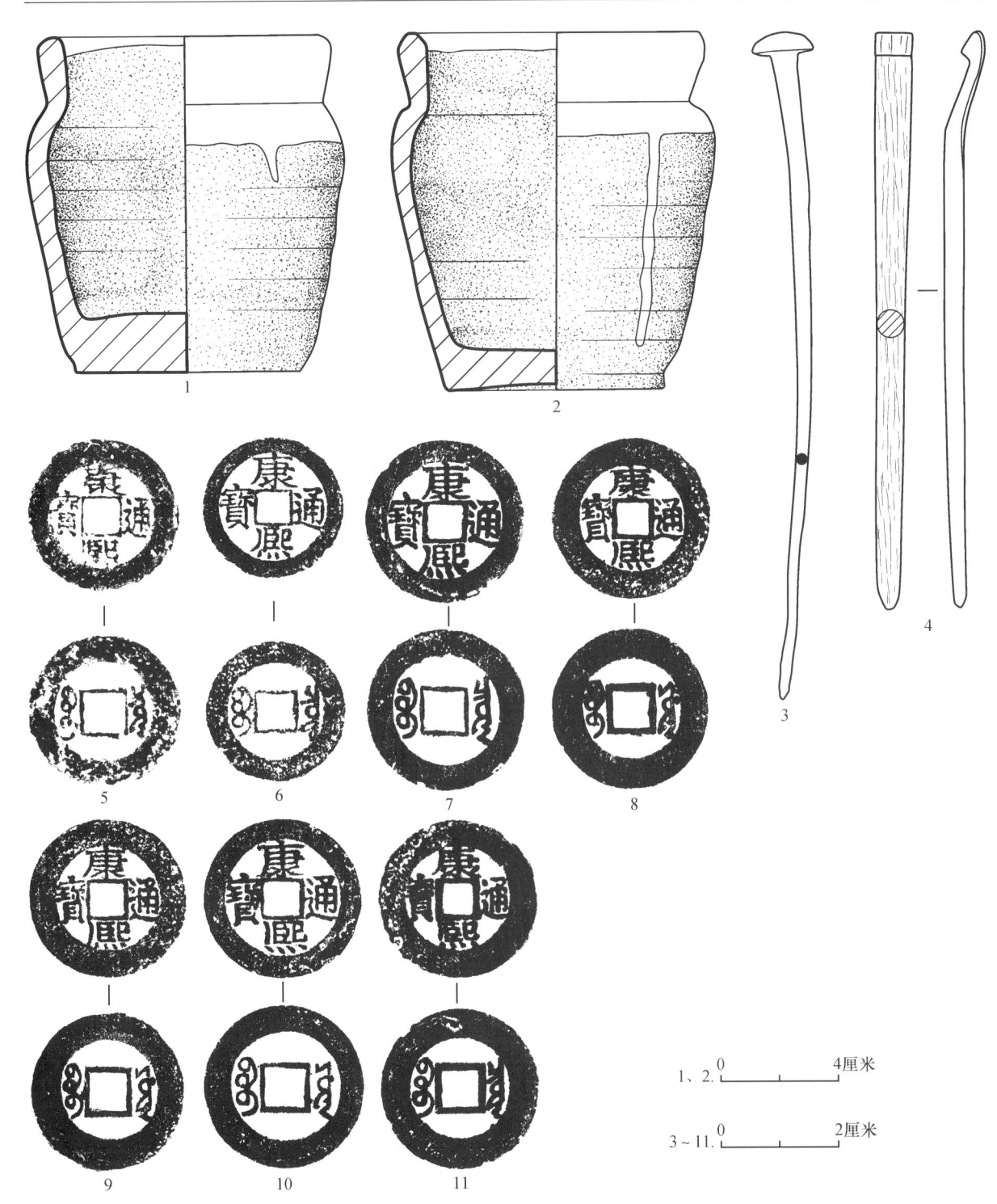

图一三五　M64出土器物

1、2.釉陶罐（M64：1、M64：4）　3.铜簪（M64：3）　4.骨簪（M64：6）　5~11.康熙通宝（M64：2-1、M64：5-1、M64：5-2、M64：5-3、M64：5-4、M64：5-5、M64：5-6）

M66 位于发掘区东区的东部，北邻M65，西部被M64打破，北部被M65打破，开口于第2层下，方向236°。长方形竖穴土圹双棺墓。墓口距地表0.6米，墓底距地表1.4~1.5米。墓圹东西长2.6米，南北宽1.6米，深0.8~0.9米。墓圹四壁较规整，内填花土，土质较疏松。

葬具为双木棺，棺木已朽，仅存棺痕。北棺打破南棺。南棺棺痕东西长1.9米，南北宽0.5~0.62米，残高0.14米。内葬置人骨一具，保存较差，头向西南，面向、葬式不详，为成年女性。北棺棺痕东西长1.85米，南北宽0.5~0.62米，残高0.1米。内葬置人骨一具，保存较完整，头向西南，面向西北，仰身屈肢葬，为成年男性（图一三六；图版二七，2）。

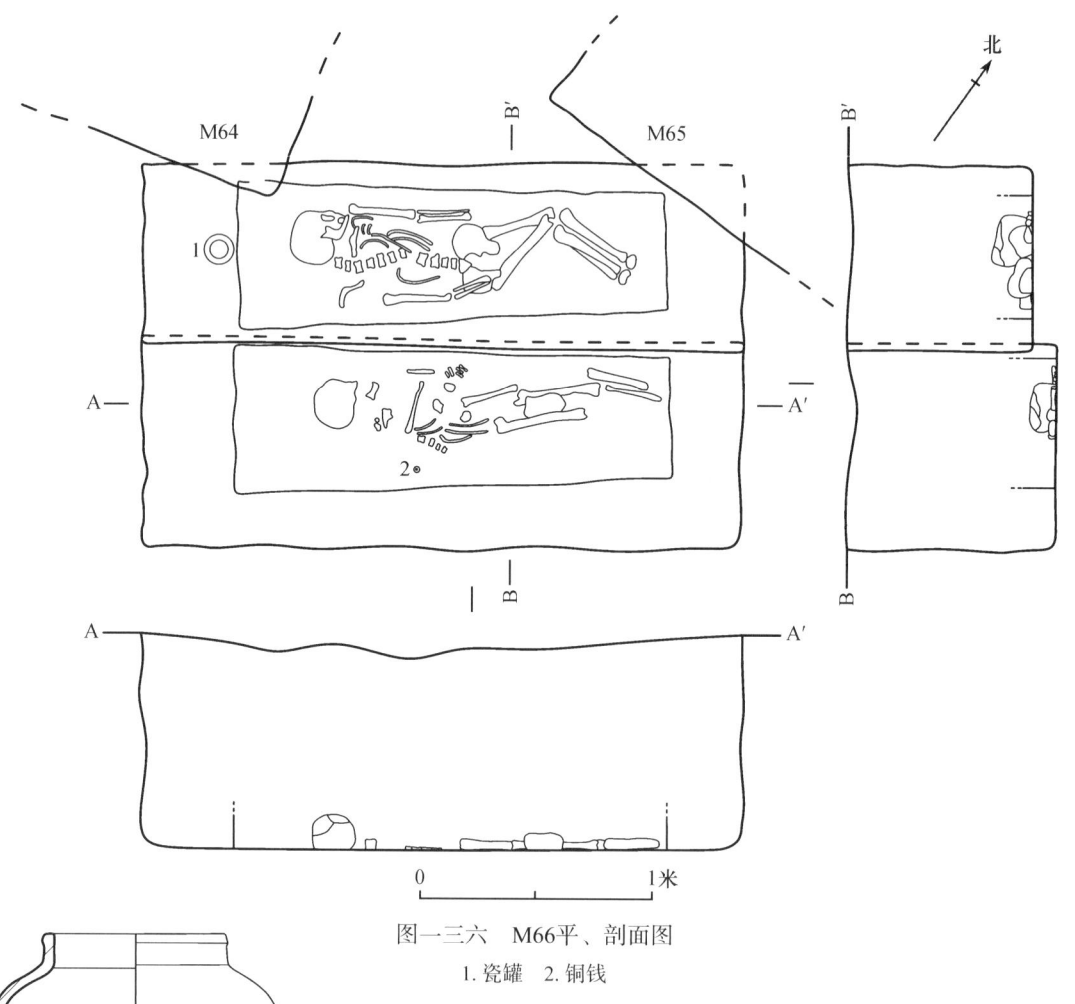

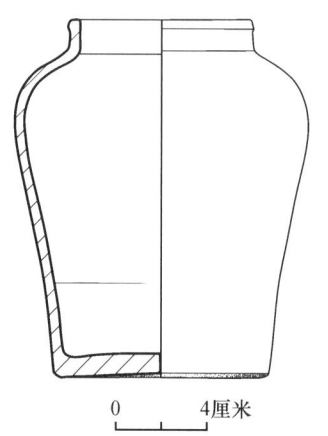

图一三六 M66平、剖面图
1. 瓷罐 2. 铜钱

图一三七 M66出土瓷罐（M66∶1）

出土器物：南棺棺内南部出土铜钱1枚。北棺棺外西部出土瓷罐1件。

瓷罐 1件。M66∶1，直口，圆唇，短颈，鼓肩，曲腹，下腹内收，平底内凹。白胎，胎质细腻、坚致。唇部施酱色釉，体施青白色釉，底无釉，釉面光亮，施釉均匀。内壁下腹部有轮制痕迹。外壁釉面可见棕眼。口径7.9厘米，肩径12.7厘米，底径8.9厘米，高15.2厘米（图一三七；图版五七，6）。

铜钱 1枚。锈蚀较甚，字迹模糊不清。

M68　位于发掘区东区的东部，东北邻M66，开口于第2层下，方向170°。梯形竖穴土圹双棺墓。墓口距地表0.6米，墓底距地表1.1米。墓圹南北长2.5米，东西宽1.68~1.92米，深0.5米。墓圹四壁较规整，内填花土，土质较疏松。

葬具为双木棺，棺木已朽，仅存棺痕。西棺打破东棺。东棺棺痕南北长2.16米，东西宽0.6~0.74米，残高0.2米。内葬置人骨一具，保存差，头向南，面向西，葬式、性别均不详。西棺棺痕南北长1.94米，东西宽0.5~0.6米，残高0.1米。内葬置人骨一具，保存较完整，头向南，面向西，仰身直肢葬，为成年男性（图一三八；图版二七，3）。

出土器物：东棺棺外南部出土釉陶罐1件。西棺棺外南部出土釉陶罐1件；棺内椎骨西侧出土铜钱7枚。

釉陶罐　2件。M68:1，敛口，方唇，短束颈，溜肩，斜直腹内收，平底微凹。夹砂红胎，胎质较粗糙。内壁颈部至外壁肩部施绿釉，其余部分皆露胎，釉面粗糙存在剥落现象，施釉不均匀，内、外壁均有流釉现象。素面。内、外壁有明显轮制痕迹。口径9.8厘米，肩径10.7厘米，底径6.8厘米，高10.4厘米（图一三九，1；图版五八，1）。M68:3，侈口，圆唇，短

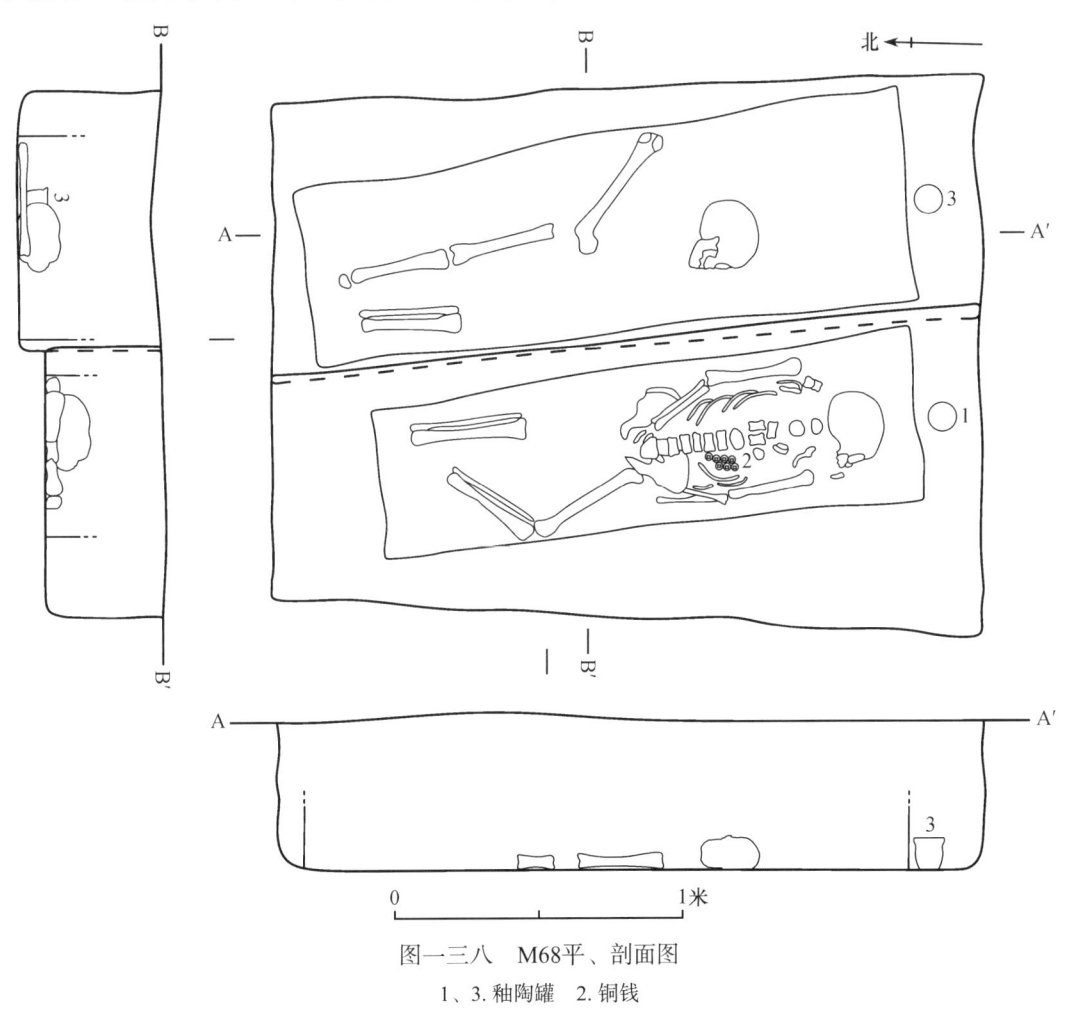

图一三八　M68平、剖面图
1、3.釉陶罐　2.铜钱

束颈，溜肩，斜直腹内收，平底内凹。夹砂红胎，胎质较粗糙。内壁颈部至外壁肩部施绿釉，其余部分皆露胎，釉面粗糙存在剥落现象，施釉不均匀，外壁有流釉现象。素面。内壁有明显轮制痕迹。口径9.8厘米，底径7.8厘米，高10.2厘米（图一三九，2；图版五八，2）。

铜钱　7枚。其中康熙通宝1枚，其余6枚锈蚀较甚，字迹模糊不清。

康熙通宝　1枚。M68：2-1，圆形、方穿，正、背面皆有内、外郭，正面书"康熙通宝"四字，楷书，对读，背穿左右为满文"宝泉"局名。钱径2.23厘米，穿径0.59厘米，郭宽0.3厘米，郭厚0.08厘米，重1.39克（图一三九，3）。

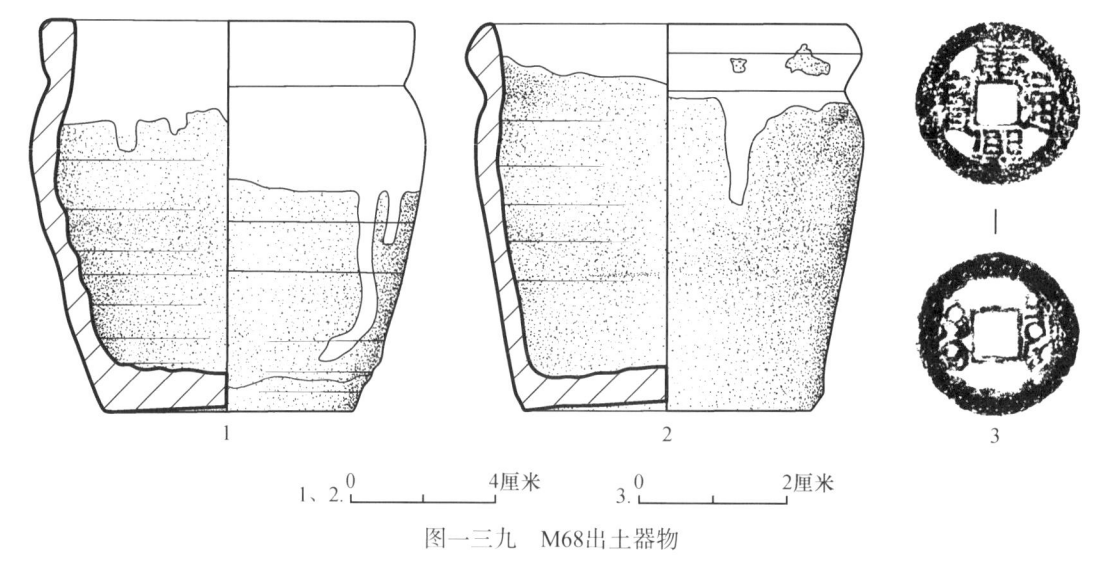

图一三九　M68出土器物
1、2.釉陶罐（M68：1、M68：3）　3.康熙通宝（M68：2-1）

M69　位于发掘区东区的东部，南邻M14，开口于第2层下，方向178°。近长方形竖穴土圹双棺墓。墓口距地表0.6米，墓底距地表1.6米。墓圹南北长2.84米，东西宽2米，深1米。墓圹四壁较规整，内填花土，土质较疏松。

葬具为双木棺，棺木已朽，仅存棺痕。东棺打破西棺。西棺棺痕南北长2.22米，东西宽0.7～0.88米，残高0.2米。内葬置人骨一具，保存较完整，头向南，面向东，仰身直肢葬，为成年女性。东棺棺痕南北长2米，东西宽0.5～0.64米，残高0.2米。内葬置人骨一具，保存较完整，头向南，面向西，仰身屈肢葬，为成年男性（图一四〇；图版二八，1）。

出土器物：西棺棺外南部出土釉陶罐1件；棺内头骨西侧出土银簪2件，肋骨西侧出土铜钱4枚。

釉陶罐　1件。M69：1，侈口，圆唇，短束颈，溜肩，斜直腹内收，平底。红胎，胎质较细腻。内壁口沿处至外壁肩部施褐色釉，其余部分皆露胎，釉面粗糙，施釉不均匀。素面。内、外壁有明显轮制痕迹。口径10.4厘米，底径7.8厘米，高11.2厘米（图一四一，1；图版五八，3）。

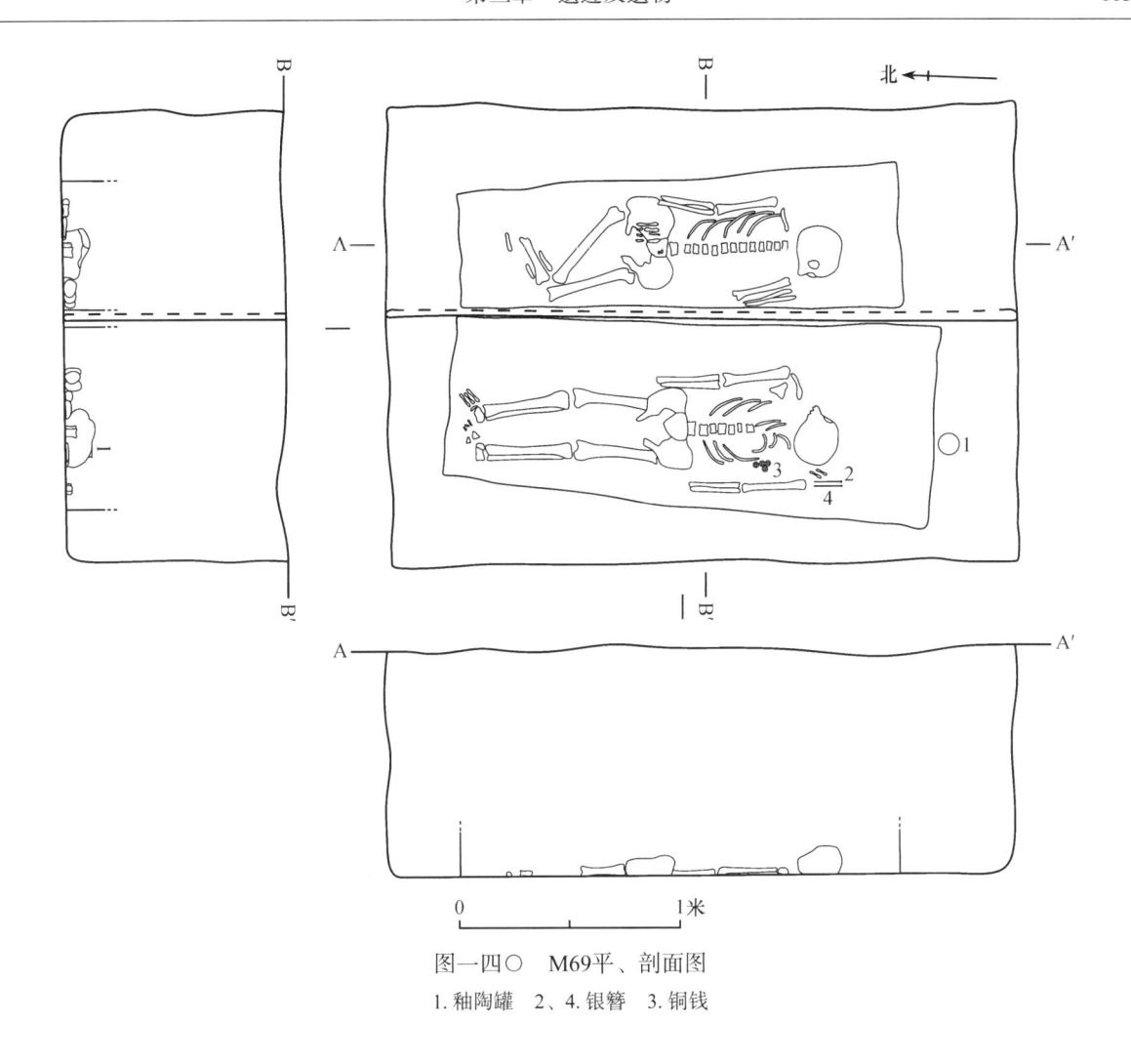

图一四〇　M69平、剖面图
1.釉陶罐　2、4.银簪　3.铜钱

银簪　2件。M69:2,簪首鎏金,呈6瓣扁花瓣状,花瓣铸如意云纹,中部凸起呈圆环形,环内铸"宁"字纹;体呈扁长条形,尾部呈圆锥形。通长10.92厘米,簪首宽1.74厘米,重4.67克(图一四一,2;图版五八,4)。M69:4,残,簪体断裂,已修复。通体鎏金,簪首呈重瓣仰莲形,莲瓣均花丝镶嵌,中间镶嵌物残缺,底部铸花萼六片,残缺一片;簪首下端有一节状凸颈;体呈细长圆锥形。簪首高1.52厘米,簪首宽1.42厘米,残长12.6厘米,重4.99克(图一四一,3;图版五八,5)。

铜钱　4枚。其中康熙通宝3枚、雍正通宝1枚。

康熙通宝　3枚。均圆形、方穿,正、背面皆有内、外郭,正面书"康熙通宝"四字,楷书,对读。M69:3-1,背面锈蚀较甚,字迹模糊不清。钱径2.58厘米,穿径0.55厘米,郭宽0.49厘米,郭厚0.14厘米,重3.6克(图一四一,4)。M69:3-2,背穿左右为满文"宝泉"局名。钱径2.54厘米,穿径0.68厘米,郭宽0.4厘米,郭厚0.1厘米,重2.6克(图一四一,5)。M69:3-3,背穿左右为满文"宝源"局名。钱径2.56厘米,穿径0.57厘米,郭宽0.47厘米,郭

图一四一　M69出土器物

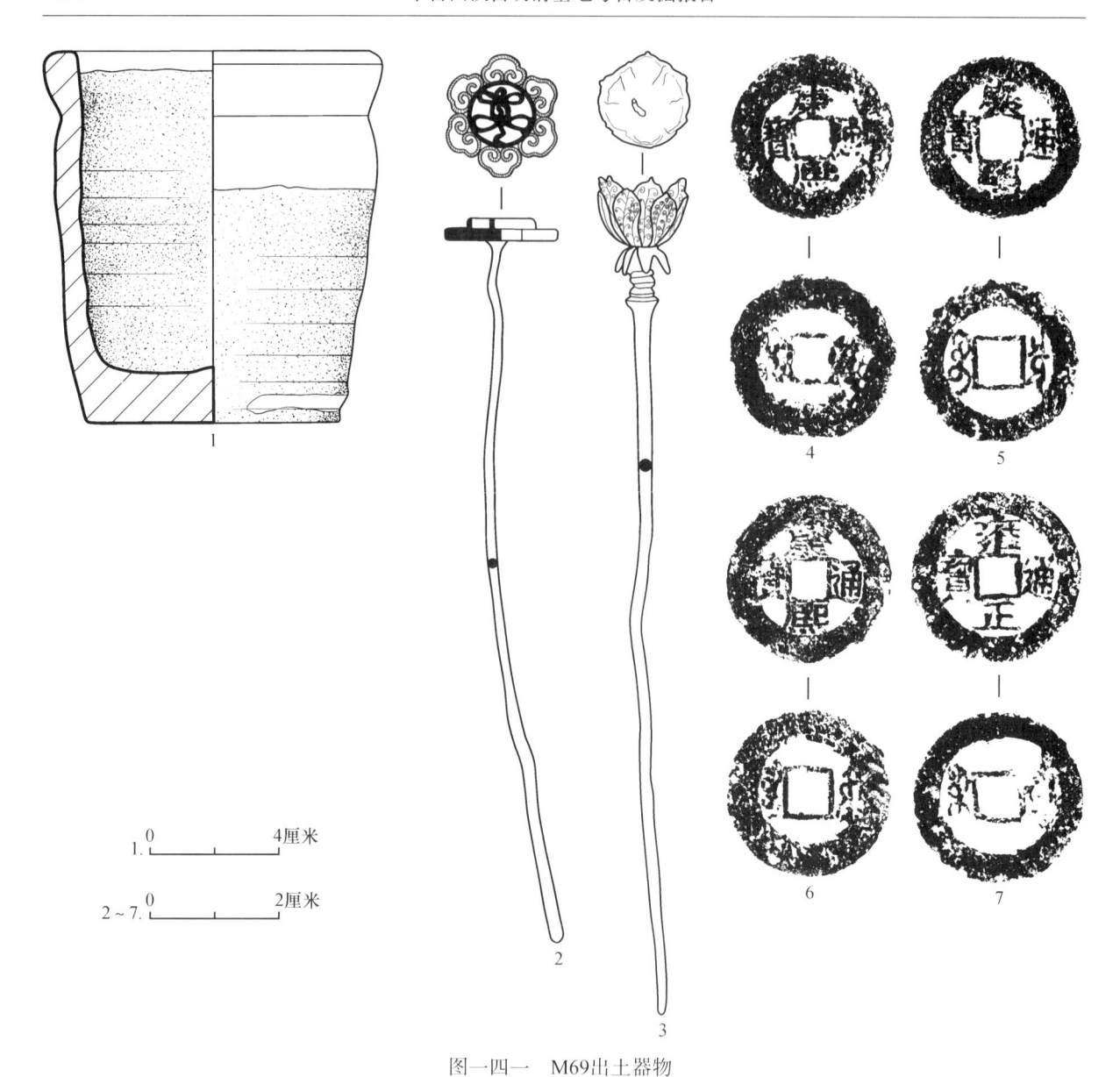

1. 釉陶罐（M69∶1）　2、3. 银簪（M69∶2、M69∶4）　4～6. 康熙通宝（M69∶3-1、M69∶3-2、M69∶3-3）
7. 雍正通宝（M69∶3-4）

厚0.13厘米，重3.63克（图一四一，6）。

雍正通宝　1枚。M69∶3-4，圆形、方穿，正、背面皆有内、外郭，正面书"雍正通宝"四字，楷书，对读，背面锈蚀较甚，字迹模糊不清。钱径2.66厘米，穿径0.59厘米，郭宽0.42厘米，郭厚0.13厘米，重3.11克（图一四一，7）。

M70　位于发掘区东区的西部，东邻M69，开口于第2层下，方向185°。不规则形竖穴土圹双棺墓。墓口距地表0.6米，墓底距地表1.7米。墓圹南北长2.5～2.9米，东西宽2米，深1.1米。墓圹四壁较规整，内填花土，土质较疏松。

葬具为双木棺，部分棺木已朽，残存西棺东、西两侧棺板和底板。东棺打破西棺。西棺棺木南北长2.04米，东西宽0.68～0.74米，残高0.5米，残厚0.05米。内葬置人骨一具，保存较差，头向南，面向上，葬式不详，为成年女性。东棺棺痕南北长1.88米，东西宽0.52～0.62米，残高0.3米。内葬置人骨一具，保存差，头向南，面向东，葬式不详，为成年男性（图一四二；图版二八，2）。

出土器物：西棺棺内髋骨东侧出土铜钱9枚、铜烟杆3件、银耳环1件。东棺棺内中部偏南出土铜钱3枚。

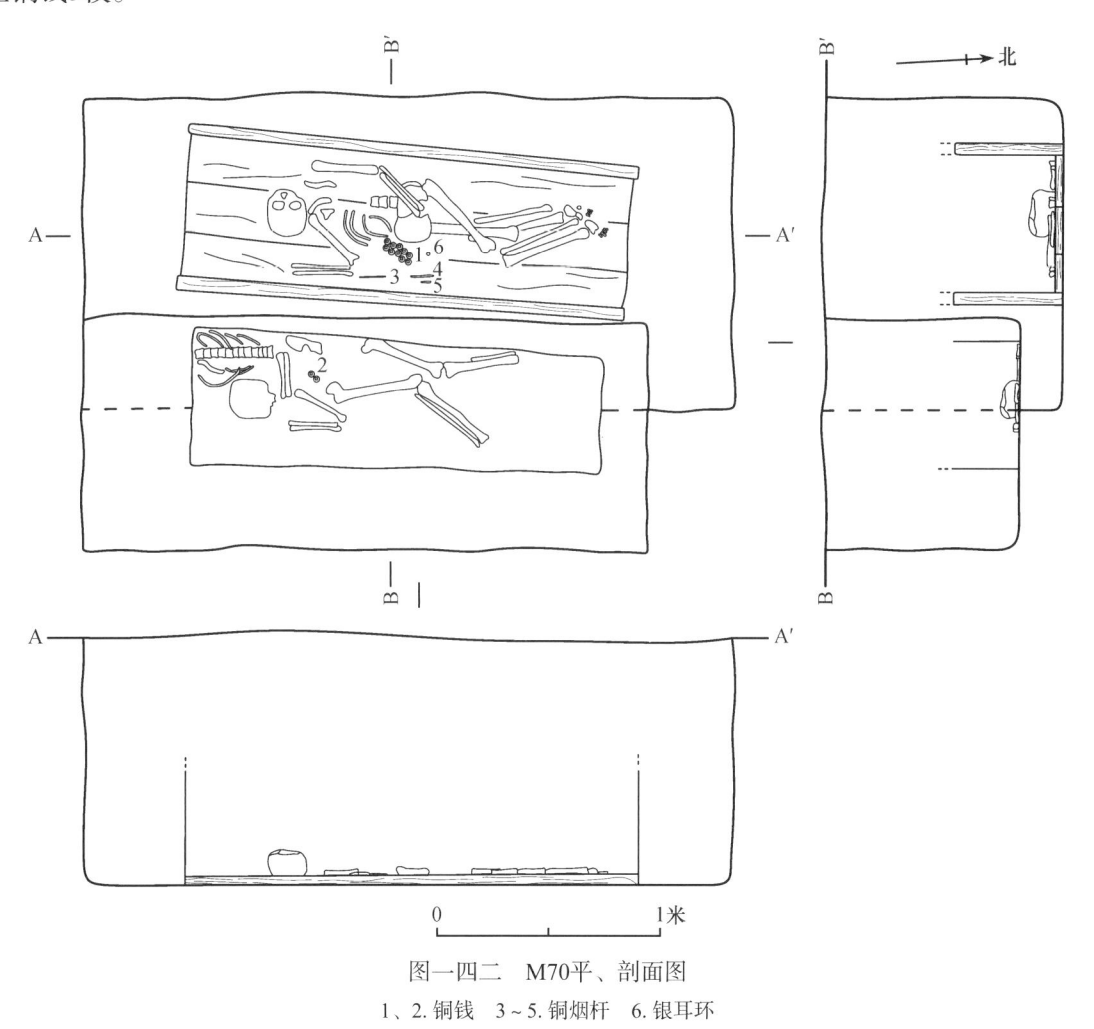

图一四二　M70平、剖面图
1、2.铜钱　3～5.铜烟杆　6.银耳环

图一四三　M70出土器物

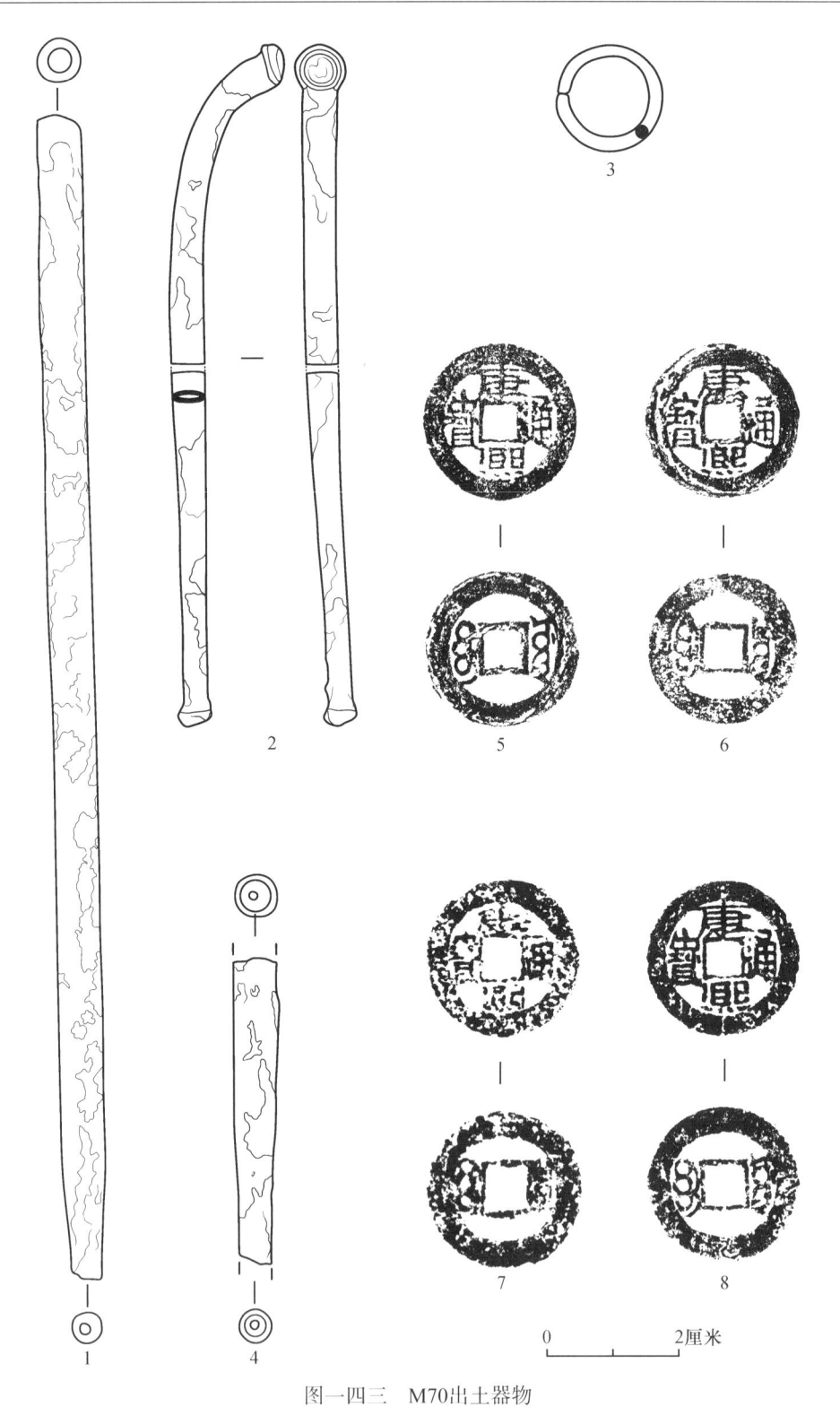

1、2、4.铜烟杆（M70：3、M70：4、M70：5）　3.银耳环（M70：6）　5~8.康熙通宝（M70：1-1、M70：1-2、M70：2-1、M70：2-2）

铜烟杆　3件。M70：3，残，失烟锅、烟嘴，仅存烟杆。烟杆呈细长圆筒状，内中空，尾部内收。通体素面。残长17.1厘米，宽0.7厘米，厚0.15厘米，重12.44克（图一四三，1；图版五八，6）。M70：4，残，失烟锅、烟嘴，仅存烟杆，烟杆断裂。烟杆呈细长圆筒状，内中空，上半部作弯，饰节状凸出，下半部内收，尾部带钩。素面。残长10.1厘米，宽0.8厘米，重4.76克（图一四三，2；图版五九，1）。M70：5，残，失烟锅、烟嘴，仅存烟杆。烟杆呈细圆筒状，内中空，尾部内收。素面。残长4.4厘米，宽0.7厘米，重2.78克（图一四三，4；图版五九，2）。

银耳环　1件。M70：6，体呈圆环形，粗细均匀，首尾相接。素面。直径1.6厘米，厚0.2厘米，重1.51克（图一四三，3；图版五九，3）。

铜钱　12枚。其中康熙通宝11枚，余1枚锈蚀较甚，字迹模糊不清。

康熙通宝　11枚。均圆形、方穿，正、背面皆有内、外郭，正面书"康熙通宝"四字，楷书，对读。标本M70：1-1，背穿左右为满文"宝源"局名。钱径2.36厘米，穿径0.48厘米，郭宽0.34厘米，郭厚0.11厘米，重2.63克（图一四三，5）。标本M70：1-2，背穿左右为满文"宝泉"局名。钱径2.32厘米，穿径0.5厘米，郭宽0.34厘米，郭厚0.12厘米，重2.8克（图一四三，6）。标本M70：2-1，背穿左右为满文"宝泉"局名。钱径2.37厘米，穿径0.6厘米，郭宽0.36厘米，郭厚0.11厘米，重1.62克（图一四三，7）。标本M70：2-2，背穿左右为满文"宝川"局名。钱径2.35厘米，穿径0.56厘米，郭宽0.41厘米，郭厚0.14厘米，重3.41克（图一四三，8）。

M71　位于发掘区东区的东部，南邻M72，南部打破M72，开口于第2层下，方向264°。长方形竖穴土圹双棺墓。墓口距地表0.6米，墓底距地表1.2米。墓圹东西长2.6米，南北宽1.8米，深0.6米。墓圹四壁较规整，内填花土，土质较疏松。

葬具为双木棺，棺木已朽，仅存棺痕。南棺打破北棺。北棺棺痕东西长1.96米，南北宽0.5～0.6米，残高0.2米。内葬置人骨一具，保存较完整，头向西，面向南，仰身直肢葬，为成年男性。南棺棺痕东西长1.88米，南北宽0.5～0.68米，残高0.1米。内葬置人骨一具，保存较完整，头向西，面向南，仰身直肢葬，为成年女性（图一四四；图版二九，1）。

出土器物：北棺棺外西部出土釉陶罐1件。

釉陶罐　1件。M71：1，侈口，圆唇，短束颈，溜肩，斜直腹内收，平底微凹。泥质红胎，胎质较细腻。内壁口沿至外壁肩部施褐色釉，其余部分皆露胎，釉面粗糙，施釉不均匀，内、外壁均有流釉现象。素面。内、外壁有明显轮制痕迹，外壁底部可见利坯旋痕。口径10厘米，底径7.8厘米，高11厘米（图一四五；图版五九，4）。

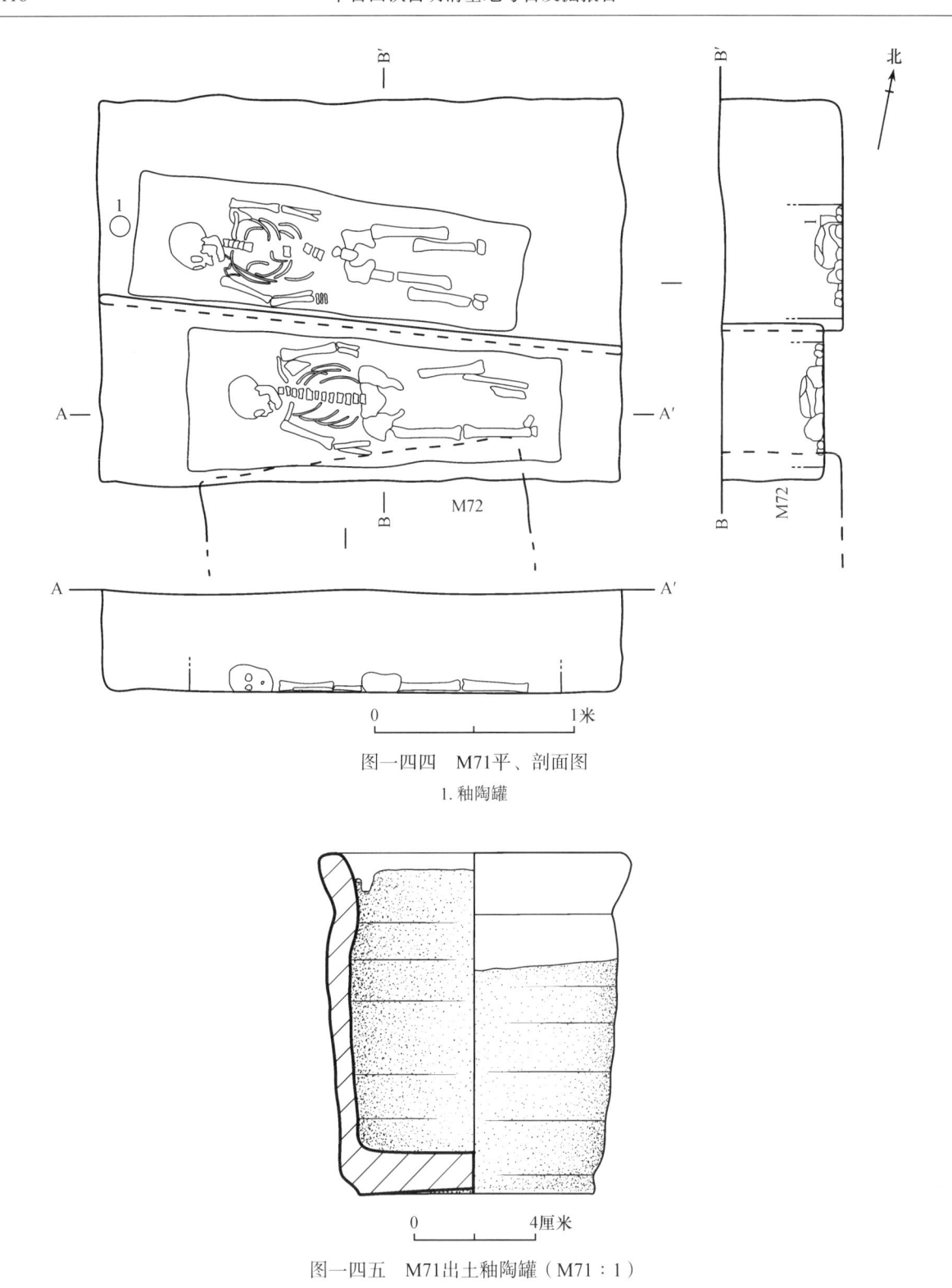

图一四四　M71平、剖面图
1. 釉陶罐

图一四五　M71出土釉陶罐（M71∶1）

M72　位于发掘区东区的东部，北邻M71，北部被M71打破，开口于第2层下，方向165°。长方形竖穴土圹双棺墓。墓口距地表0.6米，墓底距地表1.2米。墓圹南北长2.34米，东西宽1.6米，深0.6米。墓圹四壁较规整，内填花土，土质较疏松。

葬具为双木棺，棺木已朽，仅存棺痕。西棺打破东棺。东棺棺痕南北长1.62米，东西宽0.58~0.64米，残高0.2米。内葬置人骨一具，保存较差，头向南，面向、葬式不详，为成年女性。西棺棺痕南北长1.8米，东西宽0.5~0.6米，残高0.2米。内葬置人骨一具，保存较完整，头向南，面向西，仰身直肢葬，为成年男性（图一四六；图版二九，2）。

出土器物：东棺棺外南部出土釉陶罐1件。西棺棺外南部出土陶罐1件。

陶罐　1件。M72∶1，泥质灰陶，胎质较细腻。侈口，方唇，束颈，溜肩，曲腹，下腹斜收，平底微凹。素面。内壁有明显轮制痕迹。口径8.9厘米，腹径10.8厘米，底径6.6厘米，高9厘米（图一四七，1；图版五九，5）。

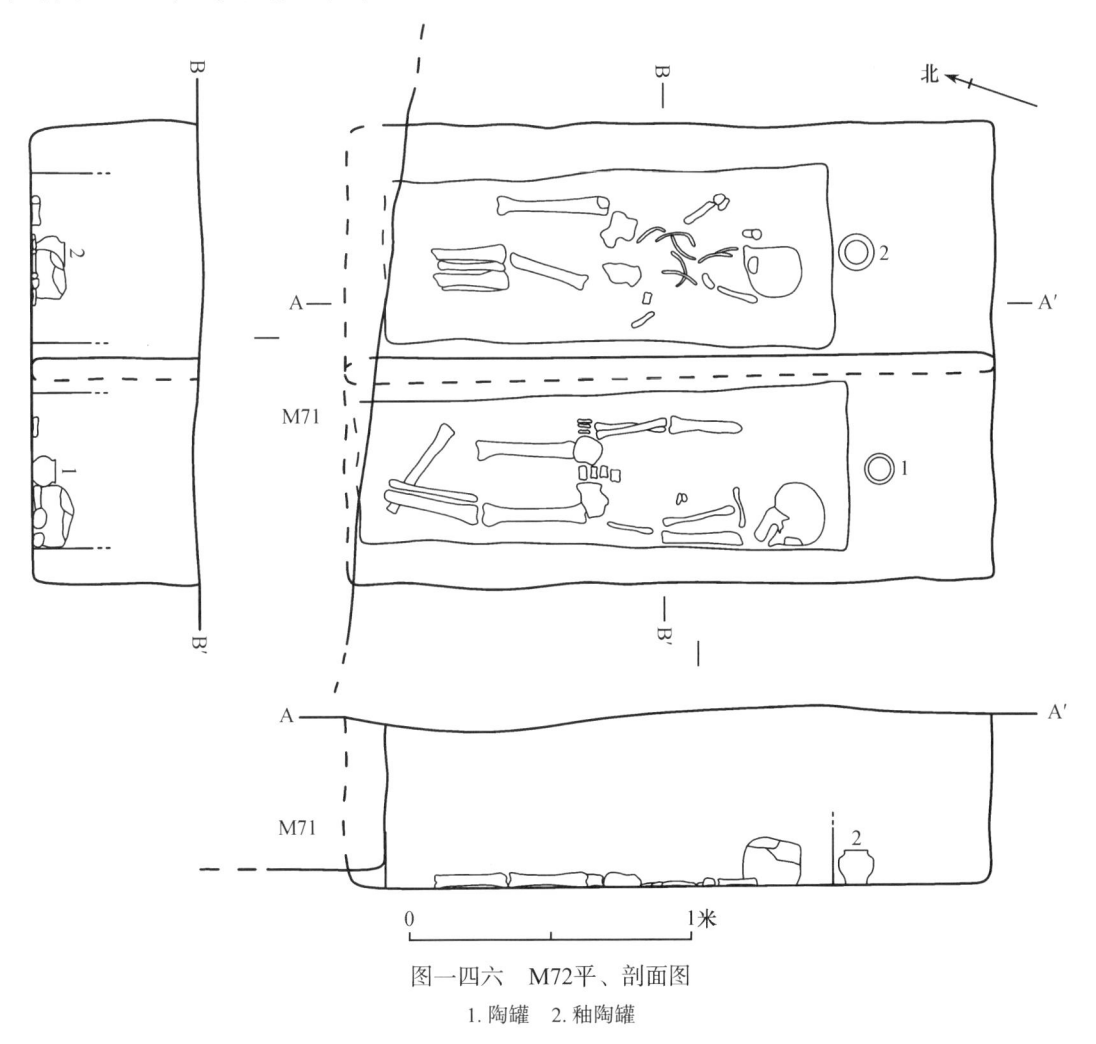

图一四六　M72平、剖面图
1. 陶罐　2. 釉陶罐

釉陶罐　1件。M72:2，近直口，方唇，短颈，圆肩，曲腹，下腹内收，平底内凹。红胎，胎质较细腻。内、外壁满施浅黄褐色釉，釉面较粗糙，外壁釉面开片剥落较多，施釉不均匀。素面。内壁有明显轮制痕迹。口径8.2厘米，腹径12.7厘米，底径9厘米，高12厘米（图一四七，2；图版五九，6）。

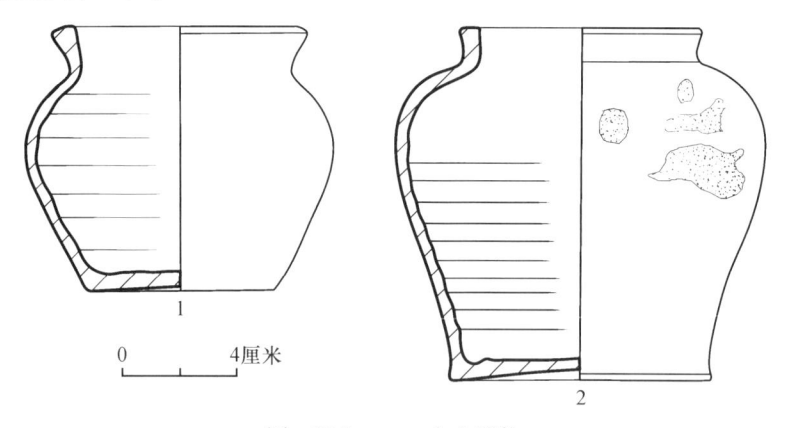

图一四七　M72出土器物
1. 陶罐（M72:1）　2. 釉陶罐（M72:2）

M73　位于发掘区东区的西部，北邻M76，开口于第2层下，方向275°。长方形竖穴土圹双棺墓。墓口距地表0.6米，墓底距地表1.4米。墓圹东西长2.34米，南北宽1.8米，深0.8米。墓圹四壁较规整，内填花土，土质较疏松。

葬具为双木棺，棺木已朽，仅存棺痕。南棺打破北棺。北棺棺痕东西长1.86米，南北宽0.5～0.6米，残高0.2米。内葬置人骨一具，保存较完整，头向西，面向北，仰身直肢葬，为成年男性。南棺棺痕东西长1.85米，南北宽0.45～0.64米，残高0.2米。内葬置人骨一具，保存较完整，头向西，面向北，仰身屈肢葬，为成年女性（图一四八；图版三〇，1）。

出土器物：北棺棺外西部出土釉陶罐1件；北棺棺内肱骨南侧出土铜烟袋1件，肋骨东侧出土铜钱2枚。

釉陶罐　1件。M73:1，侈口，圆唇，束颈，溜肩，斜直腹内收，平底微凹。夹砂黄胎，胎质较粗糙。内壁颈部至外壁肩部施褐色釉，其余部分皆露胎，釉面粗糙，施釉不均匀，内、外壁均有流釉现象。素面。内、外壁有明显轮制痕迹，外壁底部可见支烧痕迹。口径9.6厘米，底径7.6厘米，高10.3厘米（图一四九，1；图版六〇，1）。

铜烟袋　1件。M73:2，由锅、颈、杆三部分组成。锅为圆形、中空，錾刻一周弦纹；颈内弯；杆为木制。锅直径1.78厘米，残长13.54厘米，残高3.15厘米，厚0.11厘米，重11克（图一四九，3；图版六〇，2）。

乾隆通宝　2枚。均圆形、方穿，正、背面皆有内、外郭，正面书"乾隆通宝"四字，楷书，对读，背穿左右为满文"宝泉"局名。标本M73:3-1，钱径2.38厘米，穿径0.56厘米，郭宽0.36厘米，郭厚0.12厘米，重2.56克（图一四九，2）。

第三章 遗迹及遗物

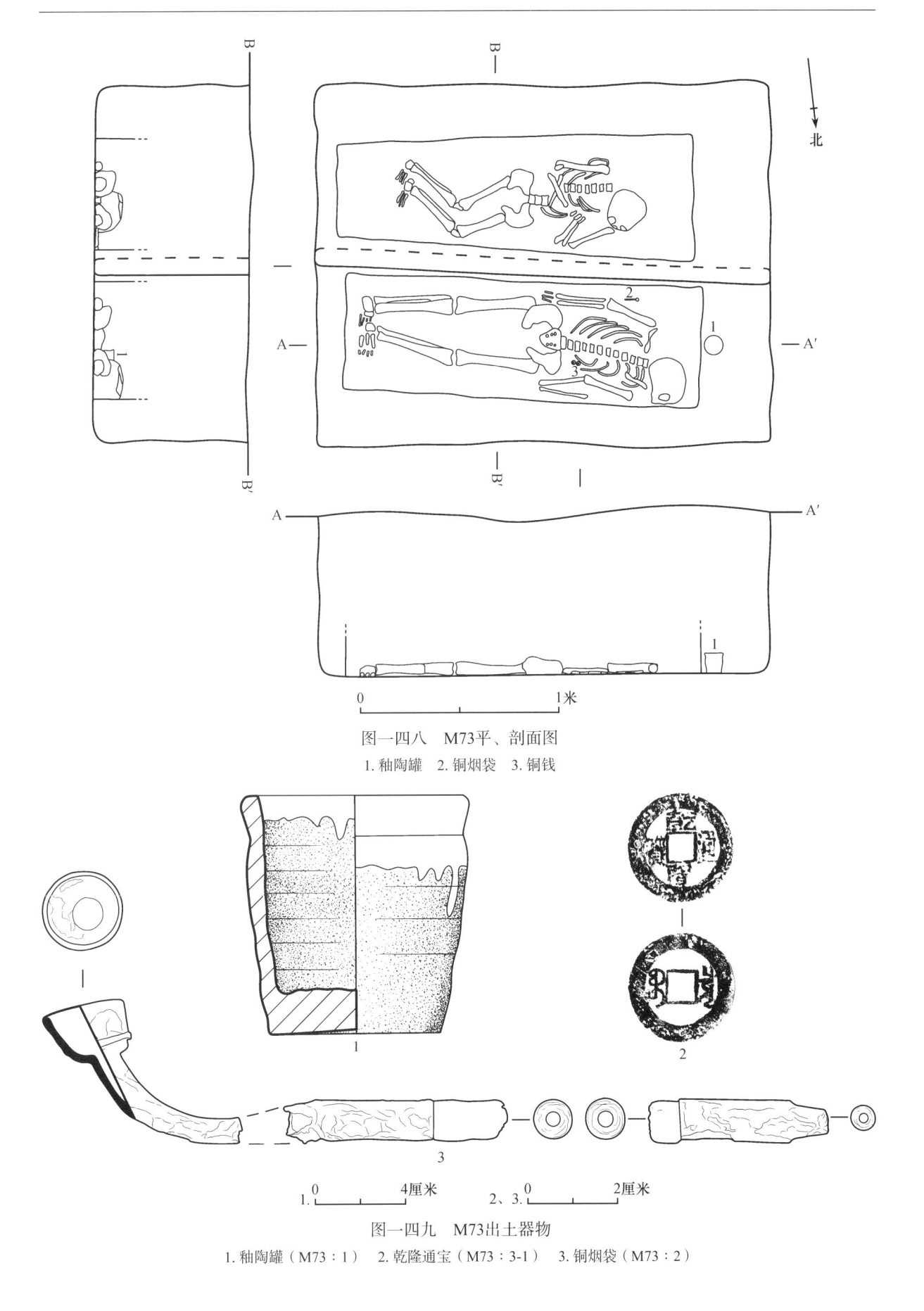

图一四八 M73平、剖面图
1. 釉陶罐 2. 铜烟袋 3. 铜钱

图一四九 M73出土器物
1. 釉陶罐（M73:1） 2. 乾隆通宝（M73:3-1） 3. 铜烟袋（M73:2）

M78 位于发掘区东区的东部,南邻M79,南部被M79打破,开口于第2层下,方向185°。梯形竖穴土圹双棺墓。墓口距地表0.6米,墓底距地表1.4米。墓圹南北长2.3米,东西宽1.8~2米,深0.8米。墓圹四壁较规整,内填花土,土质较疏松。

葬具为双木棺,部分棺木已朽,残存西棺东、西两侧棺板和底板、东棺部分底板。西棺打破东棺。东棺棺木南北残长2.1米,东西残宽0.66~0.7米,残高0.2米,残厚0.04米。内葬置人骨一具,保存差,头向、面向、葬式、性别均不详。西棺棺木南北长2米,东西宽0.68~0.98米,残高0.2米,残厚0.04米。内葬置人骨一具,保存一般,头向南,面向不详,仰身直肢葬,为成年男性(图一五〇;图版三〇,2)。

未见出土器物。

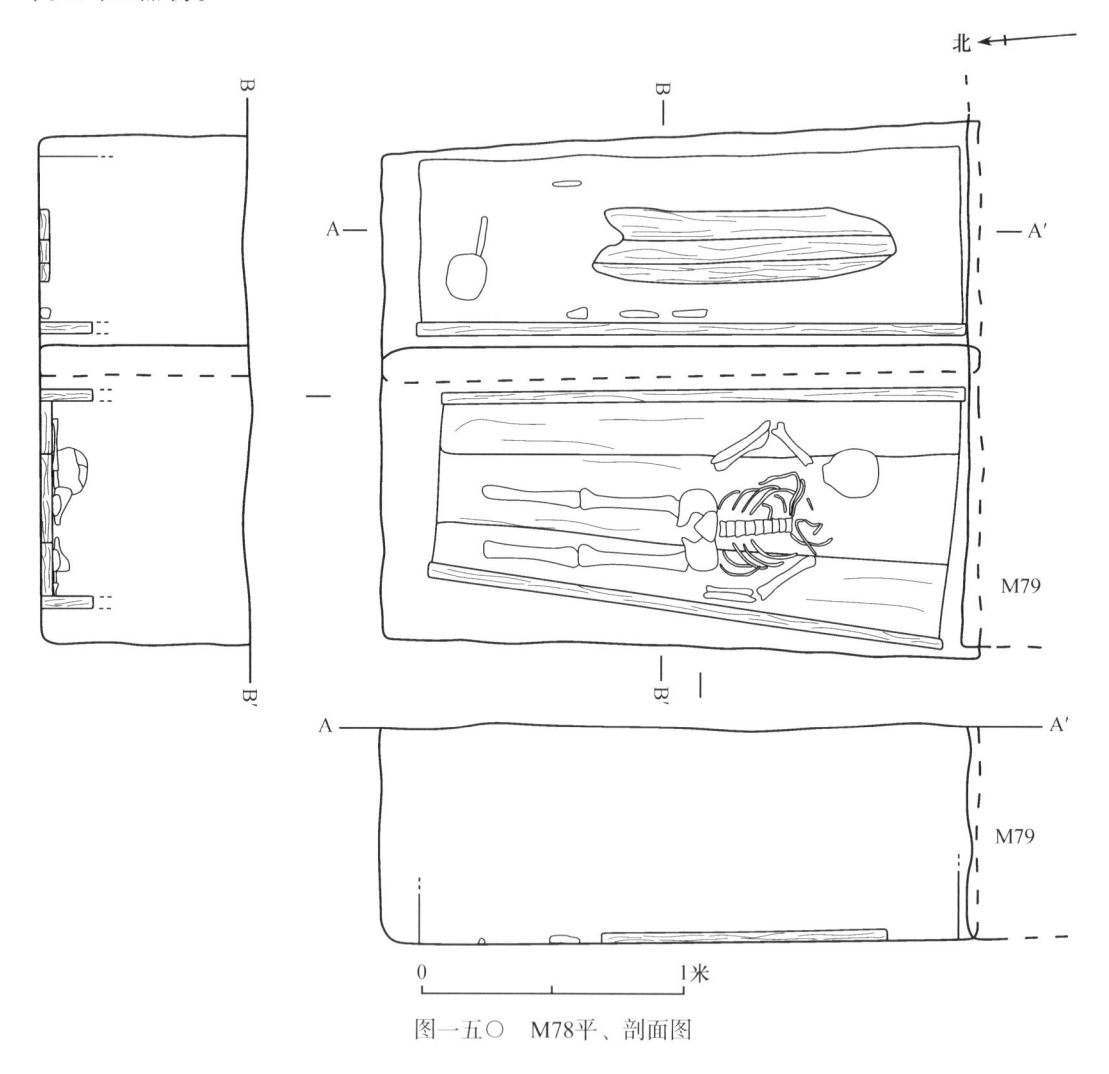

图一五〇 M78平、剖面图

(三)三棺墓

M13 位于发掘区东区的西部,北邻M62,南邻M12,开口于第2层下,方向180°。不规则形竖穴土圹三棺墓。墓口距地表0.6米,墓底距地表1.14米。墓圹南北长2～2.1米,东西宽2.24～2.48米,深0.54米。墓圹四壁较规整,内填花土,土质较疏松。

葬具为三木棺,部分棺木已朽,残存中棺西、南侧板。推测西棺、中棺为同穴合葬,西棺、中棺打破东棺。东棺棺痕南北长1.94米,东西宽0.42～0.56米,残高0.1米。内葬置人骨一具,保存差,头向、面向、葬式、性别均不详。西棺棺痕南北长1.88米,东西宽0.66～0.72米,残高0.2米。棺内未见人骨。中棺棺木南北长2米,东西宽0.76～0.86米,残高0.18米,残厚0.19米。内葬置人骨一具,保存差,头向、面向、葬式、性别均不详(图一五一;图版三一,1)。

未见出土器物。

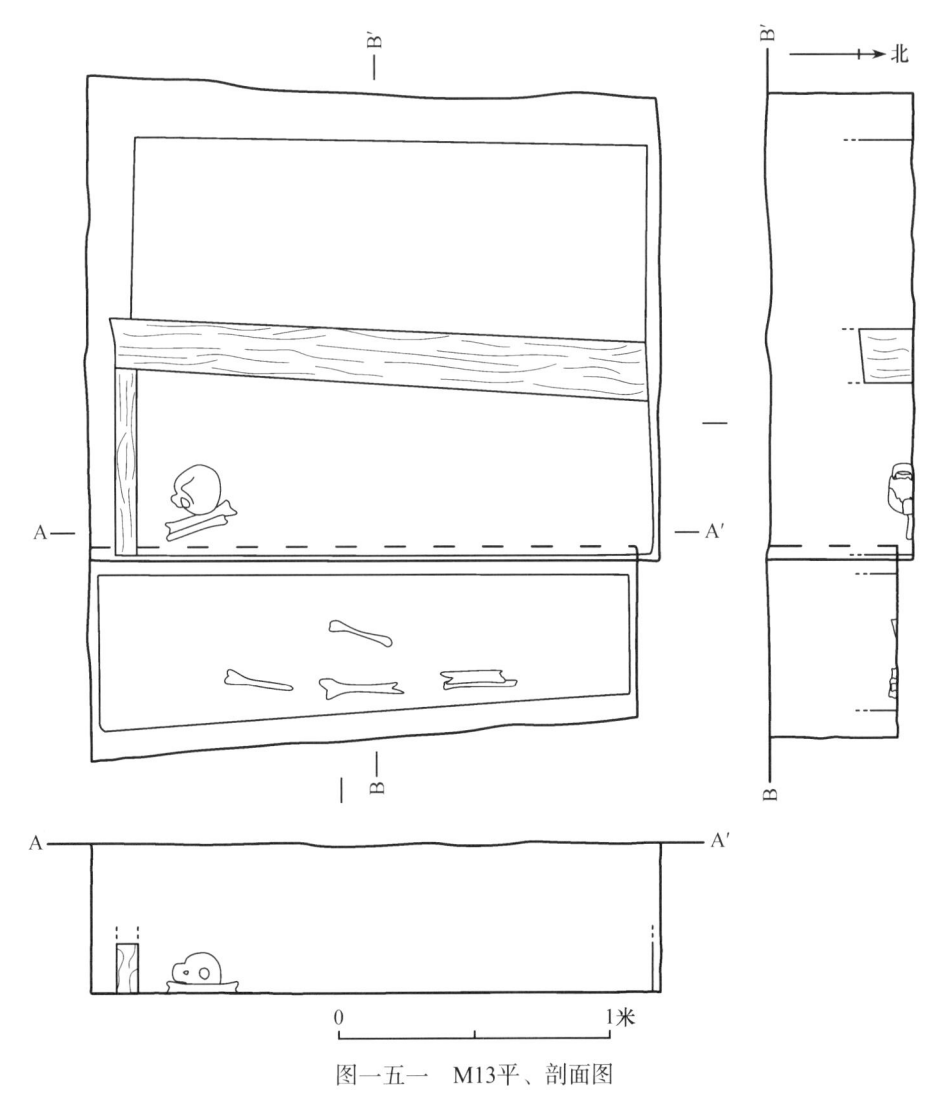

图一五一 M13平、剖面图

M42 位于发掘区西区的西部，东邻M30，东部被M30打破，开口于第2层下，方向190°。近长方形竖穴土圹三棺墓。墓口距地表0.6米，墓底距地表1.6米。墓圹南北长2.63米，东西宽2.41～2.52米，深1米。墓圹四壁较规整，内填花土，土质较疏松。

葬具为三木棺，部分棺木已朽，残存东、中、西三棺四侧部分棺板和底板。东棺、西棺打破中棺。中棺棺木南北长2米，东西宽0.54～0.7米，残高0.3米，残厚0.05米。内葬置人骨一具，保存较差，头向南，面向不详，侧身屈肢葬，性别不详。东棺棺木南北长1.95米，东西宽0.6～0.76米，残高0.3米，残厚0.03米。内葬置人骨一具，保存较差，头向南，面向不详，仰身直肢葬，性别不详。西棺棺木南北长2米，东西宽0.62～0.7米，残高0.3米，残厚0.03～0.04米。内葬置人骨一具，保存较差，头向南，面向不详，仰身直肢葬，性别不详（图一五二；图版三一，2）。

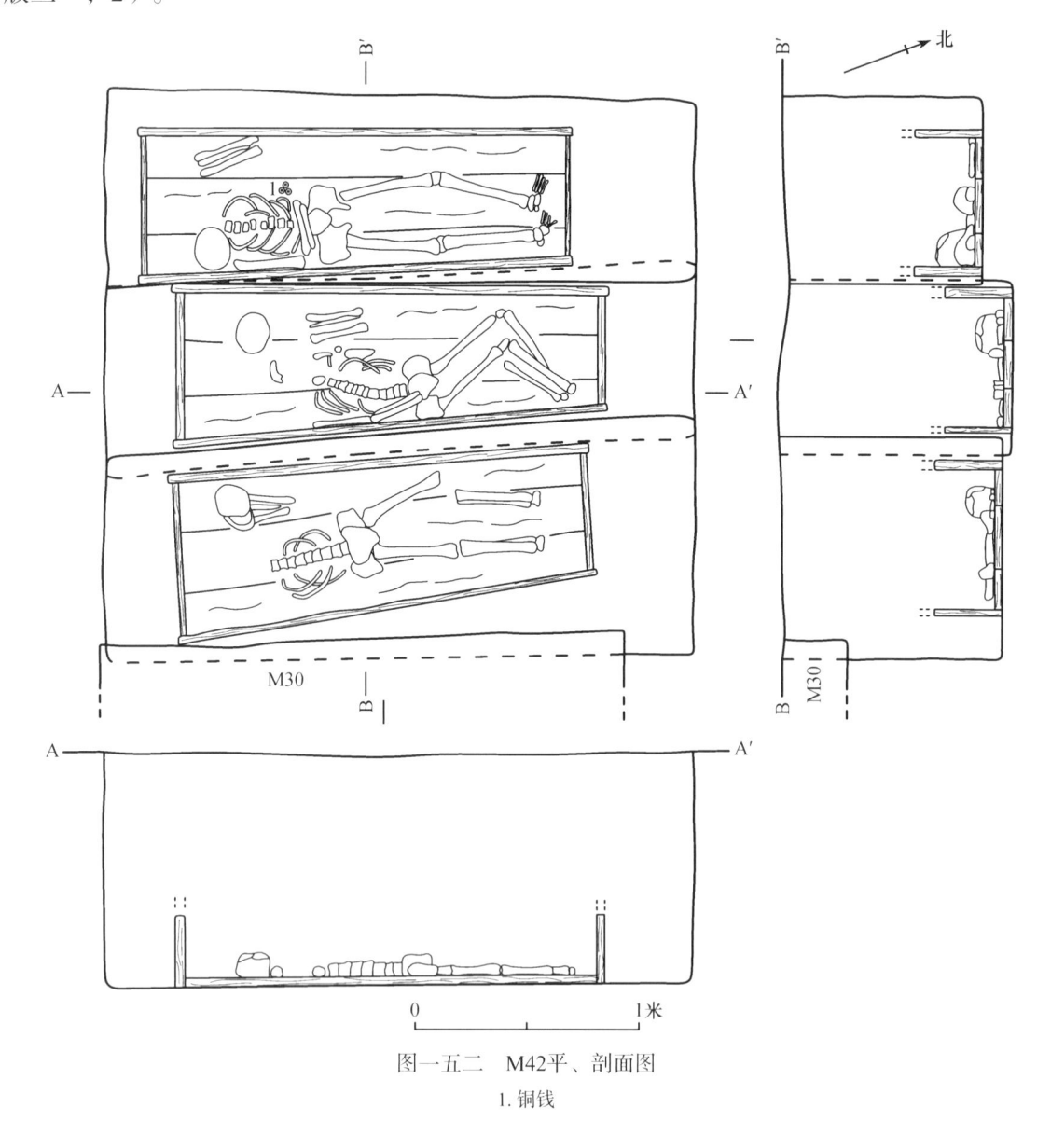

图一五二 M42平、剖面图
1. 铜钱

出土器物：西棺棺内肋骨西侧出土铜钱3枚。

康熙通宝　3枚。均圆形、方穿，正、背面皆有内、外郭，正面书"康熙通宝"四字，楷书，对读，背穿左右为满文"宝源"局名。标本M42：1-1，钱径2.36厘米，穿径0.52厘米，郭宽0.33厘米，郭厚0.11厘米，重2.63克（图一五三，1）。标本M42：1-2，钱径2.33厘米，穿径0.49厘米，郭宽0.31厘米，郭厚0.1厘米，重2.3克（图一五三，2）。

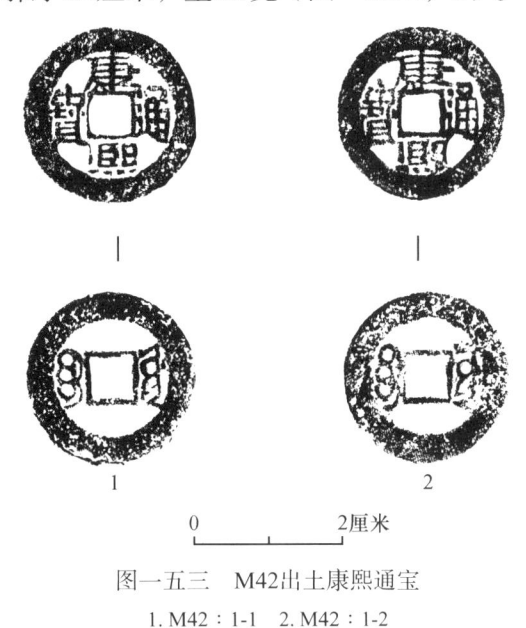

图一五三　M42出土康熙通宝
1. M42：1-1　2. M42：1-2

M65　位于发掘区东区的东部，南邻M66，南部打破M66，开口于第2层下，方向275°。不规则形竖穴土圹三棺墓。墓口距地表0.6米，墓底距地表1.3～1.5米。墓圹东西长2.46～2.56米，南北宽2.6～3米，深0.7～0.9米。墓圹四壁较规整，内填花土，土质较疏松。

葬具为三木棺，棺木已朽，仅存棺痕。中棺分别打破南棺和北棺。北棺棺痕东西长1.88米，南北宽0.5～0.6米，残高0.2米。内葬置人骨一具，保存较差，头向西，面向、葬式不详，为成年女性。南棺棺痕东西长1.9米，南北宽0.52～0.76米，残高0.4米。内葬置人骨一具，保存一般，头向西，面向不详，仰身屈肢葬，为成年男性。中棺棺痕东西长1.94米，南北宽0.56～0.62米，残高0.2米。内葬置人骨一具，保存较完整，头向西，面向北，仰身直肢葬，为成年女性（图一五四；图版三二）。

出土器物：北棺棺外西部出土釉陶罐1件；棺内中部出土铜钱3枚。南棺棺内髋骨南侧出土铜钱14枚。

釉陶罐　1件。M65：1，侈口，圆唇，短束颈，斜曲腹内收，平底微凹。夹砂黄胎，胎质较粗糙。内壁口沿至外壁腹部上侧施绿釉，其余部分皆露胎，釉面粗糙，剥落较多，施釉不均匀，内、外壁均有流釉现象。素面。内、外壁有明显轮制痕迹。口径9.5厘米，肩径10.2厘米，底径7.2厘米，高9.4厘米（图一五五，1；图版六〇，3）。

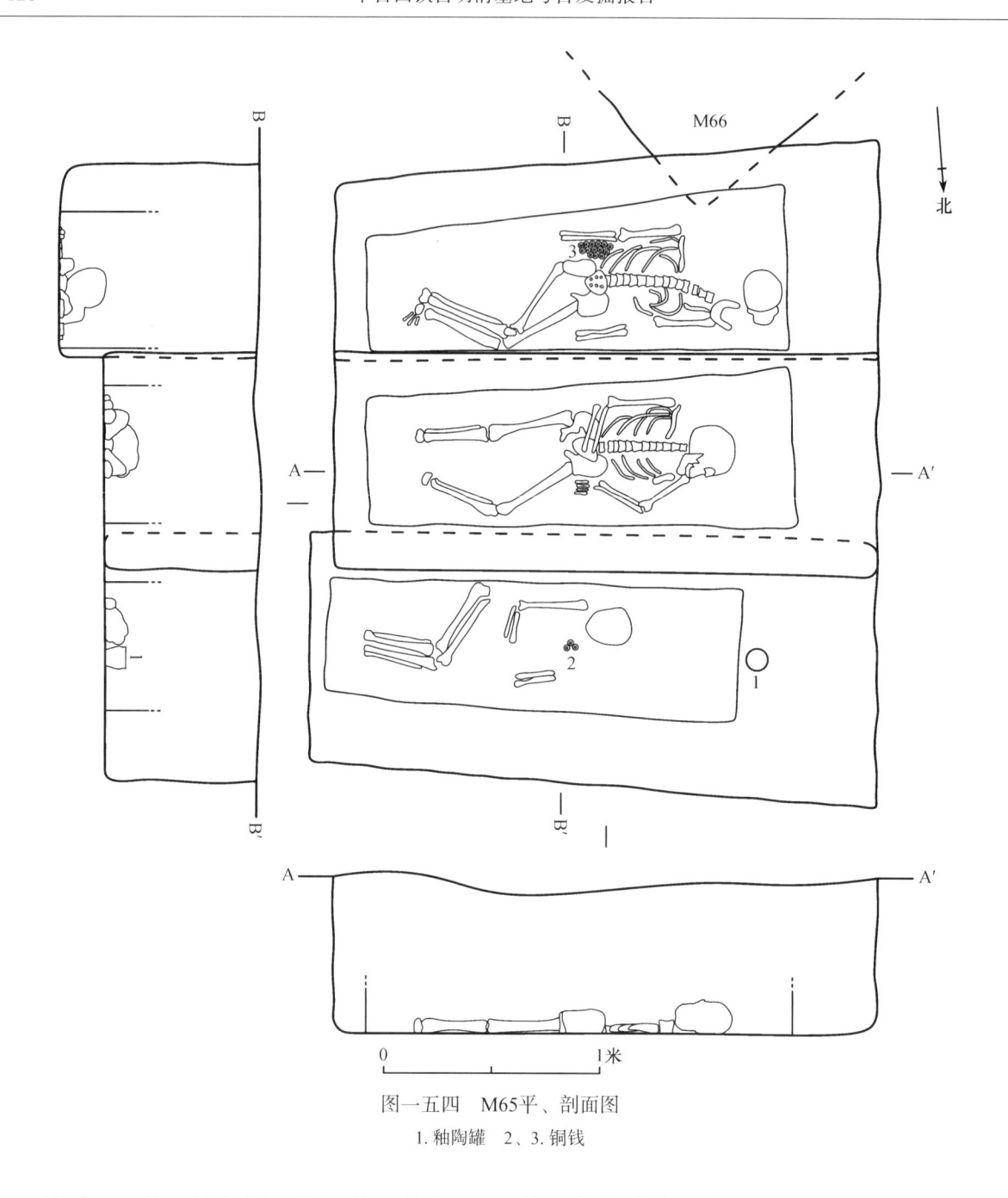

图一五四　M65平、剖面图
1.釉陶罐　2、3.铜钱

铜钱　17枚。其中康熙通宝1枚、乾隆通宝11枚，其余5枚锈蚀较甚，字迹模糊不清。

康熙通宝　1枚。M65：3-1，圆形、方穿，正、背面皆有内、外郭，正面书"康熙通宝"四字，楷书，对读，背穿左右为满文"宝泉"局名。钱径2.6厘米，穿径0.59厘米，郭宽0.48厘米，郭厚0.12厘米，重2.95克（图一五五，2）。

乾隆通宝　11枚。均圆形、方穿，正、背面皆有内、外郭，正面书"乾隆通宝"四字，楷书，对读。标本M65：3-2，背穿左右为满文"宝泉"局名。钱径2.4厘米，穿径0.57厘米，

图一五五　M65出土器物

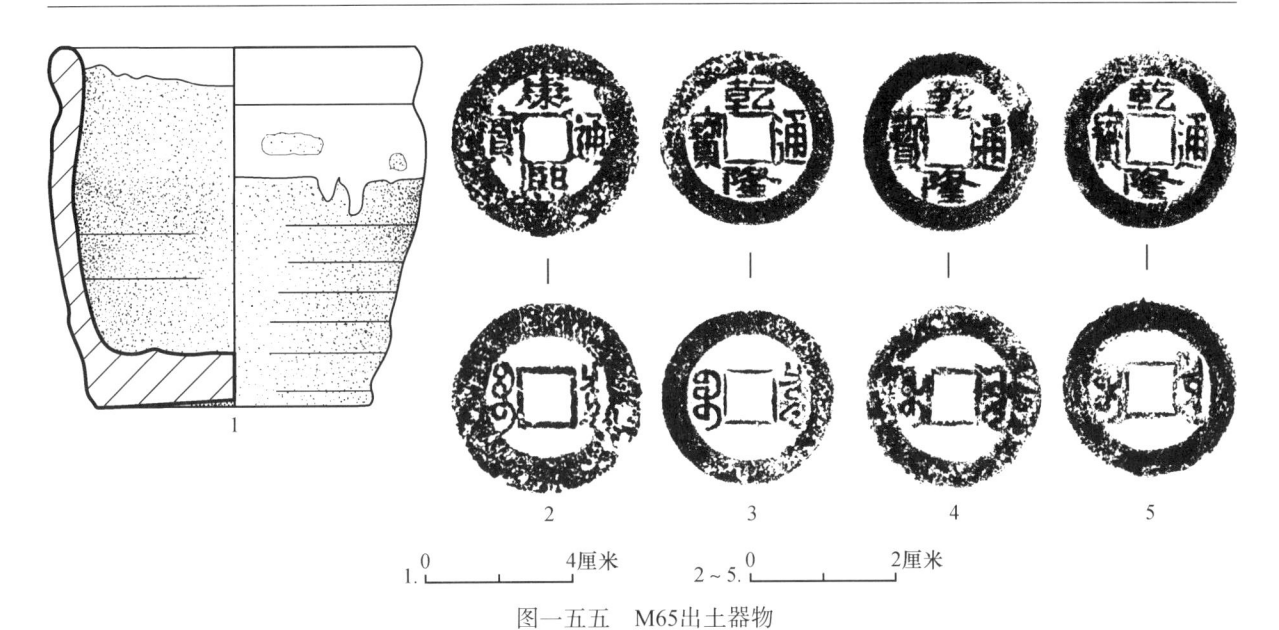

1. 釉陶罐（M65∶1）　2. 康熙通宝（M65∶3-1）　3～5. 乾隆通宝（M65∶3-2、M65∶3-3、M65∶3-4）

郭宽0.35厘米，郭厚0.14厘米，重3.81克（图一五五，3）。标本M65∶3-3，背穿左右为满文"宝源"局名。钱径2.5厘米，穿径0.52厘米，郭宽0.35厘米，郭厚0.12厘米，重4.01克（图一五五，4）。标本M65∶3-4，背穿左右为满文"宝泉"局名。钱径2.46厘米，穿径0.56厘米，郭宽0.38厘米，郭厚0.14厘米，重4克（图一五五，5）。

第四章 初步研究

丰台西铁营墓地共发掘明代墓葬2座，清代墓葬83座。这些墓葬布局较集中，但排列无整体规律，且墓葬之间打破关系较多，大部分墓葬保存状况一般。明代墓葬可分为单棺墓和双棺墓；清代墓葬可分为单棺墓、双棺墓和三棺墓。出土明代随葬器物包括陶罐、带盖釉陶罐、瓷碗、瓷瓶、铜簪等。出土清代随葬器物包括陶罐、釉陶罐、瓷罐、青花瓷罐、青花瓷瓶、银簪、银押发、银扁方、银耳环、银耳勺、银戒指、银护甲、铜簪、铜耳勺、铜烟锅、铜钱、骨簪、料扣等。从整体上看，该墓地大部分墓葬时代特征鲜明，具有典型的明代和清代早中期特点。从考古学研究角度来看，这批墓葬的发掘为进一步研究北京地区明清墓葬的形制、丧葬习俗和当时的社会生活状况提供了新的资料。

一、墓葬年代

本次发掘明代墓葬2座，M7出土铜钱较为丰富，有开元通宝、景德元宝、祥符元宝、天禧通宝、皇宋通宝、元丰通宝、绍圣元宝、圣宋元宝、大定通宝、弘治通宝、嘉靖通宝、隆庆通宝、万历通宝，推断为明代中期。M84出土开元通宝、至和元宝、元丰通宝、绍圣元宝。明朝立国后一直执行制钱与历代钱并用的政策，符合明代墓葬出土铜钱以历代钱为主、本朝制钱很少的现象[1]。

本次发掘清代墓葬83座，从随葬器物，特别是铜钱推断，大体上分为三个阶段。

顺（治）康（熙）雍（正）时期，为M3～M5、M8、M10、M24、M26、M28、M29、M42、M48、M52、M53、M55、M63、M64、M68～M70、M74、M83、M85等。

---

[1] 王久刚：《从西安明墓出土铜钱看明代铜钱使用情况》，《西安钱币学会成立十周年纪念文集》，西安出版社，2004年。

乾（隆）嘉（庆）道（光）时期，为M1、M6、M16、M19、M25、M38、M40、M45、M58、M62、M65、M73、M82等。

咸（丰）同（治）光（绪）宣（统）时期，为M18、M21。

北京地区以往发掘明清墓较多，清代平民墓葬的出土器物主要为陶罐、釉陶罐、瓷罐、银簪、银耳环、铜簪等常见器物，铜钱也占有很大比例。这批墓葬出土器物相对简单，出土清代器物均为北京地区清代平民墓葬常见的陶罐、釉陶罐、瓷罐、银簪、银耳环、铜钱等。在年代上以清代早期为主，中期次之，少数墓葬年代下限可至清代晚期。

二、墓葬形制、葬俗与随葬器物

本次发掘清理墓葬85座，均为竖穴土圹墓，葬具为木棺，其中南北向墓葬有61座，占墓葬总数的72%，东西向墓葬有24座，占墓葬总数的28%，人骨保存情况一般，葬式以仰身直肢为主，还包括少部分侧身屈肢。出土随葬器物数量较少，以釉陶罐、瓷罐、银簪、铜钱为主。

（一）墓葬形制及葬俗

明代墓葬2座，占墓葬总数的2.4%，墓葬按形制和所葬人数可分为二型。

A型　单人葬墓。

共1座，为M7。

B型　双人合葬墓。

共1座，为M84。

清代墓葬83座，占墓葬总数的97.6%，墓葬按形制和所葬人数可分为三型（图一五六）。

A型　单人葬墓。

共54座，为M1～M6、M8、M14、M15、M17、M20、M21、M23、M25～M34、M36～M41、M43、M45～M48、M51～M54、M56～M59、M63、M67、M74～M77、M79～M83、M85。

其中M17、M45推断为迁葬墓。

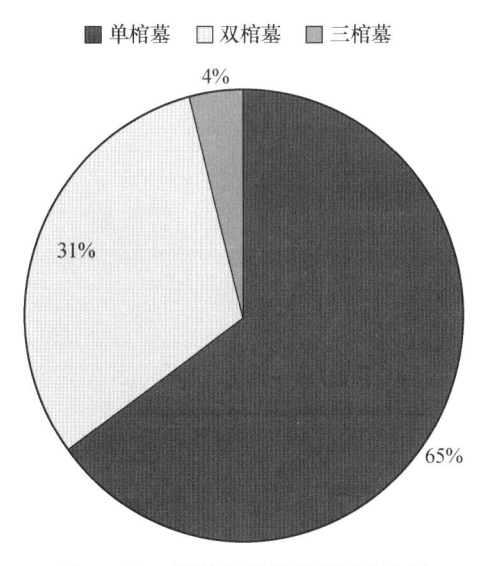

图一五六　清代各形制墓葬百分比图

B型　双人合葬墓。

共26座，为M9～M12、M16、M18、M19、M22、M24、M35、M44、M49、M50、M55、M60～M62、M64、M66、M68～M73、M78。

C型　三人合葬墓。

共3座，为M13、M42、M65。

墓葬均遭到不同程度的破坏，部分盗扰严重。墓葬分布较集中，但排列无明显规律，且叠压打破关系较多，推测是家族墓地的可能性较小。葬具均为木棺，清代墓葬单棺墓居多，占65%；其次是双棺墓，占31%；三棺墓数量较少，占4%。墓向大部分在180°左右，呈南北向，人骨多为头向南，葬式多为仰身直肢。墓葬形制与丽泽金融商务区[①]、六间房墓葬区[②]、五棵松篮球馆工程墓葬[③]、国家体育馆工程墓葬[④]、奥运村工程墓葬[⑤]等明清竖穴土圹墓相似。

这批墓葬形制较为简单，出土器物除M34、M35分别出土青花瓷瓶和青花瓷罐外，并无金器、玉器等高级别器物，也没有出土表明墓主人身份地位的墓志或铭文墓砖，初步判断均为明清平民墓葬。

（二）随葬器物

本次共出土随葬器物108件（不计铜钱），数量较少但类别较丰富，按质地分有陶器、瓷器、银器、铜器、骨器、料器等，均为陶罐、釉陶罐、带盖釉陶罐、瓷罐、瓷碗、瓷瓶、青花瓷罐、青花瓷瓶、银簪、银押发、银扁方、银耳环、银耳勺、银戒指、银护甲、铜簪、铜耳勺、铜烟锅、骨簪、料扣、铜钱等北京地区明清墓葬常见随葬器物。

1. 明代

（1）陶器

罐　1件。直口微敛，方唇，短颈，鼓肩，曲腹斜内收，平底内凹（M84:4）。

---

① 北京市文物研究所：《丽泽墓地——丽泽金融商务区园区规划绿地工程发掘报告》，科学出版社，2016年。
② 北京市文物研究所：《六间房墓葬区发掘报告》，《北京段考古发掘报告集》，科学出版社，2008年。
③ 北京市文物研究所：《五棵松篮球馆工程考古发掘报告》，《北京奥运场馆考古发掘报告》，科学出版社，2007年。
④ 北京市文物研究所：《国家体育馆工程考古发掘报告》，《北京奥运场馆考古发掘报告》，科学出版社，2007年。
⑤ 北京市文物研究所：《奥运村工程考古发掘报告》，《北京奥运场馆考古发掘报告》，科学出版社，2007年。

(2) 釉陶器

带盖釉陶罐　1件。罐盖呈圆帽状，顶部带圆纽，出边，直口；罐口微侈，圆唇，短颈，曲鼓腹，矮圈足，足内墙微外撇，外底微凸（M84∶1）。

(3) 瓷器

碗　1件。敞口，尖唇，斜直腹，圈足，足墙微外撇，挖足过肩（M7∶2）。

瓶　1件。侈口，方唇，唇下方有一周凸棱，短束颈，溜肩，深曲腹，平底（M7∶1）。

(4) 铜器

簪　1件。簪首呈伞形，为5瓣花朵状，花瓣錾刻旋纹，中部凸起，背素面；体呈细长圆锥形，尾端残缺（M84∶3）。

(5) 初步分析

陶罐M84∶4，泥质灰陶，胎质较粗糙。直口微敛，方唇，短颈，鼓肩，曲腹斜内收，平底内凹。与通州郑庄M69∶5[①]等相近。

带盖釉陶罐M84∶1，罐盖呈圆帽状，顶部带圆纽，出边，直口；罐口微侈，圆唇，短颈，曲鼓腹，矮圈足，足内墙微外撇，外底微凸。与北京市新少年宫M47∶1[②]形制相近。

瓷瓶M7∶1，侈口，方唇，唇下方有一周凸棱，短束颈，溜肩，深曲腹，平底。与北京市新少年宫M46∶2[③]、通州郑庄M50∶2[④]、海淀中坞M26∶2[⑤]等形制相近。

铜钱均为模制，圆形、方穿。出土铜钱中，明代铜钱最多，还有一定的唐、宋、金代铜钱。

唐代铜钱有唐太宗时期的开元通宝。

北宋铜钱最早为宋真宗景德元宝，最晚为宋徽宗圣宋元宝。其余有北宋真宗时期的祥符元宝、天禧通宝，北宋仁宗时期的皇宋通宝、至和元宝，北宋神宗时期的元丰通宝，北宋哲宗时期的绍圣元宝。背为光背。

金代铜钱有金世宗时期的大定通宝。背为光背。

明代铜钱最早为明孝宗时期的弘治通宝，最晚为明神宗时期的万历通宝。其他还有明世宗嘉靖通宝，明穆宗隆庆通宝。背为光背。

---

① 北京市考古研究院：《通州郑庄考古发掘报告》，上海古籍出版社，2023年。
② 北京市文物研究所：《京沪高铁北京段与北京新少年宫——考古发掘报告集》，上海古籍出版社，2014年。
③ 北京市文物研究所：《京沪高铁北京段与北京新少年宫——考古发掘报告集》，上海古籍出版社，2014年。
④ 北京市考古研究院：《通州郑庄考古发掘报告》，上海古籍出版社，2023年。
⑤ 北京市文物研究所：《海淀中坞——北京市南水北调配套工程团城湖调节池工程考古发掘报告》，科学出版社，2017年。

2. 清代

（1）陶器

罐　5件。依形制不同可分为二型。

A型　4件。依口、颈、腹等特征分为二式。

Ⅰ式：1件。直口，方唇，短颈，圆肩，曲腹，下腹斜收，平底微凹（M27∶1）。

Ⅱ式：3件。口部变大，多为侈口；方唇，束颈，溜肩，曲腹，下腹内收，平底内凹（M12∶1、M33∶1、M72∶1）。

B型　1件。侈口，方唇，短束颈，圆肩，曲腹，下腹斜收，平底内凹（M41∶1）。

（2）釉陶器

罐　22件。依形制不同可分为四型。

A型　18件。依口、肩、腹等特征分为二式。

Ⅰ式：1件。口部较小，侈口，方唇，短束颈，溜肩，曲腹，下腹斜收，平底内凹（M11∶1）。

Ⅱ式：17件。口部变大，多为侈口；唇部为圆唇或方唇，束颈，多为溜肩，肩腹部相融合，腹部为斜直腹或斜曲腹，平底或内凹（M1∶1、M2∶1、M4∶1、M10∶1、M10∶2、M25∶1、M31∶1、M38∶1、M51∶1、M64∶1、M64∶4、M65∶1、M68∶1、M68∶3、M69∶1、M71∶1、M73∶1）。

B型　2件。侈口或近直口，尖唇或方唇，短颈，鼓肩或圆肩，曲腹，下腹内收，平底内凹（M12∶2、M72∶2）。

C型　1件。直口微侈，尖唇，短颈，溜肩，曲腹，下腹内收，平底内凹（M22∶1）。

D型　1件。侈口，圆唇，短束颈，曲腹，平底微凹（M60∶1）。

（3）瓷器

罐　12件。口部为直口、侈口、敛口，唇部为圆唇或方唇，短颈，鼓肩，腹部为斜直腹、斜曲腹或曲腹，下腹内收，平底内凹（M50∶1、M50∶3、M55∶1、M55∶3、M58∶1、M58∶2、M63∶1、M66∶1、M80∶1、M81∶1、M83∶1、M85∶1）。

青花瓷罐　1件。敛口，方唇，短颈，圆肩，深曲腹，下腹内收，矮圈足，足墙外敛内撇（M35∶1）。

青花瓷瓶　1件。残，失上部，仅存下腹及底部。直腹，下腹斜内收，矮圈足，足墙微外撇（M34∶1）。

（4）银器

簪　19件。依首、体形制分为十一型。

A型　3件。簪首呈柳叶状，顶部略弯呈弧形，体呈短粗圆锥形（M12：4、M17：1、M60：2）。

B型　2件。簪首呈三层盛开花朵状，簪体顶部弯曲，上部呈细长扁条形，尾部呈圆锥形（M14：1-1、M14：1-2）。

C型　1件。簪首为扁平圆帽形，体呈细长扁条形，上宽下尖（M16：2）。

D型　1件。簪首为银丝缠绕而成的五面形禅杖，顶呈葫芦形，体呈细长圆锥形（M16：4）。

E型　2件。失簪首，仅存簪体，体呈细长圆锥形（M33：2、M58：4）。

F型　1件。失簪首，仅存部分簪首装饰结构和簪体，簪首装饰仅存葫芦形饰件2件、花朵形饰件1件，体呈细长扁条形（M41：2）。

G型　1件。簪首呈12瓣扁花瓣状，体呈细长圆锥形（M57：1）。

H型　1件。簪首呈6瓣扁花瓣状，体呈扁长条形，尾部呈圆锥形（M69：2）。

I型　1件。簪首呈重瓣仰莲形，体呈细长圆锥形（M69：4）。

J型　4件。簪首呈12瓣立体花瓣状，部分残存簪体呈细长圆锥形（M81：4-1、M81：4-2、M81：5-1、M81：5-2）。

K型　2件。簪首为盛开的花朵状，体呈细长圆锥形（M81：6-1、M81：6-2）。

银押发　4件。体呈弓形，两端较宽呈柳叶状，中部收束（M12：5、M17：2、M33：3、M60：4）。

银扁方　2件。依方体形制分为二型。

A型　1件。首部卷曲，体呈扁条形，末端呈圆弧状（M27：3）。

B型　1件。首部卷曲，体呈长扁条形，末端呈圆弧状（M41：5）。

银耳环　11件。依形制分为五型。

A型　4件。环面呈圆饼状，环体近似钩形，尾部尖（M12：3-1、M12：3-2、M81：3-1、M81：3-2）。

B型　4件。体呈圆环或椭圆环形，一端呈圆锥状，一端呈细长扁平状（M18：2、M41：3、M75：1-1、M75：1-2）。

C型　1件。体呈半圆环形，中部镂铸成如意首形，凸出一圆弧形立体纹饰结构，已断裂，一端环体近似钩形，尾部尖，一端呈扁平状，镂铸连珠纹，两侧铸螺纹（M21：2）。

D型　1件。环面呈半球状；环体近似钩形，尾部尖（M40：2）。

E型　1件。体呈圆环形，粗细均匀，首尾相接。素面（M70：6）。

银护甲　2件。锥状，一端圆口，一端尖，背面套根部交叉叠合呈腹空瓦状，形如右襟衣领。正面从套根部向上依次铸蟾蜍、螃蟹、鱼、莲花、虾、海马，周围环绕一周弦纹，弦纹外铸蝙蝠形纹；背面镂刻梅花形纹（M21：4-1、M21：4-2）。

银戒指　1件。圆环形，环体扁平；中部为椭圆形，四周镂刻如意云纹，中部为两层花瓣形纹饰；两端尖（M60∶3）。

银耳勺　1件。首呈勺形，挖勺较深，略呈半圆弧形，下部呈螺纹状；体呈细长四棱锥形，尾部断裂，部分残缺（M77∶2）。

（5）铜器

簪　4件。依形制分为四型。

A型　1件。簪首为22瓣扁花瓣状，中部凸起呈圆环形，体呈细长圆锥形（M3∶1）。

B型　1件。仅存簪首。簪首呈近圆形，中部凸起呈圆环形（M3∶3）。

C型　1件。首呈圆帽形，体呈细长圆锥形（M64∶3）。

D型　1件。仅存簪体。体中空，呈细长圆锥形，顶部饰凹弦纹、圆点纹（M67∶1）。

耳勺　1件。首呈勺形，挖勺较浅，略呈弧形，下部呈环节状；体呈细长圆锥形（M77∶1）。

烟锅　2件。锅为圆形、平面呈圆形，中空，内腹底开一圆孔连通烟杆（M16∶3、M25∶2）。

烟杆　3件。呈细长圆筒状，内中空（M70∶3、M70∶4、M70∶5）。

烟袋　2件。由烟锅、烟嘴、烟杆三部分组成（M62∶2、M73∶2）。

（6）骨器

骨簪　5件。依簪体形制分为二型。

A型　4件。体呈尖锥棒状，头粗尾细（M21∶3-1、M21∶3-2、M75∶2-1、M75∶2-2）。

B型　1件。体呈扁条状，头部宽平，颈部作一弯折，侧面略呈弧形，尾部削尖（M64∶6）。

（7）料器

料扣　5件。依形制分为二型。

A型　4件。近圆球形，顶部带穿孔。呈乳白色（M43∶2-1、M43∶2-2、M43∶2-3、M43∶2-4）。

B型　1件。近扁圆球形，顶部带穿孔。呈乳青色（M43∶2-5）。

（8）初步分析

陶罐M12∶1，泥质灰陶，胎质较细腻。侈口，方唇，短束颈，溜肩，曲腹，下腹内收，平底内凹。与通州郑庄M62∶2[①]、姚家园新村E地块配套中学M39∶2[②]、何家坟墓地

---

① 北京市考古研究院：《通州郑庄考古发掘报告》，上海古籍出版社，2023年。
② 北京市考古研究院：《朝阳姚家园——姚家园新村E地块配套中学考古发掘报告》，上海古籍出版社，2023年。

NM41：1①等相近。

陶罐M27：1，泥质灰陶，胎质较细腻。直口，方唇，短颈，圆肩，曲腹，下腹斜收，平底微凹。与丽泽金融商务区园区规划绿地工程M1：1②、通州郑庄M9：2③、海淀中坞M3：2④等形制相近。

釉陶罐M1：1、M2：1、M4：1、M10：1、M10：2、M25：1、M31：1、M38：1、M51：1、M64：1、M64：4、M65：1、M68：1、M68：3、M69：1、M71：1、M73：1，多为侈口，少为敛口；唇部为圆唇或方唇，束颈，多为溜肩，肩腹部相融合，腹部为斜直腹或斜曲腹，平底或内凹。与丽泽金融商务区园区规划绿地工程M3：1、M6：1、M15：3⑤，通州郑庄M141：2⑥，何家坟墓地NM31：1⑦等形制相近。

釉陶罐M11：1，侈口，方唇，短束颈，溜肩，曲腹，下腹斜收，平底内凹。与丽泽金融商务区园区规划绿地工程M147：1⑧，通州郑庄M6：3、M98：2、M100：1⑨等形制相近。

釉陶罐M72：2，近直口，方唇，短颈，圆肩，曲腹，下腹内收，平底内凹。与北京轻轨L2线通州段次渠站等土地开发项目B2地块M1：2⑩、姚家园新村E地块配套中学M11：1⑪、通州田家府村E6地块M12：1⑫等形制相近。

瓷罐M50：1、M50：3、M55：1、M55：3、M58：1、M58：2、M63：1、M66：1、M80：1、M81：1、M83：1、M85：1，口部为直口、侈口、敛口，唇部为圆唇或方唇，短颈，鼓肩，腹部为斜直腹、斜曲腹或曲腹，下腹内收，平底内凹。与丽泽金融商务区园区规划

---

① 北京市考古研究院（北京市文化遗产研究院）：《何家坟墓地考古报告》，科学出版社，2023年。
② 北京市文物研究所：《丽泽墓地——丽泽金融商务区园区规划绿地工程发掘报告》，科学出版社，2016年。
③ 北京市考古研究院：《通州郑庄考古发掘报告》，上海古籍出版社，2023年。
④ 北京市文物研究所：《海淀中坞——北京市南水北调配套工程团城湖调节池工程考古发掘报告》，科学出版社，2017年。
⑤ 北京市文物研究所：《丽泽墓地——丽泽金融商务区园区规划绿地工程发掘报告》，科学出版社，2016年。
⑥ 北京市考古研究院：《通州郑庄考古发掘报告》，上海古籍出版社，2023年。
⑦ 北京市考古研究院（北京市文化遗产研究院）：《何家坟墓地考古报告》，科学出版社，2023年。
⑧ 北京市文物研究所：《丽泽墓地——丽泽金融商务区园区规划绿地工程发掘报告》，科学出版社，2016年。
⑨ 北京市考古研究院：《通州郑庄考古发掘报告》，上海古籍出版社，2023年。
⑩ 北京市考古研究院：《通州东石村与北小营村——北京轻轨L2线通州段次渠站等土地开发项目考古发掘报告》，上海古籍出版社，2022年。
⑪ 北京市考古研究院：《朝阳姚家园——姚家园新村E地块配套中学考古发掘报告》，上海古籍出版社，2023年。
⑫ 北京市考古研究院：《通州田家府村——通州文化旅游区A8、E1、E6地块考古发掘报告》，上海古籍出版社，2020年。

绿地工程M154∶2[①]、通州郑庄M33∶2[②]、姚家园新村E地块配套中学M56∶1[③]、通州田家府村A8地块M17∶1[④]等形制相近。

银簪M16∶2，簪首为扁平圆帽形，体呈细长扁条形，上宽下尖。与通州郑庄M23∶3[⑤]、朝阳姚家园M32∶3-1、M32∶3-2、M48∶9-1、M48∶9-2[⑥]等形制相近。

禅杖首银簪M16∶4与轨道交通大兴线枣园路站M33∶2-4[⑦]、奥林匹克会议中心工程M29∶1[⑧]、五棵松棒球场工程M27∶2[⑨]、郑常庄燃气热电工程M9∶1[⑩]等形制相近。

柳叶状首银簪M12∶4、M17∶1、M60∶2与北京轻轨L2线通州段次渠站等土地开发项目E3-1地块M11∶1-2[⑪]、朝阳姚家园M5∶1[⑫]等形制相近。

首呈重瓣仰莲形银簪M69∶4与何家坟墓地NM3∶5、NM5∶7[⑬]，通州郑庄M28∶3、M75∶2[⑭]，朝阳姚家园M17∶3[⑮]等形制相近。

[①] 北京市文物研究所：《丽泽墓地——丽泽金融商务区园区规划绿地工程发掘报告》，科学出版社，2016年。

[②] 北京市考古研究院：《通州郑庄考古发掘报告》，上海古籍出版社，2023年。

[③] 北京市考古研究院：《朝阳姚家园——姚家园新村E地块配套中学考古发掘报告》，上海古籍出版社，2023年。

[④] 北京市考古研究院：《通州田家府村——通州文化旅游区A8、E1、E6地块考古发掘报告》，上海古籍出版社，2020年。

[⑤] 北京市考古研究院：《通州郑庄考古发掘报告》，上海古籍出版社，2023年。

[⑥] 北京市考古研究院：《朝阳姚家园——姚家园新村E地块配套中学考古发掘报告》，上海古籍出版社，2023年。

[⑦] 北京市文物研究所：《轨道交通大兴线枣园路站考古发掘报告》，《小营与西红门——北京大兴考古发掘报告》，上海古籍出版社，2018年。

[⑧] 北京市文物研究所：《奥林匹克会议中心工程考古发掘报告》，《北京奥运场馆考古发掘报告》，科学出版社，2007年。

[⑨] 北京市文物研究所：《五棵松棒球场工程考古发掘报告》，《北京奥运场馆考古发掘报告》，科学出版社，2007年。

[⑩] 北京市文物研究所、丰台区文物保管所：《郑常庄燃气热电工程考古发掘报告》，《北京奥运场馆考古发掘报告》，科学出版社，2007年。

[⑪] 北京市考古研究院：《通州东石村与北小营村——北京轻轨L2线通州段次渠站等土地开发项目考古发掘报告》，上海古籍出版社，2022年。

[⑫] 北京市考古研究院：《朝阳姚家园——姚家园新村E地块配套中学考古发掘报告》，上海古籍出版社，2023年。

[⑬] 北京市考古研究院（北京市文化遗产研究院）：《何家坟墓地考古报告》，科学出版社，2023年。

[⑭] 北京市考古研究院：《通州郑庄考古发掘报告》，上海古籍出版社，2023年。

[⑮] 北京市考古研究院：《朝阳姚家园——姚家园新村E地块配套中学考古发掘报告》，上海古籍出版社，2023年。

福寿银簪，以葵圆形首簪中花瓣为弧形者居多，北京地区历年出土较多，簪首中常有福、寿、金、玉、满、堂、宁等字或字形纹饰，意寓多福长寿，金玉满堂①。金字簪M81：4-1与轨道交通大兴线枣园路站M3：2②、通州郑庄M175：3③等形制相近；福字簪M81：5-1与轨道交通大兴线枣园路站M33：2-1④、丽泽金融商务区园区规划绿地工程M9：3⑤、奥运一期工程M17：1⑥等形制相近；寿字簪M81：5-2与康庄安置房墓葬M2：3⑦形制相近。

首呈盛开花朵状银簪M81：6-1、M81：6-2与奥林匹克会议中心工程M15：2⑧、奥运一期工程M224：2⑨、五棵松棒球场工程M3：4⑩等形制相近。

银押发M17：2、M60：4，体呈弓形，两端较宽呈柳叶状，中部收束。与丽泽金融商务区园区规划绿地工程M77：1⑪，奥运一期工程M11：1⑫，姚家园新村E地块配套中学M33：3、M22：3⑬，北京轻轨L2线通州段次渠站等土地开发项目B2地块M14：3⑭等形制相近。

---

① 北京市考古研究院：《顺义临河清代墓地考古发掘报告》，科学出版社，2023年。

② 北京市文物研究所：《轨道交通大兴线枣园路站考古发掘报告》，《小营与西红门——北京大兴考古发掘报告》，上海古籍出版社，2018年。

③ 北京市考古研究院：《通州郑庄考古发掘报告》，上海古籍出版社，2023年。

④ 北京市文物研究所：《轨道交通大兴线枣园路站考古发掘报告》，《小营与西红门——北京大兴考古发掘报告》，上海古籍出版社，2018年。

⑤ 北京市文物研究所：《丽泽墓地——丽泽金融商务区园区规划绿地工程发掘报告》，科学出版社，2016年。

⑥ 北京市文物研究所：《奥运一期工程考古发掘报告》，《北京奥运场馆考古发掘报告》，科学出版社，2007年。

⑦ 北京市文物研究所：《康庄安置房墓葬》，《大兴古墓葬考古发掘报告集》，科学出版社，2020年。

⑧ 北京市文物研究所：《奥林匹克会议中心工程考古发掘报告》，《北京奥运场馆考古发掘报告》，科学出版社，2007年。

⑨ 北京市文物研究所：《奥运一期工程考古发掘报告》，《北京奥运场馆考古发掘报告》，科学出版社，2007年。

⑩ 北京市文物研究所：《五棵松棒球场工程考古发掘报告》，《北京奥运场馆考古发掘报告》，科学出版社，2007年。

⑪ 北京市文物研究所：《丽泽墓地——丽泽金融商务区园区规划绿地工程发掘报告》，科学出版社，2016年。

⑫ 北京市文物研究所：《奥运一期工程考古发掘报告》，《北京奥运场馆考古发掘报告》，科学出版社，2007年。

⑬ 北京市考古研究院：《朝阳姚家园——姚家园新村E地块配套中学考古发掘报告》，上海古籍出版社，2023年。

⑭ 北京市考古研究院：《通州东石村与北小营村——北京轻轨L2线通州段次渠站等土地开发项目考古发掘报告》，上海古籍出版社，2022年。

卷首银扁方M27∶3、M41∶5与轨道交通大兴线枣园路站M33∶1[①]，丽泽金融商务区园区规划绿地工程M60∶1[②]，奥运一期工程M8∶2[③]，中国科技馆新馆工程M3∶19[④]，姚家园新村E地块配套中学M23∶7[⑤]，通州田家府村E6地块M80∶2[⑥]，北京轻轨L2线通州段次渠站等土地开发项目B2地块M27∶2、D1地块M3∶6[⑦]等形制相近。

圆饼状环面银耳环M12∶3-1、M12∶3-2、M81∶3-1、M81∶3-2与北京轻轨L2线通州段次渠站等土地开发项目B2地块M25∶2[⑧]、轨道交通大兴线枣园路站三期M33∶3[⑨]、丽泽金融商务区园区规划绿地工程M139∶6[⑩]、奥运一期工程M145∶6[⑪]、郑常庄燃气热电工程M9∶2[⑫]、黄村双高花园墓葬M1∶4[⑬]、康庄安置房墓葬M3∶5[⑭]等形制相近。

[①] 北京市文物研究所：《轨道交通大兴线枣园路站考古发掘报告》，《小营与西红门——北京大兴考古发掘报告》，上海古籍出版社，2018年。

[②] 北京市文物研究所：《丽泽墓地——丽泽金融商务区园区规划绿地工程发掘报告》，科学出版社，2016年。

[③] 北京市文物研究所：《奥运一期工程考古发掘报告》，《北京奥运场馆考古发掘报告》，科学出版社，2007年。

[④] 北京市文物研究所、朝阳区文物管理所：《中国科技馆新馆工程考古发掘报告》，《北京奥运场馆考古发掘报告》，科学出版社，2007年。

[⑤] 北京市考古研究院：《朝阳姚家园——姚家园新村E地块配套中学考古发掘报告》，上海古籍出版社，2023年。

[⑥] 北京市考古研究院：《通州田家府村——通州文化旅游区A8、E1、E6地块考古发掘报告》，上海古籍出版社，2020年。

[⑦] 北京市考古研究院：《通州东石村与北小营村——北京轻轨L2线通州段次渠站等土地开发项目考古发掘报告》，上海古籍出版社，2022年。

[⑧] 北京市考古研究院：《通州东石村与北小营村——北京轻轨L2线通州段次渠站等土地开发项目考古发掘报告》，上海古籍出版社，2022年。

[⑨] 北京市文物研究所：《轨道交通大兴线枣园路站考古发掘报告》，《小营与西红门——北京大兴考古发掘报告》，上海古籍出版社，2018年。

[⑩] 北京市文物研究所：《丽泽墓地——丽泽金融商务区园区规划绿地工程发掘报告》，科学出版社，2016年。

[⑪] 北京市文物研究所：《奥运一期工程考古发掘报告》，《北京奥运场馆考古发掘报告》，科学出版社，2007年。

[⑫] 北京市文物研究所、丰台区文物保管所：《郑常庄燃气热电工程考古发掘报告》，《北京奥运场馆考古发掘报告》，科学出版社，2007年。

[⑬] 北京市文物研究所：《黄村双高花园墓葬》，《大兴古墓葬考古发掘报告集》，科学出版社，2020年。

[⑭] 北京市文物研究所：《康庄安置房墓葬》，《大兴古墓葬考古发掘报告集》，科学出版社，2020年。

第四章 初步研究

银耳环M18：2、M41：3、M75：1-1、M75：1-2，体呈圆环形，一端呈圆锥状，一端呈细长扁平状。与奥运场馆五棵松篮球馆工程M37：6[①]、姚家园新村E地块配套中学M22：2[②]等形制相近。

素面银耳环M70：6与通州郑庄M31：4、M38：2、M18：3[③]，海淀中坞M111：2[④]，何家坟墓地NM1：2[⑤]等形制相近。

银耳勺M77：2与奥运北京射击场M87：3[⑥]，通州田家府村A8地块M13：10、M29：7、E6地块M80：1[⑦]等形制相近。

扁花瓣状铜簪M3：1与通州田家府村A8地块M13：5、M140：1[⑧]等形制相近。

铜烟锅M16：3与奥运中国科技馆新馆M24：2[⑨]、姚家园新村E地块配套中学M28：5[⑩]、海淀中坞M31：1[⑪]等形制相近。

---

① 北京市文物研究所：《五棵松篮球馆工程考古发掘报告》，《北京奥运场馆考古发掘报告》，科学出版社，2007年。

② 北京市考古研究院：《朝阳姚家园——姚家园新村E地块配套中学考古发掘报告》，上海古籍出版社，2023年。

③ 北京市考古研究院：《通州郑庄考古发掘报告》，上海古籍出版社，2023年。

④ 北京市文物研究所：《海淀中坞——北京市南水北调配套工程团城湖调节池工程考古发掘报告》，科学出版社，2017年。

⑤ 北京市考古研究院（北京市文化遗产研究院）：《何家坟墓地考古报告》，科学出版社，2023年。

⑥ 北京市文物研究所：《北京射击场工程考古发掘报告》，《北京奥运场馆考古发掘报告》，科学出版社，2007年。

⑦ 北京市考古研究院：《通州田家府村——通州文化旅游区A8、E1、E6地块考古发掘报告》，上海古籍出版社，2020年。

⑧ 北京市考古研究院：《通州田家府村——通州文化旅游区A8、E1、E6地块考古发掘报告》，上海古籍出版社，2020年。

⑨ 北京市文物研究所：《中国科技馆新馆工程考古发掘报告》，《北京奥运场馆考古发掘报告》，科学出版社，2007年。

⑩ 北京市考古研究院：《朝阳姚家园——姚家园新村E地块配套中学考古发掘报告》，上海古籍出版社，2023年。

⑪ 北京市文物研究所：《海淀中坞——北京市南水北调配套工程团城湖调节池工程考古发掘报告》，科学出版社，2017年。

铜烟袋M62∶2、M73∶2与奥运一期工程M207∶1[①]，奥运村工程M40∶2[②]，通州郑庄M69∶7、M80∶3[③]等形制相近。

骨簪M21∶3-1、M21∶3-2、M75∶2-1、M75∶2-2，体呈尖锥棒状，头粗尾细。与海淀中坞M96∶7[④]，朝阳姚家园M16∶3-2、M16∶3-3[⑤]等形制相近。

骨簪M64∶6，体呈扁条状，头部宽平，颈部作一弯折，侧面略呈弧形，尾部削尖。与海淀中坞M6∶3[⑥]、朝阳姚家园M16∶3-1[⑦]等形制相近。

铜钱均为模制，圆形、方穿。出土铜钱中，清代铜钱最多，还有一定的宋、金、明代铜钱。

北宋铜钱有北宋仁宗时期的天圣元宝、皇宋通宝。背为光背。

金代铜钱有金世宗时期的大定通宝。背下铸楷书汉字双横"酉"。

明代铜钱有明神宗时期的万历通宝。背为光背。

清代铜钱最早为清圣祖康熙通宝，最晚为宣统帝宣统通宝。其他的还有雍正通宝、乾隆通宝、嘉庆通宝、道光通宝、同治通宝、光绪通宝。出土的清代铜钱背穿左右大多为满文"宝泉"或"宝源"，背穿左右为"宝泉"者，为北京户部宝泉局所铸；背穿左右为满文"宝源"者，为北京工部宝源局所铸；其余还有各省局名，如直隶"宝直"局、四川"宝川"局、江西南昌"宝昌"局。

---

① 北京市文物研究所：《奥运一期工程考古发掘报告》，《北京奥运场馆考古发掘报告》，科学出版社，2007年。

② 北京市文物研究所：《奥运村工程考古发掘报告》，《北京奥运场馆考古发掘报告》，科学出版社，2007年。

③ 北京市考古研究院：《通州郑庄考古发掘报告》，上海古籍出版社，2023年。

④ 北京市文物研究所：《海淀中坞——北京市南水北调配套工程团城湖调节池工程考古发掘报告》，科学出版社，2017年。

⑤ 北京市考古研究院：《朝阳姚家园——姚家园新村E地块配套中学考古发掘报告》，上海古籍出版社，2023年。

⑥ 北京市文物研究所：《海淀中坞——北京市南水北调配套工程团城湖调节池工程考古发掘报告》，科学出版社，2017年。

⑦ 北京市考古研究院：《朝阳姚家园——姚家园新村E地块配套中学考古发掘报告》，上海古籍出版社，2023年。

三、周边地区考古发现及认识

根据已发表考古资料以及《北京文物地图集》的记录来看，丰台地区历年来考古发现颇为丰富，如1957年在三台子发掘汉代画像石墓；在右安门街道关厢东庄发现2座明代万贵夫妇墓[1]；1959年在西罗园街道海慧寺西洋桥村发现辽代赵德钧夫妇合葬墓[2]；1961年在南苑苇子坑发现明代夏儒夫妇合葬墓[3]；1965年在右安门外草桥东南四顷三村发现唐代王郅夫妇墓[4]；1970年在丰台街丰台大道桥南发现辽代王泽夫妇合葬墓[5]、1座辽代石棺墓，在方庄地区发现元代砖圹石椁木棺墓；1971年在永定门外南苑乡发现元代砖室火葬墓[6]；1974年在郭公庄发现大葆台金代遗址[7]；1974~1975年在郭公庄大葆台发掘西汉广阳王刘建及其夫人墓[8]；1975年在长辛店街道花园砖厂发现1座辽代砖室墓；1977年在贾家花园发掘战国墓1座[9]；1980年在王佐镇米粮屯村发现金代乌古论窝论墓及乌古论元忠夫妇合葬墓[10]；1981年在王佐镇林家坟村发现唐代史思明墓[11]、在大葆台南发现唐墓1座[12]；1985年在西罗园街道发现唐代赵悦墓，在槐房乡六必居酱园发现唐代王时邕墓，在东铁匠营街道发现明代华琇墓；1990年在永定路石榜村发现1座辽墓[13]；2000年在卢沟桥街道丰台路口发现辽代马氏墓、在路口南侧发现辽代李继成夫妇合葬墓[14]；2001年在右安门街道开阳里小区发掘16座汉代砖室墓、35座唐代砖室墓、3座辽代砖

---

[1] 郭存仁：《明万贵墓清理简报》，《北京文物与考古（第3辑）》，北京燕山出版社，1992年。
[2] 北京市文物工作队：《北京南郊辽赵德钧墓》，《考古》1962年第5期。
[3] 北京市文物工作队：《北京南苑苇子坑明代墓葬清理简报》，《文物》1964年第11期。
[4] 北京市文物工作队：《北京市发现的几座唐墓》，《考古》1980年第6期。
[5] 北京市文物管理处：《近年来北京发现的几座辽墓》，《考古》1972年第3期。
[6] 黄秀纯、雷少雨：《北京地区发现的元代墓葬》，《北京文物与考古（第2辑）》，北京燕山出版社，1991年。
[7] 北京市文物工作队：《北京大葆台金代遗址发掘简报》，《考古》1980年第5期。
[8] 大葆台汉墓发掘组、中国社会科学院考古研究所：《北京大葆台汉墓》，文物出版社，1989年。
[9] 北京市文物管理处：《北京丰台区出土战国铜器》，《文物》1978年第3期。
[10] 北京市文物工作队：《北京金墓发掘简报》，《北京文物与考古（第1辑）》，北京市文物研究所，1983年。
[11] 袁进京、赵福生：《北京丰台区唐史思明墓》，《文物》1991年第9期。
[12] 北京市文物工作队：《北京市考古五十年》，《新中国考古五十年》，文物出版社，1999年。
[13] 王有泉：《丰台区永定路辽墓》，《中国考古学年鉴（1991）》，文物出版社，1992年。
[14] 北京市文物研究所：《丰台路口南出土辽墓清理简报》，《北京文博文丛（2002年第2辑）》，北京燕山出版社，2002年。

室墓、1座元代土坑墓、2座清代土坑墓；2004年在芦井西路北侧发掘清代刘秉权墓地[①]；2006年在郑常庄燃气热电工程院内发掘10座清墓[②]；2007年在王佐镇西王佐村勘探发现29座汉墓、53座明清墓[③]，在西客站南广场东侧发掘2座明墓、14座清墓[④]，在云岗发掘辽代刘六符及夫人合葬墓[⑤]，在王佐镇发掘1座唐墓、1座辽金墓、41座明清墓、8座窑址[⑥]；2007~2008在王佐镇银河星座居住小区发掘37座汉墓、2座汉代窑址、1座唐墓、1座辽金墓、37座明清墓[⑦]；2008年在方景园G2酒店发掘4座明清墓[⑧]；2009年在岳各庄发掘3座明墓、9座清墓[⑨]；2011年在靛厂村发现1座明代宦官墓[⑩]；2013年在大富庄村老爷庙发掘房址基础2座、烧灶3处[⑪]，在西铁营村发掘19座清墓[⑫]，在西铁营村发掘1座明墓、15座清墓[⑬]；2014年在花乡东白盆窑村发掘8座灰坑，

[①] 北京市文物研究所：《丰台区刘秉权墓地考古调查发掘报告》，《北京考古工作报告（2000—2009）·房山、丰台、门头沟、石景山卷》，上海古籍出版社，2011年。

[②] 北京市文物研究所：《丰台区郑常庄燃气热电工程文物考古发掘报告》，《北京考古工作报告（2000—2009）·房山、丰台、门头沟、石景山卷》，上海古籍出版社，2011年。

[③] 北京市文物研究所：《2007丰台区王佐镇西王佐村住宅工程考古勘探报告》，《北京考古工作报告（2000—2009）·房山、丰台、门头沟、石景山卷》，上海古籍出版社，2011年。

[④] 北京市文物研究所：《2007西客站南广场地下车库及商业工程考古发掘报告》，《北京考古工作报告（2000—2009）·房山、丰台、门头沟、石景山卷》，上海古籍出版社，2011年。

[⑤] 周宇：《丰台云岗辽墓07FHM1发掘简报》，《北京考古（第1辑）》，北京燕山出版社，2008年。

[⑥] 北京市文物研究所：《丰台王佐遗址》，科学出版社，2010年。

[⑦] 北京市文物研究所：《丰台银河星座居住小区住宅工程考古发掘工作报告》，《北京考古工作报告（2000—2009）·房山、丰台、门头沟、石景山卷》，上海古籍出版社，2011年。

[⑧] 北京市文物研究所：《丰台区方景园G2酒店商业用地考古勘探报告》，《北京考古工作报告（2000—2009）·房山、丰台、门头沟、石景山卷》，上海古籍出版社，2011年。

[⑨] 北京市文物研究所：《岳各庄居住用地项目考古发掘报告》，《北京考古工作报告（2000—2009）·房山、丰台、门头沟、石景山卷》，上海古籍出版社，2011年。

[⑩] 北京市文物研究所、丰台区文化委员会：《北京丰台靛厂村明代宦官墓发掘简报》，《中国国家博物馆馆刊》2022年第2期。

[⑪] 北京市考古研究院：《丰台区大富庄老爷庙清代房址、灶址发掘报告》，《北京考古（第3辑）》，北京燕山出版社，2023年。

[⑫] 北京市文物研究所：《北京丰台西铁营清代墓葬发掘简报》，《北京文物与考古（第7辑）》，科学出版社，2020年。

[⑬] 北京市文物研究所：《北京市丰台区亚林西三期明清墓葬发掘简报》，《北京文博文丛（2014年第4辑）》，北京燕山出版社，2014年。

10座窑址，12口水井①，在石榴庄发掘2座汉墓、2座明墓、4座清墓②；2015年在瓦窑村发掘1座战国墓、3座明墓、2座清墓③；2016年在南苑乡槐房村发掘1座汉墓④；2017年在花乡造甲村发掘5座汉墓⑤；2018年在大红门发掘3座唐墓和1座元墓⑥；2020年在分钟寺地铁站东侧发掘43座清墓⑦；2021年在花乡纪家庙村发掘14座清墓⑧（表一）。

表一　丰台地区历年考古发现统计表

序号	时间	地点	备注
1	1957	三台子	汉墓
2	1957	关厢东庄	明代砖室墓
3	1959	西洋桥村	辽墓
4	1961	苇子坑	明墓
5	1965	四顷三村	唐墓
6	1970	丰台大道桥南	辽墓
7	1970	丰台大道桥南	辽代石棺墓
8	1970	方庄	元代砖圹石椁木棺墓
9	1971	南苑乡	元代砖室火葬墓
10	1974	郭公庄	大葆台金代遗址
11	1974~1975	郭公庄大葆台	西汉墓
12	1975	长辛店街道花园砖厂	辽代砖室墓
13	1977	贾家花园	战国墓
14	1980	米粮屯村	金墓
15	1981	林家坟	唐墓

---

① 北京市考古研究院：《丰台区东白盆窑两汉、辽金、明清遗迹发掘报告》，《北京考古（第3辑）》，北京燕山出版社，2023年。

② 北京市文物研究所：《丰台石榴庄汉、明、清墓葬发掘简报》，《北京文博文丛（2016年第2辑）》，北京燕山出版社，2016年。

③ 北京市考古研究院、郑州大学：《北京丰台瓦窑村战国、明、清墓葬发掘简报》，《北京文物与考古（第9辑）》，北京出版社，2022年。

④ 北京市文物研究所：《北京市丰台区槐房汉墓M18发掘简报》，《北京文博文丛（2019年第2辑）》，北京燕山出版社，2019年。

⑤ 北京市考古研究院：《北京丰台花乡造甲村汉墓发掘简报》，《北京文物与考古（第10辑）》，北京出版社，2022年。

⑥ 北京市文物研究所：《丰台大红门唐、元代墓葬发掘简报》，《北京文博文丛（2020年第4辑）》，北京燕山出版社，2020年。

⑦ 北京市考古研究院：《丰台区分钟寺清代墓葬发掘简报》，《北京考古（第3辑）》，北京燕山出版社，2023年。

⑧ 北京市考古研究院：《丰台区纪家庙清墓发掘简报》，《北京考古（第3辑）》，北京燕山出版社，2023年。

续表

序号	时间	地点	备注
16	1981	大葆台南	唐墓
17	1985	西罗园街道	唐墓
18	1985	槐房乡六必居酱园	唐墓
19	1985	东铁匠营街道	明墓
20	1990	石榜村	辽墓
21	2000	卢沟桥街道丰台路口	辽墓
22	2000	丰台路口南侧	辽墓
23	2001	右安门街道开阳里小区	汉代砖室墓、唐代砖室墓、辽代砖室墓、元代土坑墓、清代土坑墓
24	2004	芦井西路	清墓
25	2006	郑常庄燃气热电工程院	清墓
26	2007	西王佐村	汉墓、明清墓
27	2007	西客站南广场	明墓、清墓
28	2007	云岗	辽墓
29	2007	王佐镇	唐墓、辽金墓、明清墓、窑址
30	2007~2008	银河星座居住小区	汉墓、汉窑址、唐墓、辽金墓、明清墓
31	2008	方景园G2酒店	明清墓
32	2009	岳各庄	明墓、清墓
33	2011	靛厂村	明墓
34	2013	大富庄村老爷庙	房址基础、烧灶
35	2013	西铁营村	清墓
36	2013	西铁营村	明墓、清墓
37	2014	白盆窑村	灰坑、座窑址、水井
38	2014	石榴庄	汉墓、明墓、清墓
39	2015	瓦窑村	战国墓、明墓、清墓
40	2016	槐房村	汉墓
41	2017	造甲村	汉墓
42	2018	大红门	唐墓、元墓
43	2020	分钟寺地铁站东侧	清墓
44	2021	纪家庙村	清墓

丰台区现有三处地下文物埋藏区，分别为释迦寺至中顶村地下文物埋藏区、金中都城址地下文物埋藏区、金中都城址地下文物埋藏区（二期）（表二）。这三处地下文物埋藏区从范围上看，主要集中在丰台区北部偏东地区，时间跨度从汉唐、辽金到明清各个历史时期，尤其以建筑遗址发现较多为其重要特征之一。

表二　丰台区地下文物埋藏区

序号	名称	位置	占地面积	四至	文化内涵	备注
1	释迦寺至中顶村地下文物埋藏区	释迦寺村到中顶村一带	102万平方米	东至右安门外大街；南至南三环西路；西至菜户营南路；北至凉水河，与金中都水关遗址紧邻	该地区存有唐代万福寺和明代九莲慈荫寺、碧霞元君庙、释迦寺等古代寺庙遗址。20世纪50~80年代，该地区先后出土白玉双螭耳杯、金执壶、青花瓷罐、双耳盖罐以及具有重要历史价值的汉墓画像石等一批重要文物	第二批地下文物埋藏区
2	金中都城址地下文物埋藏区	卢沟桥乡	176万平方米	东界：西南二环路 南界：金中都南护城河旧址 西界：金中都西护城河旧址 北界：丽泽路	金中都城是金海陵王完颜亮于天德三年（1151年）以辽南京城为基础扩建的金代国都，是北京城在历史上作为封建王朝都城的开始。在此区域内曾发现兽头瓦当、沟纹砖、唐辽瓷片、夯土建筑遗迹和金中都城南城垣水关遗址（现已建为辽金城垣遗址博物馆）及金中都鱼藻池宫殿遗址。现三路居凤凰嘴附近尚存西、南墙遗迹三处	第三批地下文物埋藏区
3	金中都城址地下文物埋藏区（二期）	西城区西南部、丰台区北部、海淀区东南部	2647.6公顷	东界：北新华街、南新华街、虎坊路、北纬路、太平街 南界：丽泽路、右安门西滨河路、右安门东滨河路 西界：西三环 北界：复兴门外大街、复兴门内大街、西长安街	新中国成立以来，该区域多次发现辽金时期建筑遗址，还曾多次出土汉唐时期文物	第五批地下文物埋藏区

西铁营村东接释迦寺村，南邻中顶村，位于释迦寺至中顶村地下文物埋藏区的核心地带。2013年，北京市文物研究所在该地区亚林西居住商业项目开发建设过程中，陆续开展了十几项发掘工作。除了发现数量众多的明清墓葬之外，还发现了部分建筑遗址，其中最大的一处建筑遗址位于本次发掘明清墓葬的南部，现存中顶庙建筑的东、西、北三面，平面呈长方形，南北长132.3米，东西宽39.3~46.4米，整体布局坐北朝南，东、西有围墙，北部围墙遭破坏无存，南部为中顶庙（图一五七）。

遗址出土柱础石及少量建筑构件，残损严重，主要包括套兽、走兽残件、垂兽残件、兽首残件等。均为泥质灰陶，胎质较粗糙，形似龙、獬豸、海马、狮子等。遗址年代可分为早、晚两个时期，整个建筑遗址以早期为主体，晚期增建部分房址。早期始建部分房址占整个建筑遗址的主体，由三进院落和部分围墙组成。自南向北依次为：

第一进院落位于早期始建部分房址区南部，平面近长方形。东西残长约130米，南北残宽41米。院落南部进入现存中顶庙建筑范围内，无法进行发掘清理。由东、西耳房等组成。

图一五七　中顶庙建筑遗址航拍图（上为北）

第二进院落位于早期始建部分房址区中部，平面呈长方形。南北残长约56.8米，东西残宽约46.4米。由月台1、一大殿（娘娘殿）、东西配殿1、东西配房1、甬路、月台2、二大殿（寝殿）、东西朵殿、东西配殿2、东西配房2等组成。

第三进院落位于早期始建部分房址区北部，平面呈长方形。东西残长39.3米，南北残宽34.5米。由影壁、后殿（藏经阁）、东西朵殿、东西配房等组成（图一五八）。

该建筑遗址规模较大，被破坏严重但形制较完整，结构合理且相互对称，应属古寺庙的建

图一五八　中顶庙建筑遗址平面图

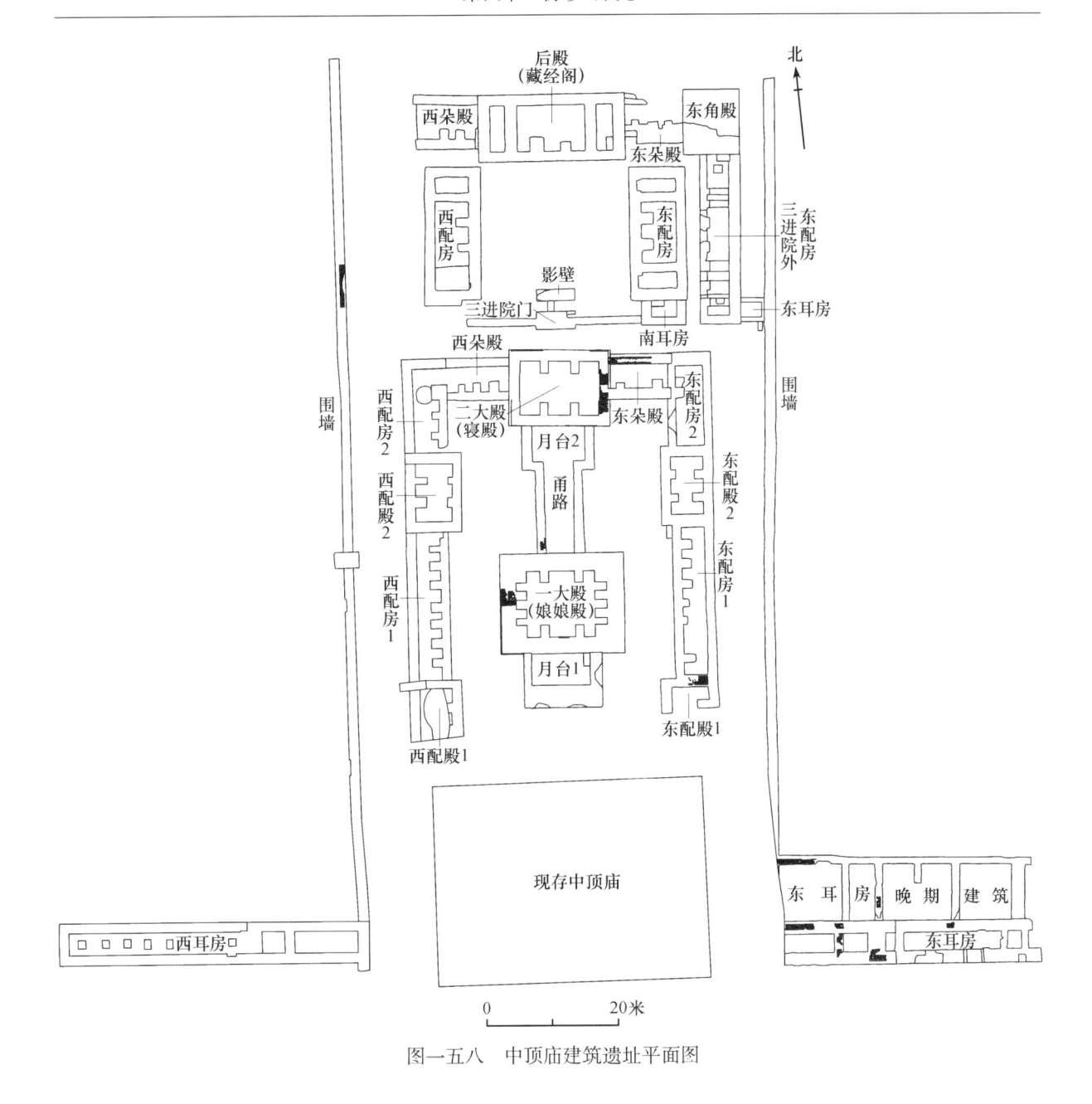

筑基础。发掘区南部即为现存中顶庙建筑，其重要建筑同处于一条南北方向的中轴线上，推测该建筑遗址为中顶庙剩余建筑残存的建筑基础。

中顶庙为五顶庙之一，原名"护国中顶岱岳普济宫"。主要供奉东岳泰山帝的女儿碧霞元君，故又称碧霞元君庙，碧霞元君又名圣母娘娘、泰山娘娘，俗称娘娘庙。碧霞元君是司管妇女多子，并保护儿童之神，其信仰是道教信仰的一种。追溯其起源，"碧霞元君"最早出现于唐代，此时也应出现了七祠庙。北宋真宗时期，真宗皇帝于泰山封禅，将浮出玉女池中的石人像封为"天山玉女碧霞元君",并修建了泰山碧霞祠,娘娘庙信仰得以初步发展①。碧霞元君是东岳女神,对她的信仰虽比泰山信仰后起,但在北方民众中的影响却比泰山信仰还大。尽管始终未被纳入国家正祀,但由于历代皇帝都在不同程度上对其持赞同和支持的态度,因此它可以被视为一种 "准正祀"。之所以能成为被官方肯定的民间信仰,除了它与正祀东岳信仰的密切关系外,还在于它在京畿地区的流行性和朝拜活动的无危险性②。到了明清时期,碧霞元君的影响进一步扩大,娘娘庙遍布北方地区。

五顶庙为北京最著名的五座泰山神庙,分别为东直门外之东顶庙(东顶娘娘庙,俗称行宫庙)、长春闸西之西顶庙(西顶娘娘庙,俗称广仁宫碧霞元君庙)、永定门外之南顶庙(南顶娘娘庙,俗称小南顶)、安定门外之北顶庙(北顶娘娘庙)、右安门外草桥之中顶庙(中顶娘娘庙,俗称普济宫)③。

明天启年间(1621~1627年)中顶庙始建于唐代万福寺以北。《帝京景物略》载:"右安门外南十里草桥,方十里,皆泉也。会桥下,伏流十里,道玉河以出,四十里达于潞。故李唐万福寺,寺废而桥存,泉不减而荇荷生。天启间,建碧霞元君庙其北。"④《顺天府志》载:"碧霞元君庙,唐刹旧址,在右安门外草桥北,草桥,唐时有万福寺,寺废而桥存,明天启年间即建碧霞元君庙,士人称为中顶。"⑤中顶庙原由山门、娘娘殿、东西朵殿、东西配殿、院墙等建筑构成。

清康熙三十五年(1696年)立《中顶普济宫百子胜会碑》于殿前,为"正阳门外猪市口百子老会众等诚立",碑文记载康熙年间中顶庙于每年四月十八日举行百子会,会期戒坛设供,悬灯施食,以百数婴儿塑像供神。清乾隆三十一年(1766年)立《甲子老会碑》于殿前。碑阳书有"京师顺天府大宛二县三关内外都察院众善诚建"。清乾隆三十六年(1771年),乾隆帝下旨拨款重修,赠送了一对藏式石狮子。《日下旧闻考》载:"乾隆三十六年(1771年)发帑重修,前殿奉碧霞元君,额曰'资生溥化',中殿奉东岳,额曰'大德曰生',俱皇上御书。"⑥据《大清会典》记载,中顶属南苑奉宸院管辖,有香火地100亩。现在立于山门前的两尊圣兽可能就是重修时制作。为方便香客朝顶进香,中顶庙建成后还在庙宇南边及北部的祖家庄一带各建了一座回香亭,香客走到回香亭时再烧香一次⑦。民国时也曾重修,但规模水平均

---

① 北京市文物研究所:《北京寺庙宫观考古发掘报告》,科学出版社,2010年,第140页。
② 赵世瑜:《狂欢与日常——明清以来的庙会与民间社会》,生活·读书·新知三联书店,2002年,第358~365页。
③ (清)潘荣陛:《帝京岁时纪胜》,北京古籍出版社,1981年,第18、19页。
④ (明)刘侗、于奕正著,孙小力校注:《帝京景物略》,上海古籍出版社,2001年,第175页。
⑤ (万历)《顺天府志》(王熹校点本)(第一卷),中国书店出版社,2011年。
⑥ (清)于敏中等:《日下旧闻考(第五册)》,北京古籍出版社,1981年,第1531页。
⑦ 高世良:《南苑往事》,中国旅游出版社,2009年,第67、68页。

有限。

1984年中顶庙被定为丰台区文物保护单位。中顶庙目前已维护完毕，此次修缮由区财政拨款，具有文物古建资质的北京市文物建筑保护设计所对其进行现场勘察并完成修缮工程方案，北京市园林古建工程公司负责施工，主要是修缮朵殿、复建东西配殿。修缮后的中顶庙保存有正殿、东西配殿、朵殿、山门、院墙，其建筑格局完整、恢复了历史原貌，充分展示了其蕴含的历史文化内涵。现有山门一间，为砖砌仿木结构，筒瓦硬山调大脊，门额书"护国中顶岱岳普济宫"，门前有石狮一对。正殿三间带东西朵殿各一间，为灰筒瓦硬山顶。现殿宇尚存，但形制已改变[①]。

中顶庙的建造时期可分为早、晚两期，依据发掘区内地层的堆积情况、遗址的建筑形制和出土建筑构件等初步推断，该遗址早期属明代晚期，晚期属清代中晚期。

结合文献记载、现存建筑及已经发掘清理的北顶娘娘庙建筑布局（图一五九），我们可以推测出明清时期中顶庙建筑的整体布局[②]。早期遗址为明代末期修建，晚期遗址为清代中期复建。明清时期，整个中顶庙建筑规模较大，形制完整，结构合理且相互对称，由三进相对独立的院落组成，其重要建筑同处于一条南北方向的中轴线上，附属建筑东西对称。最南端为山门。第一进大殿为前（天王）殿，左右两侧分别为东西朵殿、殿前两侧分布有东西配殿，最外两侧分布有东西耳房。第二进大殿为娘娘殿，殿前两侧为东西配殿，东西配房；寝殿，左右两侧分别为东西朵殿，殿前两侧分布有东西配殿，东西配房。第三进为后殿（藏经阁），左右两侧分别为东西朵殿，阁前两侧为东西配房。殿、寝之间由廊庑通道相连，整个遗址四周又有围墙。

西铁营村及其周边地区发现的明清墓葬和建筑遗址，进一步丰富了丰台区释迦寺至中顶村地下文物埋藏区的文化内涵，对了解和研究该地区的明清时期平民埋葬制度、社会风俗及社会发展状况等都具有重要价值和借鉴意义，也为探讨明清时期中顶庙的位置、规模和形制提供了重要线索。自2000年以来，随着基建考古工作的全面开展，清代墓葬构成了北京考古资料金字塔形的最底端层级，对反映清代普通居民的生活状况有着不可替代的重要意义[③]。本次发掘的明清墓葬布局较为集中，出土器物种类较为丰富，也为研究北京地区明清平民墓葬提供了不可或缺的资料。

---

① 国家文物局：《中国文物地图集·北京分册（下）》，科学出版社，2008年，第186页。
② 北京市文物研究所：《北京寺庙宫观考古发掘报告》，科学出版社，2010年，第139页。
③ 北京市文物研究所：《小营与西红门——北京大兴考古发掘报告》，上海古籍出版社，2018年。

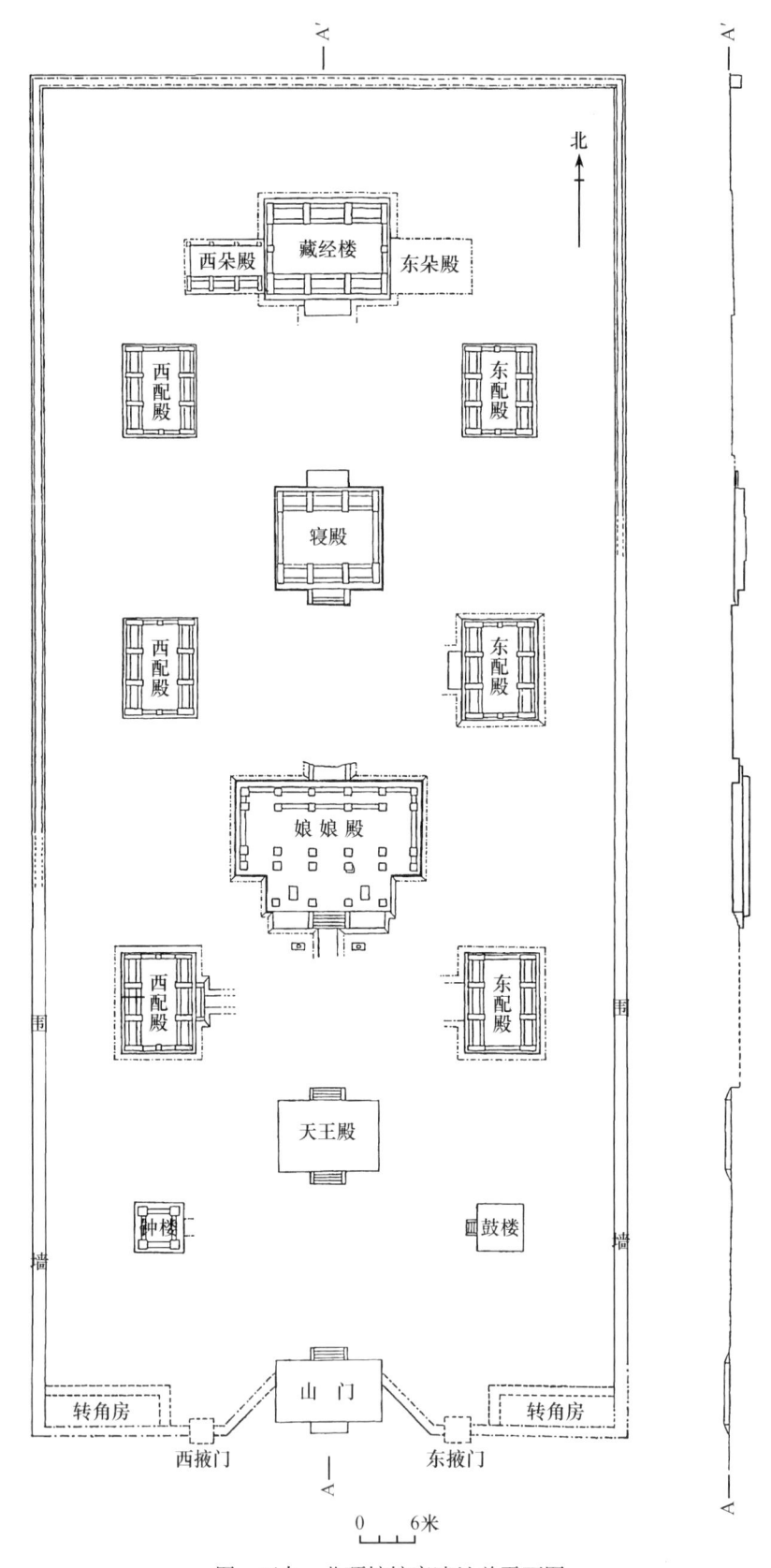

图一五九　北顶娘娘庙遗址总平面图

附 表

附表一 丰台西铁营明清墓地墓葬登记表

墓号	层位	方向/(°)	形制	墓口 长×宽-深/米	墓底 长×宽-深/米	深度/米	葬具	人骨保存情况	头向、面向、葬式	墓主性别	随葬品	年代
M1	第2层下	175	梯形竖穴土圹墓	2.2×(0.9~1)-0.6	2.2×(0.9~1)-1.46	0.86	单木棺	较完整	头向南、面向东，侧身屈肢葬	男	釉陶罐1、铜钱3	清
M2	第2层下	175	近长方形竖穴土圹墓	2×(0.8~0.86)-0.6	2×(0.8~0.86)-1.4	0.8	单木棺	较完整	头向南、面向西，侧身屈肢葬	男	釉陶罐1	清
M3	第2层下	4	长方形竖穴土圹墓	1.9×0.91-0.6	1.9×0.91-1.46	0.86	单木棺	较差	不详	女	铜簪2、铜钱3	清
M4	第2层下	175	长方形竖穴土圹墓	2.3×0.91-0.6	2.3×0.91-1.66	1.06	单木棺	较完整	头向南、面向西，仰身直肢葬	男	釉陶罐1、铜钱5	清
M5	第2层下	190	近长方形竖穴土圹墓	2×(0.76~0.8)-0.6	2×(0.76~0.8)-1.1	0.5	单木棺	较差	不详	不详	铜钱2	清
M6	第2层下	10	长方形竖穴土圹墓	2.2×1-0.6	2.2×1-1.4	0.8	单木棺	较完整	头向北、仰身直肢葬	女	铜钱6	清
M7	第3层下	19	长方形竖穴土圹墓	2.2×0.9-1.3	2.2×0.9-2.1	0.8	单木棺	较完整	头向北、面向西，仰身直肢葬	男	瓷碗1、瓷瓶1、铜钱95	明
M8	第2层下	249	长方形竖穴土圹墓	2.12×0.92-0.6	2.12×0.92-1.78	1.18	单木棺	一般	头向西，面向不详，仰身屈肢葬	男	铜钱2	清

续表

墓号	层位	方向/(°)	形制	墓口 长×宽-深/米	墓底 长×宽-深/米	深度/米	葬具	人骨保存情况	头向、面向、葬式	墓主性别	随葬品	年代
M9	第2层下	184	近长方形竖穴土圹墓	(2.54~2.58)×(1.8~1.88)-0.6	(2.54~2.58)×(1.8~1.88)-(1.36~1.4)	0.76~0.8	双木棺	东：一般 西：较完整	东：头向南，面向西，仰身直肢葬 西：头向南，面向上，仰身直肢葬	东：女 西：男	无	清
M10	第2层下	185	不规则形竖穴土圹墓	(2.1~2.3)×1.5-0.6	(2.1~2.3)×1.5-1.4	0.8	双木棺	东：较完整 西：一般	东：头向南，面向西，仰身直肢葬 西：头向南，面向不详，仰身直肢葬	东：男 西：女	釉陶罐2、铜钱1	清
M11	第2层下	12	不规则形竖穴土圹墓	(2.44~2.66)×(0.86~1.62)-0.6	(2.44~2.66)×(0.86~1.62)-1.3	0.7	双木棺	西：较完整 东：较差	西：头向北，面向东，仰身直肢葬 东：头向北，面向不详，葬式不详	西：女 东：男	釉陶罐1	清
M12	第2层下	185	梯形竖穴土圹墓	2.5×(2~2.1)-0.6	2.5×(2~2.1)-1	0.4	双木棺	西：差 东：差	西：不详 东：不详	西：不详 东：不详	陶罐1、银簪1、银押发1、银耳环2	清
M13	第2层下	180	不规则形竖穴土圹墓	(2~2.1)×(2.24~2.48)-0.6	(2~2.1)×(2.24~2.48)-1.14	0.54	三木棺	东：差 西：无 中：差	东：不详 西：无 中：不详	东：不详 西：无 中：不详	无	清
M14	第2层下	195	长方形竖穴土圹墓	2.5×1.1-0.6	2.5×1.1-1.3	0.7	单木棺	一般	头向南，面向西，侧身屈肢葬	女	银簪2	清
M15	第2层下	255	不规则形竖穴土圹墓	(2.13~2.3)×1.1-0.6	(2.13~2.3)×1.1-1.2	0.6	单木棺	较完整	头向西，面向上，仰身直肢葬	女	无	清
M16	第2层下	285	不规则形竖穴土圹墓	(2.15~2.23)×1.7-0.6	(2.15~2.23)×1.7-1.2	0.6	双木棺	南：一般 北：较完整	南：头向南，面向西，仰身直肢葬 北：头向西北，面向上，侧身屈肢葬	南：男 北：女	银簪2、铜烟锅1、铜钱2	清

续表

墓号	层位	方向/(°)	形制	墓口 长×宽-深/米	墓底 长×宽-深/米	深度/米	葬具	人骨保存情况	头向、面向、葬式	墓主性别	随葬品	年代
M17	第2层下	60	长方形竖穴土圹墓	2.1×0.9-0.6	2.1×0.9-1.12	0.52	单木棺	无	无	无	银簪1、银押发1	清
M18	第2层下	195	梯形竖穴土圹墓	2.3×(1.7~1.9)-0.6	2.3×(1.7~1.9)-0.9	0.3	双木棺	西：差 东：较差	西：头向南，面向、葬式不详 东：头向南，面向、葬式不详	西：女 东：男	银耳环1、铜钱7	清
M19	第2层下	60	不规则形竖穴土圹墓	(2.2~2.7)×(0.8~1.52)-0.6	(2.2~2.7)×(0.8~1.52)-1.24	0.64	双木棺	北：较完整 南：较完整	北：头向东北，面向上，仰身直肢葬 南：头向东北，面向东南，仰身直肢葬	北：女 南：男	铜钱1	清
M20	第2层下	190	梯形竖穴土圹墓	2.7×(1.3~1.4)-0.6	2.7×(1.3~1.4)-1.3	0.7	单木棺	一般	头向南，面向不详，葬式不详	男	无	清
M21	第2层下	125	长方形竖穴土圹墓	2.4×1.2-0.6	2.4×1.2-1.4	0.8	单木棺	较差	头向东，面向、葬式不详	女	银耳环1、银护甲2、骨簪2、铜钱3	清
M22	第2层下	340	不规则形竖穴土圹墓	(2.03~2.2)×1.6-0.6	(2.03~2.2)×1.6-1	0.4	双木棺	东：较完整 西：较完整	东：头向北，面向西，仰身直肢葬 西：头向北，面向上，仰身直肢葬	东：男 西：女	釉陶罐1	清
M23	第2层下	192	梯形竖穴土圹墓	2.2×1.1-0.6	2.2×1.1-1.4	0.8	单木棺	较完整	头向南，面向西，仰身直肢葬	男	无	清
M24	第2层下	185	梯形竖穴土圹墓	2.4×(1.2~1.4)-0.6	2.4×(1.2~1.4)-1.6	1	双木棺	东：较差 西：较差	东：头向南，面向上，葬式不详 西：头向南，面向、葬式不详	东：不详 西：男	铜钱1	清

续表

墓号	层位	方向/(°)	形制	墓口 长×宽-深/米	墓底 长×宽-深/米	深度/米	葬具	人骨保存情况	头向、面向、葬式	墓主性别	随葬品	年代
M25	第2层下	180	长方形竖穴土圹墓	2.6×0.9-0.6	2.6×0.9-1.7	1.1	单木棺	较差	头向南，面向、葬式不详	男	釉陶罐1、铜烟钢1、铜钱2	清
M26	第2层下	240	不规则形竖穴土圹墓	(2.26~2.4)×1.4-0.6	(2.26~2.4)×1.4-1.3	0.7	单木棺	较完整	头向西南，面向西北，仰身直肢葬	男	铜钱2	清
M27	第2层下	284	梯形竖穴土圹墓	2.6×(1~1.3)-0.6	2.6×(1~1.3)-1.6	1	单木棺	一般	头向西，面向不详，仰身直肢葬	男	陶罐1、银扁方1、铜钱1	清
M28	第2层下	185	近长方形竖穴土圹墓	2.4×(1.15~1.2)-0.6	2.4×(1.15~1.2)-1.5	0.9	单木棺	较完整	头向南，面向上，仰身直肢葬	男	铜钱2	清
M29	第2层下	304	近长方形竖穴土圹墓	2.2×(1.18~1.2)-0.6	2.2×(1.18~1.2)-1.56	0.96	单木棺	较完整	头向东北，面向西北，仰身屈肢葬	男	铜钱3	清
M30	第2层下	196	长方形竖穴土圹墓	2.28×1-0.6	2.28×1-1.1	0.5	单木棺	较完整	头向南，面向东，仰身直肢葬	男	无	清
M31	第2层下	190	长方形竖穴土圹墓	2.4×0.9-0.6	2.4×0.9-1.52	0.92	单木棺	一般	头向南，面向不详，仰身直肢葬	女	釉陶罐1	清
M32	第2层下	180	长方形竖穴土圹墓	2.2×1-0.6	2.2×1-1.7	1.1	单木棺	较完整	头向南，面向西，侧身屈肢葬	女	无	清
M33	第2层下	190	长方形竖穴土圹墓	2.7×1.06-0.6	2.7×1.06-1.3	0.7	单木棺	较完整	头向北，面向西，仰身直肢葬	女	陶罐1、银簪1、银押发1	清
M34	第2层下	0	长方形竖穴土圹墓	2.4×1.3-0.6	2.4×1.3-1.5	0.9	单木棺	较完整	头向北，面向东，仰身直肢葬	男	青花瓷瓶1	清
M35	第2层下	185	长方形竖穴土圹墓	2.2×2-0.6	2.2×2-1.6	1	双木棺	西：较完整 东：差	西：头向南，仰身直肢葬 东：不详	西：男 东：不详	青花瓷罐1	清
M36	第2层下	124	长方形竖穴土圹墓	2.4×1.1-0.6	2.4×1.1-1.3	0.7	单木棺	一般	头向东，面向不详，仰身直肢葬	男	无	清

附表

续表

墓号	层位	方向/(°)	形制	墓口 长×宽-深/米	墓底 长×宽-深/米	深度/米	葬具	人骨保存情况	头向、面向、葬式	墓主性别	随葬品	年代
M37	第2层下	190	长方形竖穴土圹墓	2.4×1.1-0.6	2.4×1.1-1.3	0.7	单木棺	较差	不详	不详	无	清
M38	第2层下	275	长方形竖穴土圹墓	2.3×1.2-0.6	2.3×1.2-1.7	1.1	单木棺	一般	头向西、面向南、葬式不详	男	釉陶罐1、铜钱6	清
M39	第2层下	230	长方形竖穴土圹墓	2.2×1.1-0.5	2.2×1.1-1.3	0.8	单木棺	较差	头向西南、面向不详、仰身直肢葬	男	无	清
M40	第2层下	180	长方形竖穴土圹墓	2.7×1.1-0.5	2.7×1.1-1.6	1.1	单木棺	差	不详	女	银耳环1、铜钱2	清
M41	第2层下	190	长方形竖穴土圹墓	2.4×1.4-0.5	2.4×1.4-1.2	0.7	单木棺	较完整	头向西、面向上、仰身直肢葬	女	陶罐1、银簪1、银扁方1、银耳环1、铜钱1	清
M42	第2层下	190	近长方形竖穴土圹墓	2.63×(2.41~2.52)-0.6	2.63×(2.41~2.52)-1.6	1	三木棺	中：较差 东：较差 西：较差	中：头向南、侧身屈肢葬 东：头向南、面向不详 西：头向南、面向不详、仰身直肢葬	中：不详 东：不详 西：不详	铜钱3	清
M43	第2层下	203	梯形竖穴土圹墓	1.9×(0.4~0.54)-0.6	1.9×(0.4~0.54)-1.6	1	无	较完整	头向南、面向上、仰身直肢葬	女	铜钱1、料扣5	清
M44	第2层下	274	长方形竖穴土圹墓	2.4×1.36-0.6	2.4×1.36-1.84	1.24	双木棺	北：差 南：差	北：不详 南：不详	北：男 南：不详	无	清
M45	第2层下	10	梯形竖穴土圹墓	1.84×(0.44~0.56)-0.6	1.84×(0.44~0.56)-1.6	1	无	无	无	无	铜钱4	清
M46	第2层下	187	梯形竖穴土圹墓	1.78×(0.44~0.6)-0.6	1.78×(0.44~0.6)-1.6	1	无	较完整	头向南、面向西、侧身屈肢葬	女	无	清

续表

墓号	层位	方向/(°)	形制	墓口 长×宽-深/米	墓底 长×宽-深/米	深度/米	葬具	人骨保存情况	头向、面向、葬式	墓主性别	随葬品	年代
M47	第2层下	152	长方形竖穴土圹墓	2.34×1-0.6	2.34×1-1.2	0.6	单木棺	较完整	头向东南、面向上、仰身直肢葬	男	无	清
M48	第2层下	280	长方形竖穴土圹墓	2.5×1.2-0.6	2.5×1.2-1.6	1	单木棺	较完整	头向西、面向南、侧身屈肢葬	女	铜钱3	清
M49	第2层下	180	梯形竖穴土圹墓	2.4×(1.76~2.08)-0.6	2.4×(1.76~2.08)-1.6	1	双木棺	西：较完整 东：较完整	西：头向南、面向东 东：头向南、面向西、侧身直肢葬	西：男 东：女	无	清
M50	第2层下	95	长方形竖穴土圹墓	2.46×2-0.6	2.46×2-1.8	1.2	双木棺	北：较完整 南：较完整	北：头向北、面向上、仰身直肢葬 南：头向南、面向南、仰身直肢葬	北：女 南：男	瓷罐2、铜钱1	清
M51	第2层下	285	长方形竖穴土圹墓	2.5×1-0.6	2.5×1-1.6	1	单木棺	一般	头向、面向不详、仰身直肢葬	男	釉陶罐1	清
M52	第2层下	155	长方形竖穴土圹墓	2.34×1.2-0.6	2.34×1.2-1.5	0.9	单木棺	较差	头向、面向南、仰身直肢葬	男	铜钱4	清
M53	第2层下	200	梯形竖穴土圹墓	2.7×(1~1.2)-0.6	2.7×(1~1.2)-1.4	0.8	单木棺	较差	头向南、面向南、葬式不详	男	铜钱1	清
M54	第2层下	203	长方形竖穴土圹墓	2.5×1-0.6	2.5×1-1.9	1.3	单木棺	较差	头向南、面向南、侧身直肢葬	男	铜钱1	清
M55	第2层下	185	梯形竖穴土圹墓	2.7×(2.08~2.28)-0.6	2.7×(2.08~2.28)-1.2	0.6	双木棺	东：一般 西：较完整	东：不详 西：头向南、面向西、仰身直肢葬	东：女 西：男	瓷罐2、铜钱1	清
M56	第2层下	205	长方形竖穴土圹墓	2.74×1.08-0.6	2.74×1.08-1.2	0.6	单木棺	较完整	头向南、面向东、仰身直肢葬	男	无	清

续表

墓号	层位	方向/(°)	形制	墓口 长×宽-深/米	墓底 长×宽-深/米	深度/米	葬具	人骨保存情况	头向、面向、葬式	墓主性别	随葬品	年代
M57	第2层下	10	不规则形竖穴土圹墓	2.56×（0.3~0.95）−0.6	2.56×（0.3~0.95）−1.2	0.6	单木棺	较完整	头向北，面向向，仰身直肢葬	女	银簪1、铜钱1	清
M58	第2层下	182	长方形竖穴土圹墓	2.4×1.32−0.6	2.4×1.32−1.3	0.7	单木棺	一般	头向南，面向不详，仰身直肢葬	女	瓷罐2、银簪1、铜钱1	清
M59	第2层下	165	长方形竖穴土圹墓	3×1.2−0.6	3×1.2−1.54	0.94	单木棺	一般	头向南，面向不详，仰身直肢葬	女	无	清
M60	第2层下	203	梯形竖穴土圹墓	2.78×（1.56~1.68）−0.6	2.78×（1.56~1.68）−1	0.4	双木棺	西：一般 东：较差	西：头向西，面向不详，仰身直肢葬 东：头向南，面向不详，仰身直肢葬	西：女 东：男	釉陶罐1、银簪1、银押发1、银戒指1	清
M61	第2层下	220	梯形竖穴土圹墓	2.5×（0.88~1.12）−0.6	2.5×（0.88~1.12）−1.2	0.6	双木棺	东：较完整 西：较差	东：头向西南，面向上，仰身直肢葬 西：头向西南，面向西，葬式不详	东：女 西：男	无	清
M62	第2层下	185	不规则形竖穴土圹墓	2.7×1.68−0.6	2.7×1.68−1.1	0.5	双木棺	东：较完整 西：较完整	东：头向南，面向西，仰身直肢葬 西：头向南，面向西，仰身直肢葬	东：女 西：男	铜烟袋1、铜钱34	清
M63	第2层下	203	长方形竖穴土圹墓	2.5×1−0.6	2.5×1−1.1	0.5	单木棺	较完整	头向南，面向西，仰身直肢葬	男	瓷罐1、铜钱6	清
M64	第2层下	260	近长方形竖穴土圹墓	2.8×（1.8~1.88）−0.6	2.8×（1.8~1.88）−1.4	0.8	双木棺	北：一般 南：一般	北：头向上，面向不详，头向南，面向北，侧身屈肢葬，葬式不详	北：男 南：女	釉陶罐2、铜簪1、骨管1、铜钱18	清

续表

墓号	层位	方向/(°)	形制	墓口 长×宽-深/米	墓底 长×宽-深/米	深度/米	葬具	人骨保存情况	头向、面向、葬式	墓主性别	随葬品	年代
M65	第2层下	275	不规则形竖穴土圹墓	(2.46~2.56)×(2.6~3)-0.6	(2.46~2.56)×(2.6~3)-(1.3~1.5)	0.7~0.9	三木棺	北：较差 南：一般 中：较完整	北：头向西、面向不详，葬式不详 南：头向西，面向中，仰身屈肢葬 中：头向西，仰身直肢葬	北：女 南：男 中：女	釉陶罐1、铜钱17	清
M66	第2层下	236	长方形竖穴土圹墓	2.6×1.6-0.6	2.6×1.6-(1.4~1.5)	0.8~0.9	双木棺	南：较差 北：较完整	南：头向西南，面向不详，葬式不详 北：头向西北，仰身直肢葬	南：女 北：男	瓷罐1、铜钱1	清
M67	第2层下	5	长方形竖穴土圹墓	2.14×1.52-0.6	2.14×1.52-1.64	1.04	单木棺	较完整	头向北，面向上，仰身直肢葬	女	铜簪1、铜钱2	清
M68	第2层下	170	梯形竖穴土圹墓	2.5×(1.68~1.92)-0.6	2.5×(1.68~1.92)-1.1	0.5	双木棺	东：差 西：较完整	东：头向南，面向西，葬式不详 西：头向南，仰身直肢葬	东：不详 西：男	釉陶罐2、铜钱7	清
M69	第2层下	178	近长方形竖穴土圹墓	2.84×2-0.6	2.84×2-1.6	1	双木棺	西：较完整 东：较完整	西：头向南，仰身直肢葬 东：头向南，仰身直肢葬	西：女 东：男	釉陶罐1、银簪2、铜钱4	清
M70	第2层下	185	不规则形竖穴土圹墓	(2.5~2.9)×2-0.6	(2.5~2.9)×2-1.7	1.1	双木棺	西：较差 东：差	西：头向南，面向不详 东：头向南，面向东	西：女 东：男	银耳环1、铜簪3、烟杆3、铜钱12	清

续表

墓号	层位	方向/(°)	形制	墓口 长×宽-深/米	墓底 长×宽-深/米	深度/米	葬具	人骨保存情况	头向、面向、葬式	墓主性别	随葬品	年代
M71	第2层下	264	长方形竖穴土圹墓	2.6×1.8-0.6	2.6×1.8-1.2	0.6	双木棺	北：较完整 南：较完整	北：头向南，面向南，仰身直肢葬 南：头向南，面向南，仰身直肢葬	北：男 南：女	釉陶罐1	清
M72	第2层下	165	长方形竖穴土圹墓	2.34×1.6-0.6	2.34×1.6-1.2	0.6	双木棺	东：较差 西：较完整	东：头向西，面向西，仰身直肢葬 西：头向西，面向西，仰身直肢葬	东：女 西：男	陶罐1、釉陶罐1	清
M73	第2层下	275	长方形竖穴土圹墓	2.34×1.8-0.6	2.34×1.8-1.4	0.8	双木棺	北：较完整 南：较完整	北：头向西，面向西，仰身直肢葬 南：头向西，面向西，仰身屈肢葬	北：男 南：女	釉陶罐1、铜烟袋1、铜钱2	清
M74	第2层下	200	长方形竖穴土圹墓	2.6×1.1-0.6	2.6×1.1-2	1.4	单木棺	一般	头向南，面向不详，侧身屈肢葬	女	铜钱8	清
M75	第2层下	145	长方形竖穴土圹墓	2.8×1-0.6	2.8×1-1.3	0.7	单木棺	一般	头向东南，面向南，葬式不详	女	银耳环2、骨簪2	清
M76	第2层下	280	长方形竖穴土圹墓	2.5×1.08-0.6	2.5×1.08-1.7	1.1	单木棺	较差	不详	不详	铜钱1	清
M77	第2层下	280	梯形竖穴土圹墓	2.4×(1.4~1.56)-0.6	2.4×(1.4~1.56)-1.2	0.6	单木棺	较完整	头向西，面向北，仰身直肢葬	男	银耳勺1、铜耳勺1	清
M78	第2层下	185	梯形竖穴土圹墓	2.3×(1.8~2)-0.6	2.3×(1.8~2)-1.4	0.8	双木棺	东：差 西：一般	东：头向南，面向西，不详 西：头向南，仰身直肢葬	东：不详 西：男	无	清
M79	第2层下	95	长方形竖穴土圹墓	2.4×1.12-0.6	2.4×1.12-1.4	0.8	单木棺	较差	不详	男	铜钱3	清

续表

墓号	层位	方向/(°)	形制	墓口 长×宽-深/米	墓底 长×宽-深/米	深度/米	葬具	人骨保存情况	头向、面向、葬式	墓主性别	随葬品	年代
M80	第2层下	10	长方形竖穴土圹墓	2.6×1.8-0.6	2.6×1.8-1.26	0.66	单木棺	较完整	头向北，面向上，仰身直肢葬	女	瓷罐1、铜钱1	清
M81	第2层下	265	长方形竖穴土圹墓	2.66×(1~1.1)-0.6	2.66×(1~1.1)-1.2	0.6	单木棺	较完整	头向西，面向南，仰身直肢葬	女	瓷罐1、银簪6、银耳环2、铜钱3	清
M82	第2层下	186	长方形竖穴土圹墓	3×1.12-0.6	3×1.12-1.3	0.7	单木棺	较差	头向南，面向北，葬式不详	不详	铜钱9	清
M83	第2层下	278	长方形竖穴土圹墓	2.66×1.28-0.6	2.66×1.28-1	0.4	单木棺	较完整	头向西，面向北，侧身直肢葬	女	瓷罐1、铜钱4	清
M84	第3层下	3	长方形竖穴土圹墓	2.8×1.8-1.3	2.8×1.8-2.6	1.3	双木棺	东：较完整 西：较完整	东：头向北，面向上，仰身直肢葬 西：头向北，面向东，仰身直肢葬	东：女 西：男	陶罐1、带盖釉陶罐1、铜簪1、铜钱14	明
M85	第2层下	180	梯形竖穴土圹墓	2.6×(1~1.2)-0.6	2.6×(1~1.2)-1.7	1.1	单木棺	较完整	头向南，面向东，侧身屈肢葬	男	瓷罐1、铜钱9	清

附表二 丰台西铁营明清墓地铜钱登记表

墓号	编号	钱面	出土位置	尺寸/厘米					背	字体	阅读方式	时代
				钱径	穿径	郭宽	郭厚	重量				
M1	M1:2-1	乾隆通宝	/	2.53	0.57	0.29	0.11	2.57	背穿左右为满文"宝源"	楷书	对读	清
	M1:2-2	乾隆通宝	/	2.46	0.50	0.28	0.14	2.44	背穿左右为满文"宝泉"	楷书	对读	清
M3	M3:2-1	康熙通宝	/	2.52	0.47	0.35	0.13	3.06	背穿左右为满文"宝泉"	楷书	对读	清
M4	M4:2-1	康熙通宝	/	2.38	0.56	0.35	0.14	3.20	背穿左右为满文"宝泉"	楷书	对读	清
	M4:2-2	康熙通宝	/	2.30	0.60	0.30	0.11	2.37	背穿左右为满文"宝源"	楷书	对读	清
M5	M5:1-1	康熙通宝	/	2.64	0.59	0.36	0.12	3.10	背穿左右为满文"宝源"	楷书	对读	清
M6	M6:1-1	万历通宝	/	2.57	0.52	0.30	0.13	3.90	光背	楷书	对读	明
	M6:1-2	万历通宝	/	2.47	0.54	0.28	0.12	2.76	光背	楷书	对读	明
	M6:1-3	乾隆通宝	/	2.48	0.48	0.32	0.14	3.64	背穿左右为满文"宝泉"	楷书	对读	清
M7	M7:3-1	开元通宝	/	2.46	0.65	0.18	0.12	3.21	光背	隶书	对读	唐
	M7:3-2	景德元宝	/	2.45	0.54	0.29	0.12	3.21	光背	楷书	旋读	宋
	M7:3-3	祥符元宝	/	2.47	0.57	0.28	0.11	3.90	光背	楷书	旋读	宋
	M7:3-4	天禧通宝	/	2.48	0.61	0.27	0.11	3.17	光背	楷书	旋读	宋
	M7:3-5	皇宋通宝	/	2.50	0.71	0.26	0.14	4.00	光背	篆书	对读	宋
	M7:3-6	皇宋通宝	/	2.41	0.65	0.28	0.14	4.09	光背	楷书	对读	宋
	M7:3-7	元丰通宝	/	2.50	0.62	0.30	0.15	4.54	光背	篆书	旋读	宋
	M7:3-8	元丰通宝	/	2.34	0.56	0.22	0.12	3.90	光背	楷书	旋读	宋
	M7:3-9	绍圣元宝	/	2.41	0.66	0.28	0.10	3.18	光背	篆书	旋读	宋
	M7:3-10	圣宋元宝	/	2.41	0.65	0.20	0.18	4.64	光背	篆书	旋读	宋
	M7:3-11	大定通宝	/	2.53	0.59	0.17	0.14	3.69	光背	楷书	对读	金
	M7:3-12	大定通宝	/	2.50	0.66	0.18	0.11	3.13	光背	楷书	对读	金
	M7:3-13	弘治通宝	/	2.46	0.51	0.23	0.12	3.54	光背	楷书	对读	明
	M7:3-14	隆庆通宝	/	2.55	0.56	0.27	0.15	4.18	光背	楷书	对读	明
	M7:3-15	隆庆通宝	/	2.54	0.54	0.27	0.16	4.86	光背	楷书	对读	明
	M7:3-16	万历通宝	/	2.51	0.53	0.26	0.16	4.45	光背	楷书	对读	明
	M7:3-17	万历通宝	/	2.54	0.52	0.35	0.16	4.95	光背	楷书	对读	明
	M7:3-18	嘉靖通宝	/	2.60	0.57	0.29	0.12	4.42	光背	楷书	对读	明
	M7:3-19	嘉靖通宝	/	2.53	0.51	0.26	0.13	4.48	光背	楷书	对读	明
M8	M8:1-1	康熙通宝	/	2.35	0.60	0.31	0.10	2.25	背穿左右为满文"宝源"	楷书	对读	清
	M8:1-2	康熙通宝	/	2.34	0.59	0.38	0.11	2.24	背穿左右为满文"宝源"	楷书	对读	清
M10	M10:3	康熙通宝	东棺	2.58	0.60	0.46	0.12	3.17	背穿左右为满文"宝泉"	楷书	对读	清
M16	M16:1-1	乾隆通宝	/	2.37	0.59	0.32	0.16	3.66	背穿左右为满文"宝源"	楷书	对读	清

续表

墓号	编号	钱面	出土位置	尺寸/厘米					背	字体	阅读方式	时代
				钱径	穿径	郭宽	郭厚	重量				
M18	M18：1-1	同治重宝	/	2.46	0.70	0.38	0.14	2.64	背穿左右为满文"宝泉"，上下汉字楷书"当十"	楷书	对读	清
	M18：1-2	宣统通宝	/	1.87	0.41	0.19	0.12	1.35	背穿左右为满文"宝泉"	楷书	对读	清
M19	M19：1	乾隆通宝	南棺	2.50	0.51	0.38	0.11	3.41	背穿左右为满文"宝泉"	楷书	对读	清
M21	M21：1-1	光绪重宝	/	3.00	0.56	0.47	0.20	6.33	背穿左右为满文"宝泉"，上下汉字楷书"当十"	楷书	对读	清
M24	M24：1	康熙通宝	西棺	2.60	0.61	0.45	0.12	3.43	背穿左右为满文"宝泉"	楷书	对读	清
M25	M25：3-1	乾隆通宝	/	2.27	0.56	0.32	0.16	3.00	背穿左右为满文"宝直"	楷书	对读	清
M26	M26：1-1	康熙通宝	/	2.31	0.56	0.36	0.11	2.22	背穿左右为满文"宝泉"	楷书	对读	清
	M26：1-2	康熙通宝	/	2.27	0.54	0.31	0.11	2.53	背穿左右为满文"宝泉"	楷书	对读	清
M28	M28：1-1	康熙通宝	/	2.32	0.51	0.32	0.11	2.50	背穿左右为满文"宝泉"	楷书	对读	清
M29	M29：1-1	康熙通宝	/	2.29	0.54	0.31	0.11	2.62	背穿左右为满文"宝泉"	楷书	对读	清
	M29：1-2	康熙通宝	/	2.53	0.65	0.44	0.14	3.76	背穿左右为满文"宝泉"	楷书	对读	清
M38	M38：2-1	康熙通宝	/	2.36	0.60	0.29	0.11	2.20	背穿左右为满文"宝源"	楷书	对读	清
	M38：2-2	乾隆通宝	/	2.22	0.55	0.31	0.13	2.74	背穿左右为满文"宝泉"	楷书	对读	清
M40	M40：1-1	乾隆通宝	/	2.33	0.53	0.29	0.15	3.80	背穿左右为满文"宝泉"	楷书	对读	清
M42	M42：1-1	康熙通宝	/	2.36	0.52	0.33	0.11	2.63	背穿左右为满文"宝源"	楷书	对读	清
	M42：1-2	康熙通宝	/	2.33	0.49	0.31	0.10	2.30	背穿左右为满文"宝源"	楷书	对读	清
M45	M45：1-1	乾隆通宝	/	2.31	0.53	0.32	0.13	3.05	背穿左右为满文"宝泉"	楷书	对读	清
	M45：1-2	乾隆通宝	/	2.34	0.57	0.32	0.20	3.06	背穿左右为满文"宝源"	楷书	对读	清
	M45：1-3	乾隆通宝	/	2.35	0.60	0.32	0.13	3.74	背穿左右为满文"宝源"	楷书	对读	清
M48	M48：1-1	康熙通宝	/	2.30	0.56	0.35	0.11	2.00	背穿左右为满文"宝源"	楷书	对读	清
M52	M52：1-1	康熙通宝	/	2.69	0.59	0.43	0.13	3.79	背穿左右为满文"宝源"	楷书	对读	清
M53	M53：1	康熙通宝	/	2.22	0.57	0.29	0.10	2.00	背穿左右为满文"宝泉"	楷书	对读	清
M55	M55：2	康熙通宝	东棺	2.31	0.52	0.30	0.12	2.74	背穿左右为满文"宝泉"	楷书	对读	清
M58	M58：3	乾隆通宝	/	2.36	0.54	0.35	0.16	3.26	背穿左右为满文"宝泉"	楷书	对读	清
M62	M62：1-1	乾隆通宝	西棺	2.22	0.54	0.26	0.15	3.43	背穿左右为满文"宝源"	楷书	对读	清
	M62：1-2	乾隆通宝	西棺	2.49	0.58	0.37	0.12	2.78	背穿左右为满文"宝昌"	楷书	对读	清
	M62：1-3	嘉庆通宝	西棺	2.54	0.55	0.37	0.12	3.82	背穿左右为满文"宝源"	楷书	对读	清
	M62：1-4	嘉庆通宝	西棺	2.41	0.60	0.24	0.13	3.42	背穿左右为满文"宝泉"	楷书	对读	清
	M62：1-5	嘉庆通宝	西棺	2.28	0.58	0.31	0.16	4.13	背穿左右为满文"宝源"	楷书	对读	清
	M62：1-6	道光通宝	西棺	2.47	0.60	0.38	0.14	3.52	背穿左右为满文"宝源"	楷书	对读	清
	M62：1-7	道光通宝	西棺	2.41	0.60	0.32	0.15	3.73	背穿左右为满文"宝泉"	楷书	对读	清
	M62：1-8	道光通宝	西棺	2.46	0.52	0.33	0.18	4.70	背穿左右为满文"宝泉"	楷书	对读	清

续表

墓号	编号	钱面	出土位置	尺寸/厘米					背	字体	阅读方式	时代
				钱径	穿径	郭宽	郭厚	重量				
M63	M63：2-1	康熙通宝	/	2.32	0.54	0.34	0.11	2.75	背穿左右为满文"宝泉"	楷书	对读	清
M64	M64：2-1	康熙通宝	南棺	2.57	0.65	0.43	0.11	2.66	背穿左右为满文"宝泉"	楷书	对读	清
	M64：5-1	康熙通宝	北棺	2.34	0.55	0.29	0.12	3.01	背穿左右为满文"宝泉"	楷书	对读	清
	M64：5-2	康熙通宝	北棺	2.68	0.58	0.40	0.12	4.22	背穿左右为满文"宝泉"	楷书	对读	清
	M64：5-3	康熙通宝	北棺	2.66	0.64	0.53	0.14	5.00	背穿左右为满文"宝源"	楷书	对读	清
	M64：5-4	康熙通宝	北棺	2.60	0.54	0.48	0.13	4.74	背穿左右为满文"宝源"	楷书	对读	清
	M64：5-5	康熙通宝	北棺	2.69	0.63	0.37	0.12	4.51	背穿左右为满文"宝源"	楷书	对读	清
	M64：5-6	康熙通宝	北棺	2.60	0.55	0.48	0.13	4.83	背穿左右为满文"宝泉"	楷书	对读	清
M65	M65：3-1	康熙通宝	北馆	2.60	0.59	0.48	0.12	2.95	背穿左右为满文"宝泉"	楷书	对读	清
	M65：3-2	乾隆通宝	北馆	2.40	0.57	0.35	0.14	3.81	背穿左右为满文"宝泉"	楷书	对读	清
	M65：3-3	乾隆通宝	北馆	2.50	0.52	0.35	0.12	4.01	背穿左右为满文"宝源"	楷书	对读	清
	M65：3-4	乾隆通宝	北馆	2.46	0.56	0.38	0.14	4.00	背穿左右为满文"宝泉"	楷书	对读	清
M67	M67：2-1	天圣元宝	/	2.53	0.68	0.28	0.11	3.41	光背	楷书	旋读	宋
M68	M68：2-1	康熙通宝	西棺	2.23	0.59	0.30	0.08	1.39	背穿左右为满文"宝泉"	楷书	对读	清
M69	M69：3-1	康熙通宝	西棺	2.58	0.55	0.49	0.14	3.60	背面锈蚀较甚，字迹模糊不清	楷书	对读	清
	M69：3-2	康熙通宝	西棺	2.54	0.68	0.40	0.10	2.60	背穿左右为满文"宝泉"	楷书	对读	清
	M69：3-3	康熙通宝	西棺	2.56	0.57	0.47	0.13	3.63	背穿左右为满文"宝源"	楷书	对读	清
	M69：3-4	雍正通宝	西棺	2.66	0.59	0.42	0.13	3.11	背面锈蚀较甚，字迹模糊不清	楷书	对读	清
M70	M70：1-1	康熙通宝	西棺	2.36	0.48	0.34	0.11	2.63	背穿左右为满文"宝源"	楷书	对读	清
	M70：1-2	康熙通宝	西棺	2.32	0.50	0.34	0.12	2.80	背穿左右为满文"宝泉"	楷书	对读	清
	M70：2-1	康熙通宝	东棺	2.37	0.60	0.36	0.11	1.62	背穿左右为满文"宝泉"	楷书	对读	清
	M70：2-2	康熙通宝	东棺	2.35	0.56	0.41	0.14	3.41	背穿左右为满文"宝川"	楷书	对读	清
M73	M73：3-1	乾隆通宝	北棺	2.38	0.56	0.36	0.12	2.56	背穿左右为满文"宝泉"	楷书	对读	清
M74	M74：1-1	康熙通宝	/	2.34	0.52	0.25	0.13	2.97	背穿左右为满文"宝泉"	楷书	对读	清
M79	M79：1-1	大定通宝	/	2.51	0.66	0.20	0.11	2.77	背下铸汉文楷书双横"西"	楷书	对读	金
M81	M81：2-1	皇宋通宝	/	2.54	0.69	0.24	0.14	4.01	光背	楷书	对读	宋
M82	M82：1-1	乾隆通宝	/	2.22	0.59	0.29	0.15	3.38	背穿左右为满文"宝泉"	楷书	对读	清
	M82：1-2	嘉庆通宝	/	2.30	0.65	0.26	0.14	3.52	背穿左右为满文"宝泉"	楷书	对读	清
	M82：1-3	嘉庆通宝	/	2.27	0.62	0.25	0.14	3.40	背穿左右为满文"宝源"	楷书	对读	清
M83	M83：2-1	康熙通宝	/	2.62	0.63	0.46	0.13	4.12	背穿左右为满文"宝源"	楷书	对读	清
	M83：2-2	康熙通宝	/	2.75	0.62	0.40	0.12	3.50	背穿左右为满文"宝泉"	楷书	对读	清

续表

墓号	编号	钱面	出土位置	尺寸/厘米					背	字体	阅读方式	时代
				钱径	穿径	郭宽	郭厚	重量				
M84	M84：2-1	开元通宝	/	2.27	0.62	0.23	0.11	2.94	光背	隶书	对读	唐
	M84：2-2	至和元宝	/	2.31	0.57	0.32	0.13	3.00	光背	楷书	旋读	宋
	M84：2-3	绍圣元宝	/	2.44	0.57	0.25	0.16	3.34	光背	行书	旋读	宋
	M84：5-1	元丰通宝	/	2.33	0.68	0.26	0.09	2.28	光背	行书	旋读	宋
	M84：5-2	元丰通宝	/	2.31	0.64	0.26	0.09	2.28	光背	行书	旋读	宋
M85	M85：2-1	康熙通宝	/	2.36	0.56	0.35	0.12	3.15	背穿左右为满文"宝泉"	楷书	对读	清
	M85：2-2	康熙通宝	/	2.32	0.53	0.36	0.10	3.06	背穿左右为满文"宝源"	楷书	对读	清
	M85：2-3	康熙通宝	/	2.37	0.57	0.38	0.13	2.62	背穿左右为满文"宝源"	楷书	对读	清
	M85：2-4	康熙通宝	/	2.25	0.55	0.26	0.12	2.47	背穿左右为满文"宝源"	楷书	对读	清

后 记

2023年初，北京市考古研究院正式启动"春雷行动"，目的在于迅速、有效地解决多年来考古院积压的未整理报告。作为一名北京考古人，完成积压报告的整理与出版，既是院里的一项工作要求，更是一种使命在肩的责任。2023年，我在完成《顺义临河清代墓地考古发掘报告》之后，又马不停蹄地投入到丰台西铁营墓地资料的整理工作中，直到2024年底完成报告的编写。梦虽遥，追则能达；愿虽艰，持则可圆。我们一直在前进的路上！

丰台西铁营墓地在发掘、资料整理和报告编写过程中，得到了北京市考古研究院领导及同事们的大力支持，是考古院集体劳动的成果。首先要感谢北京市考古研究院郭京宁院长、魏永鑫副院长、张中华副院长的关心和支持；其次要感谢综合业务部曾祥江老师、卜彦博老师在资料整理的协调工作中付出的诸多辛苦；再次要感谢文献资料研究部同事们在报告整理过程中对我的帮助；最后要感谢科学出版社王光明先生为报告的编辑与出版工作付出的辛勤劳动。

在本报告即将付梓之际，谨向所有为这本报告付出劳动的同志致以最诚挚的感谢！

本报告由申红宝执笔。

申红宝
2025年1月

图版一

1. 勘探工作现场

2. 勘探工作现场

勘探工作现场

图版二

1. 发掘工作现场

2. 发掘工作现场

发掘工作现场

图版三

1. M7

2. M84

明代墓葬M7、M84

图版四

1. M1

2. M2

清代单棺墓葬 M1、M2

1. M3

2. M4

清代单棺墓葬M3、M4

图版六

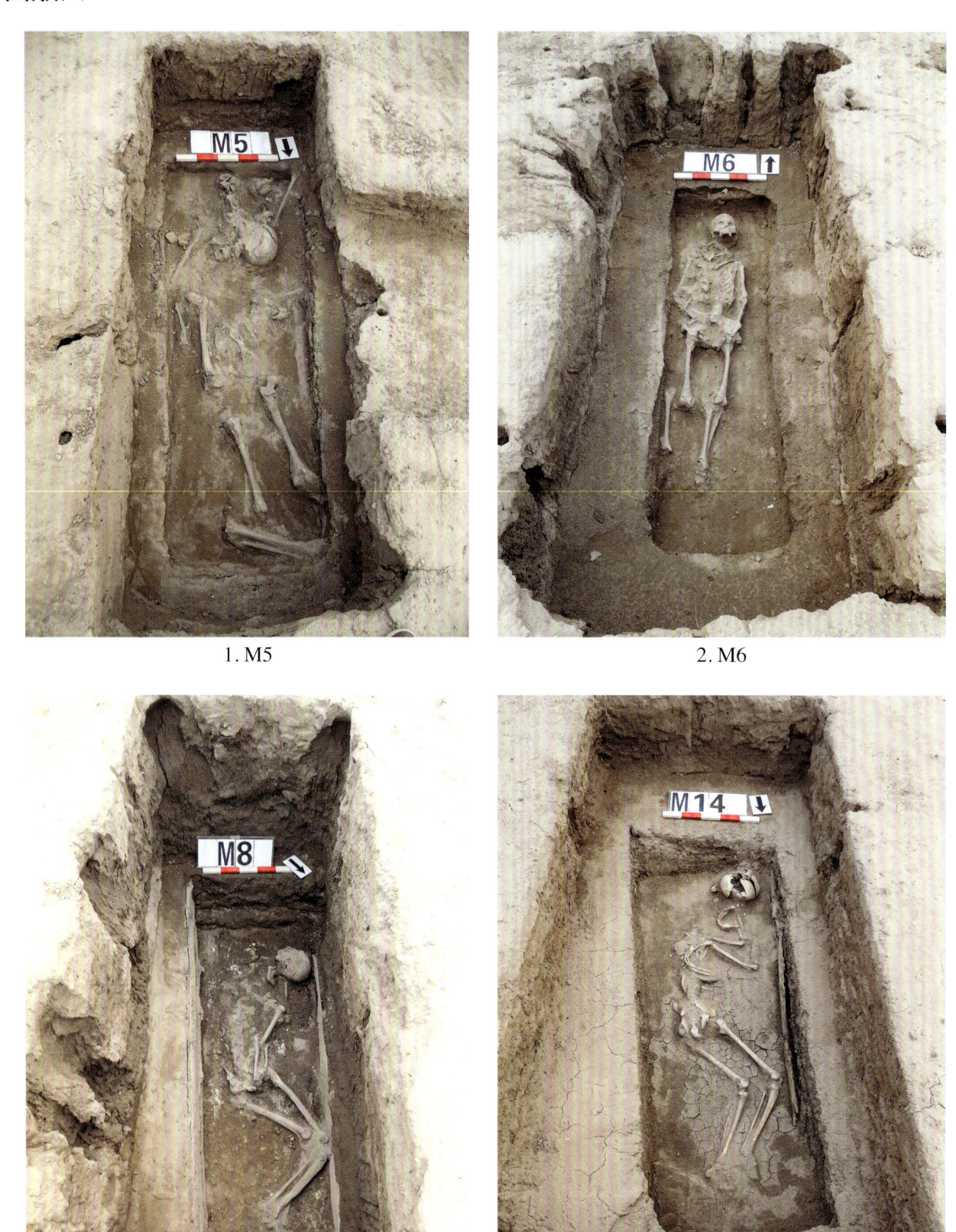

1. M5
2. M6
3. M8
4. M14

清代单棺墓葬M5、M6、M8、M14

图版七

1. M15

2. M17

3. M20

4. M21

清代单棺墓葬M15、M17、M20、M21

图版八

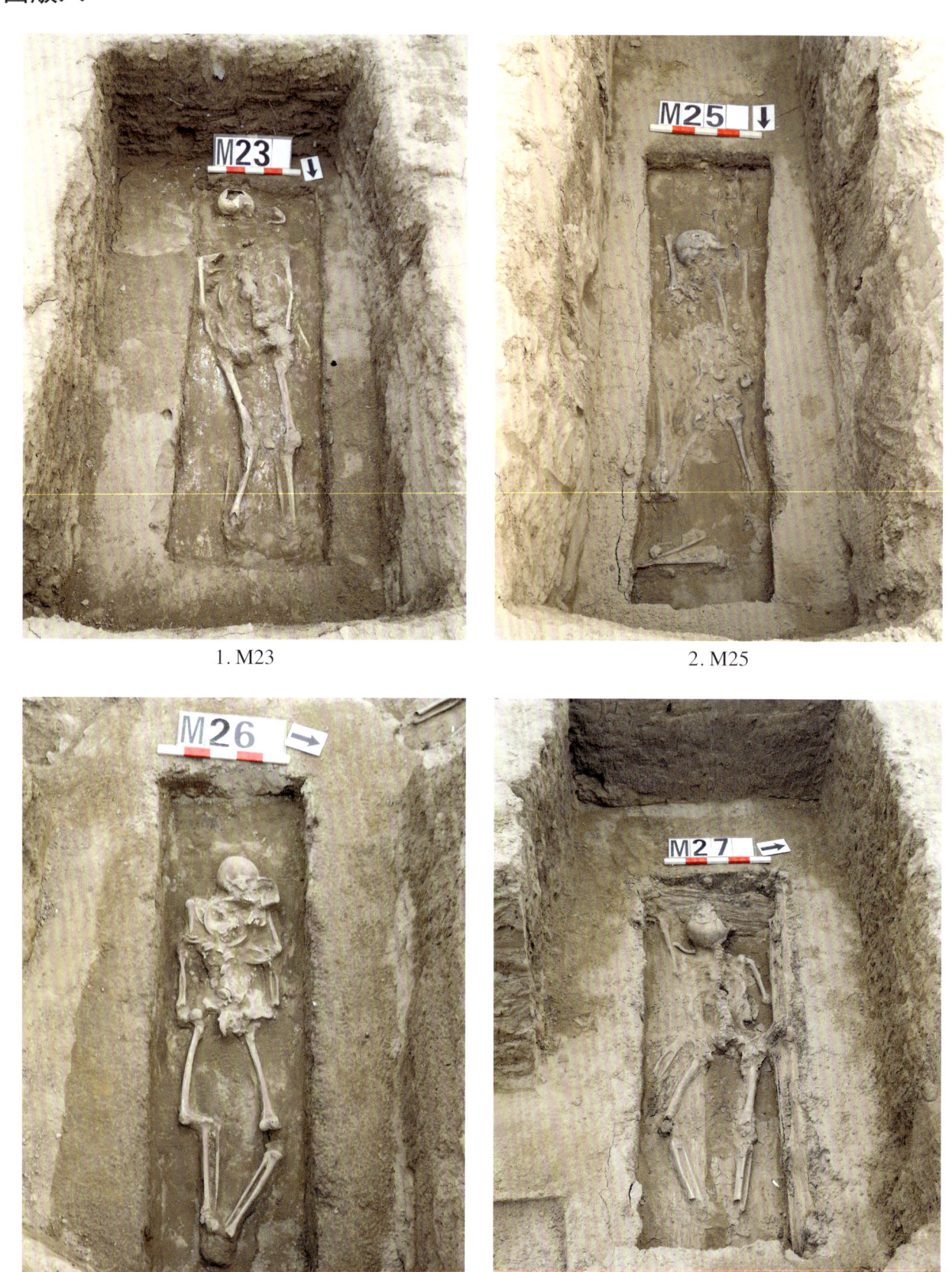

1. M23

2. M25

3. M26

4. M27

清代单棺墓葬M23、M25～M27

图版九

1. M28

2. M29

3. M30

4. M31

清代单棺墓葬 M28～M31

图版一〇

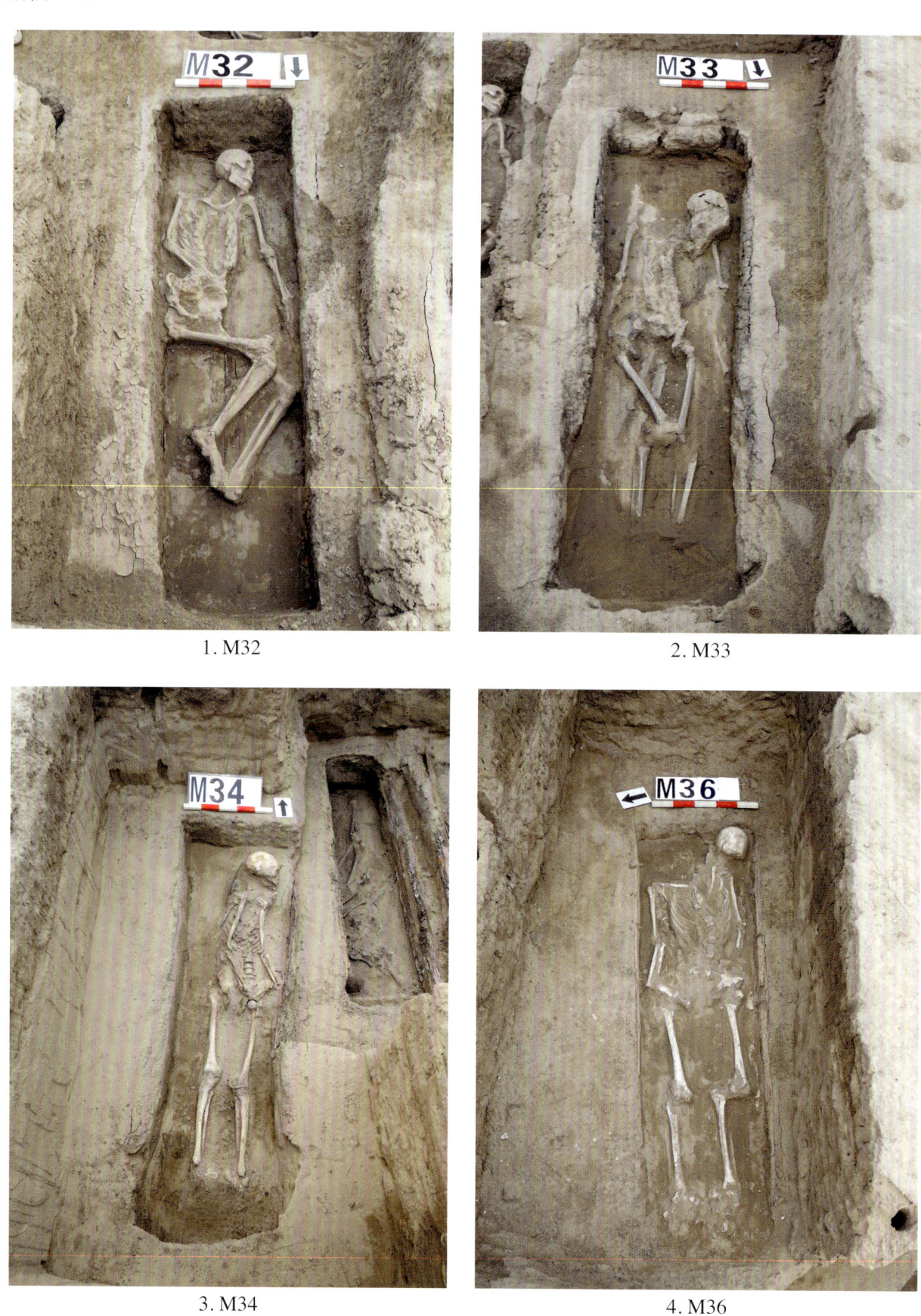

1. M32
2. M33
3. M34
4. M36

清代单棺墓葬M32～M34、M36

图版一一

1. M37

2. M38

3. M39

4. M40

清代单棺墓葬 M37～M40

图版一二

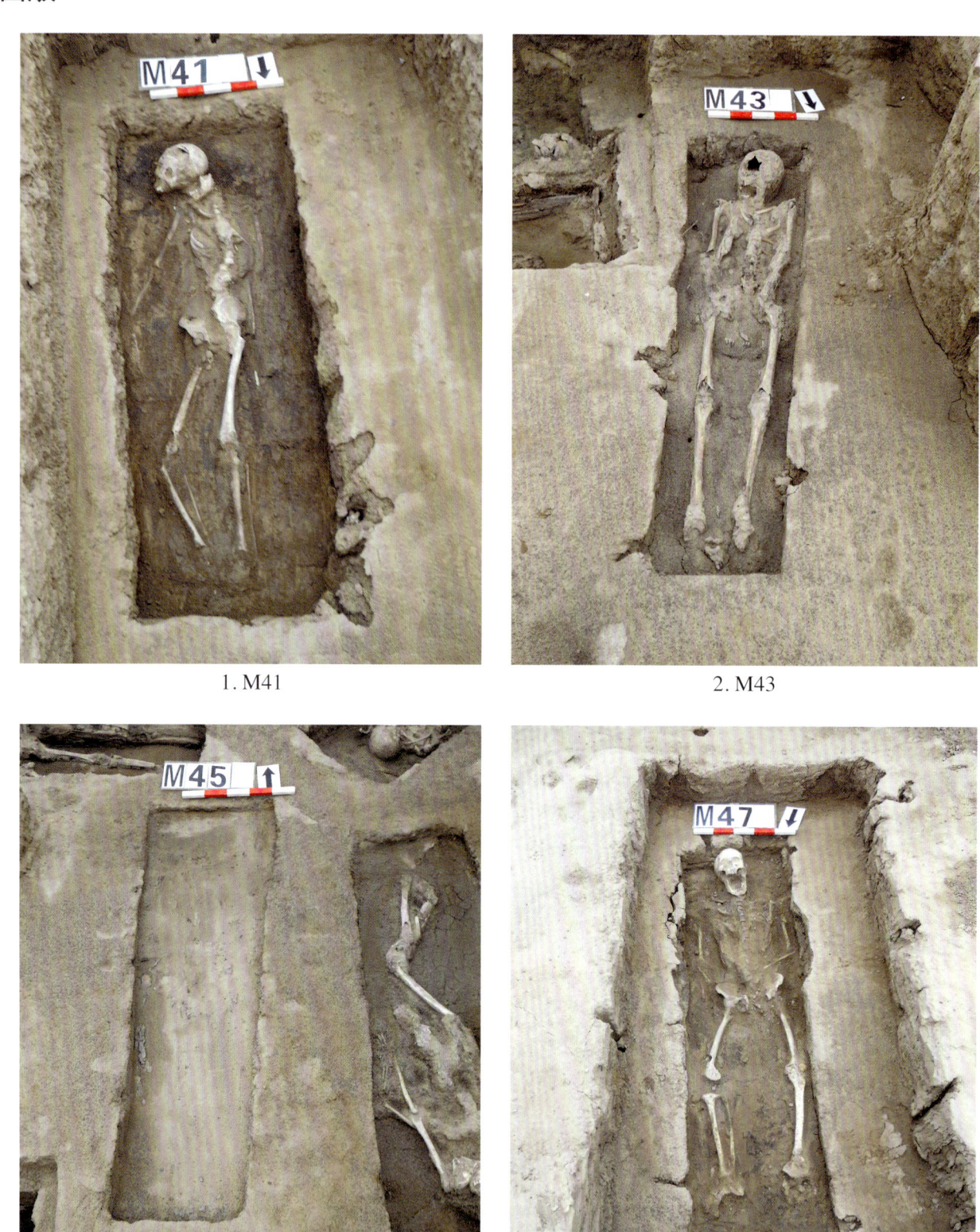

1. M41

2. M43

3. M45

4. M47

清代单棺墓葬M41、M43、M45、M47

图版一三

1. M48
2. M51
3. M52
4. M53

清代单棺墓葬M48、M51～M53

图版一四

1. M54

2. M56

3. M57

4. M58

清代单棺墓葬M54、M56~M58

图版一五

1. M59

2. M63

3. M67

4. M74

清代单棺墓葬 M59、M63、M67、M74

图版一六

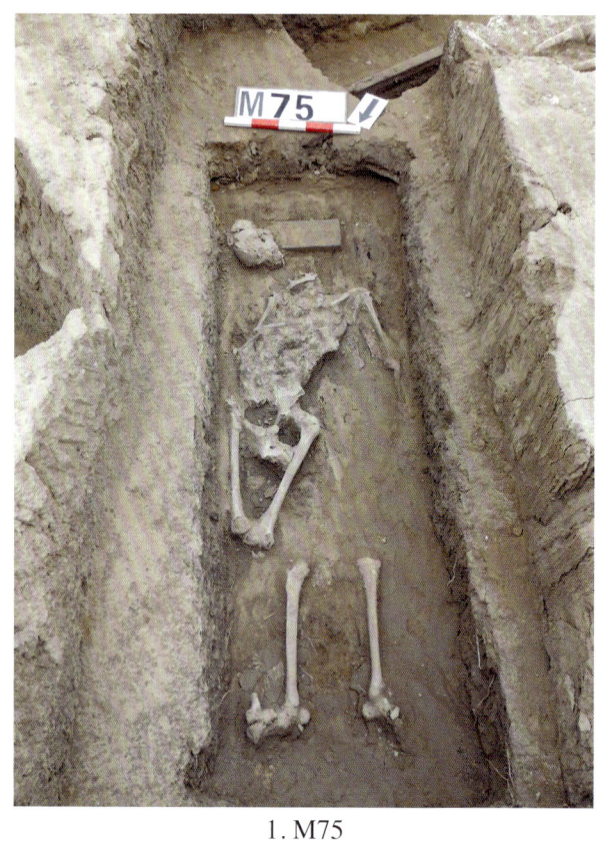

1. M75

2. M76

3. M77

4. M79

清代单棺墓葬M75～M77、M79

图版一七

1. M80

2. M81

3. M82

清代单棺墓葬M80~M82

图版一八

1. M83

2. M85

清代单棺墓葬M83、M85

图版一九

1. M9

2. M10

清代双棺墓葬M9、M10

图版二〇

1. M11

2. M12

清代双棺墓葬M11、M12

图版二一

1. M16

2. M18

清代双棺墓葬M16、M18

图版二二

1. M19

2. M22

清代双棺墓葬M19、M22

图版二三

1. M24

2. M35

3. M44

清代双棺墓葬M24、M35、M44

图版二四

1. M49

2. M50

清代双棺墓葬M49、M50

图版二五

1. M55

2. M60

清代双棺墓葬M55、M60

图版二六

1. M61

2. M62

清代双棺墓葬M61、M62

图版二七

1. M64

2. M66

3. M68

清代双棺墓葬 M64、M66、M68

图版二八

1. M69

2. M70

清代双棺墓葬M69、M70

1. M71

2. M72

清代双棺墓葬M71、M72

图版三〇

1. M73

2. M78

清代双棺墓葬M73、M78

图版三一

1. M13

2. M42

清代三棺墓葬M13、M42

图版三二

清代三棺墓葬 M65

图版三三

1. 瓷瓶（M7:1）

2. 瓷碗（M7:2）

3. 带盖釉陶罐（M84:1）

4. 铜簪（M84:3）

5. 陶罐（M84:4）

明代墓葬随葬器物

图版三四

1. 釉陶罐（M1∶1）

2. 釉陶罐（M2∶1）

3. 铜簪（M3∶1）

清代单棺墓葬随葬器物

图版三五

1. 铜簪（M3∶3）

2. 釉陶罐（M4∶1）

3. 银簪（M14∶1-1）

4. 银簪（M14∶1-2）

清代单棺墓葬随葬器物

图版三六

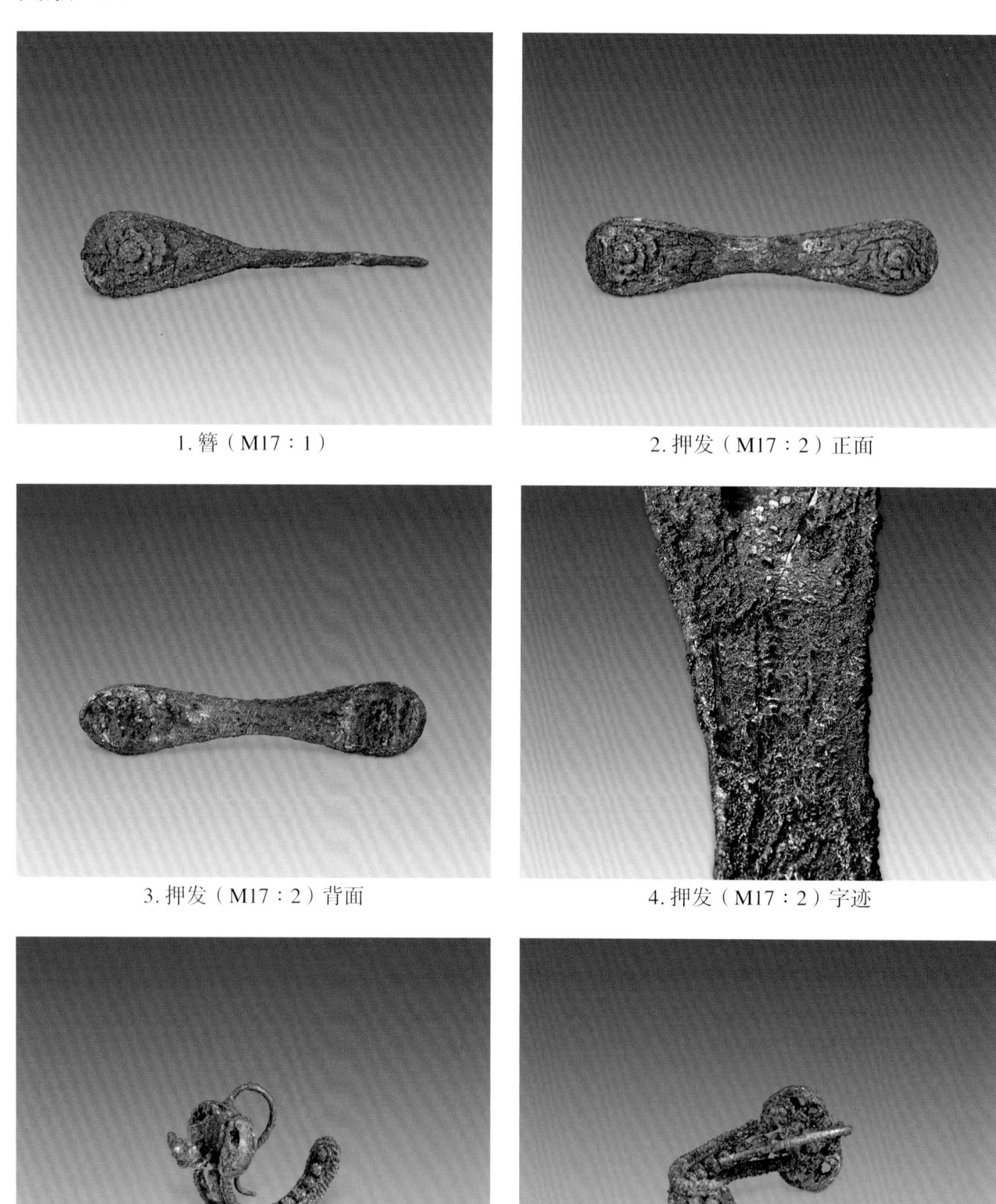

1. 簪（M17∶1）

2. 押发（M17∶2）正面

3. 押发（M17∶2）背面

4. 押发（M17∶2）字迹

5. 耳环（M21∶2）

6. 耳环（M21∶2）

清代单棺墓葬随葬银器

图版三七

1. 骨簪（M21∶3-1）

2. 骨簪（M21∶3-2）

3. 银护甲（M21∶4-1）

4. 银护甲（M21∶4-2）

清代单棺墓葬随葬器物

图版三八

1. 釉陶罐（M25∶1）
2. 铜烟锅（M25∶2） 
3. 陶罐（M27∶1） 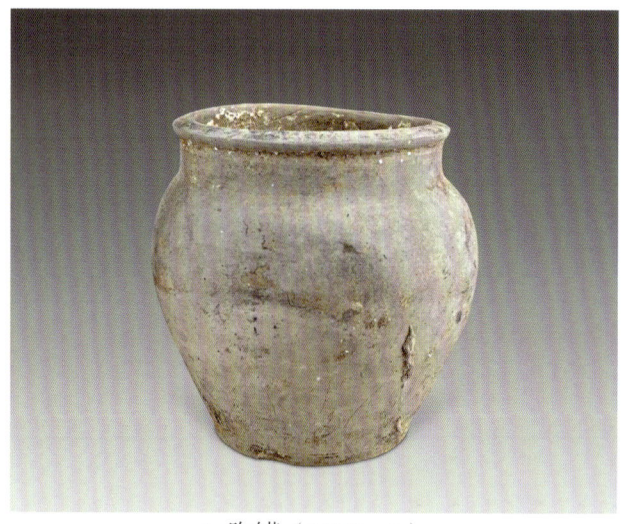
4. 银扁方（M27∶3） 
5. 银扁方（M27∶3）局部 
6. 银扁方（M27∶3）字迹 

清代单棺墓葬随葬器物

图版三九

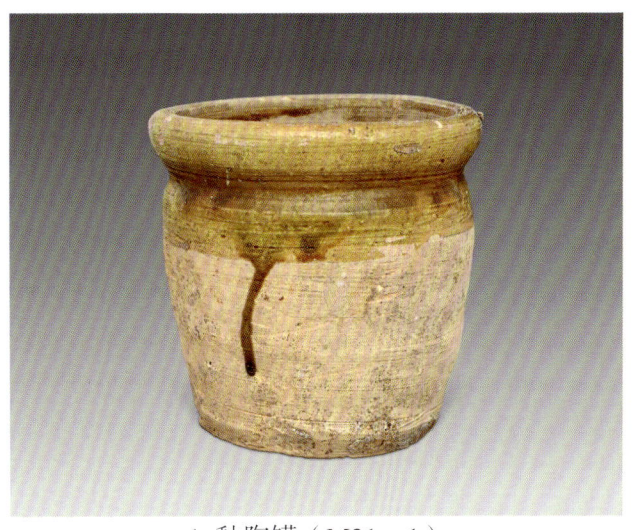

1. 釉陶罐（M31:1）

2. 陶罐（M33:1）

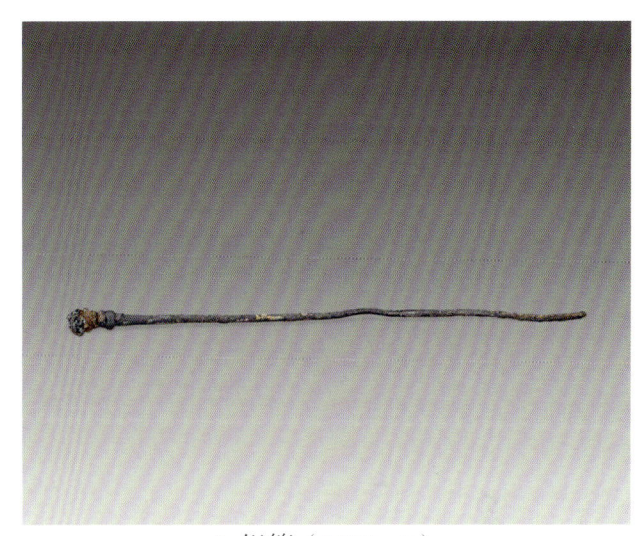

3. 银簪（M33:2）

4. 银押发（M33:3）

5. 银押发（M33:3）字迹

清代单棺墓葬随葬器物

图版四〇

1. 侧面

2. 侧面

3. 侧面

4. 侧面

5. 内底

6. 外底

清代单棺墓葬随葬青花瓷瓶（M34∶1）

图版四一

1. 釉陶罐（M38∶1）

2. 银耳环（M40∶2）

3. 陶罐（M41∶1）

清代单棺墓葬随葬器物

图版四二

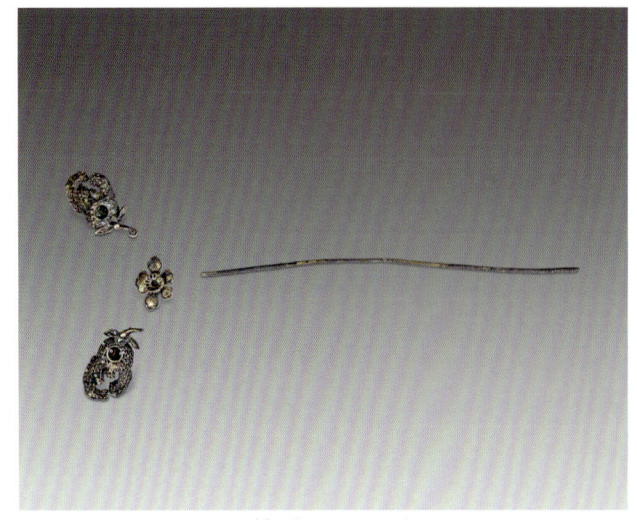

1. 簪（M41∶2）

2. 耳环（M41∶3）

3. 耳环（M41∶3）

4. 扁方（M41∶5）

5. 扁方（M41∶5）局部

6. 扁方（M41∶5）字迹

清代单棺墓葬随葬银器

图版四三

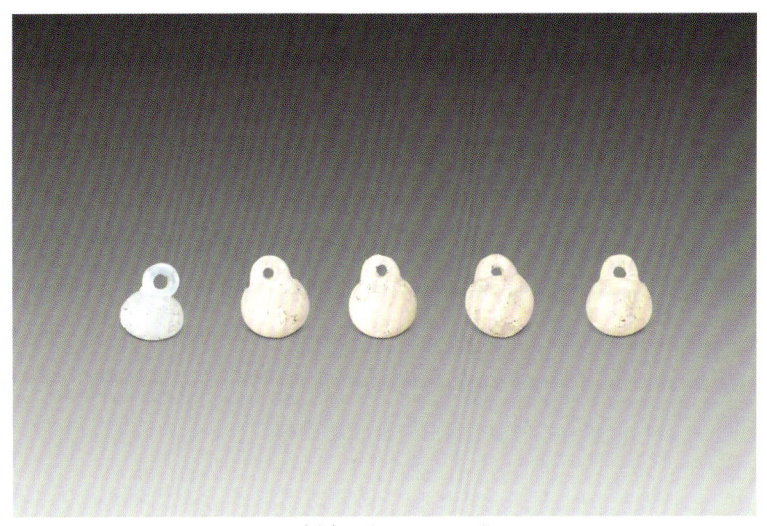

1. 料扣（M43∶2）

2. 釉陶罐（M51∶1）

3. 银簪（M57∶1）

清代单棺墓葬随葬器物

图版四四

1. 瓷罐（M58：1）

2. 瓷罐（M58：2）

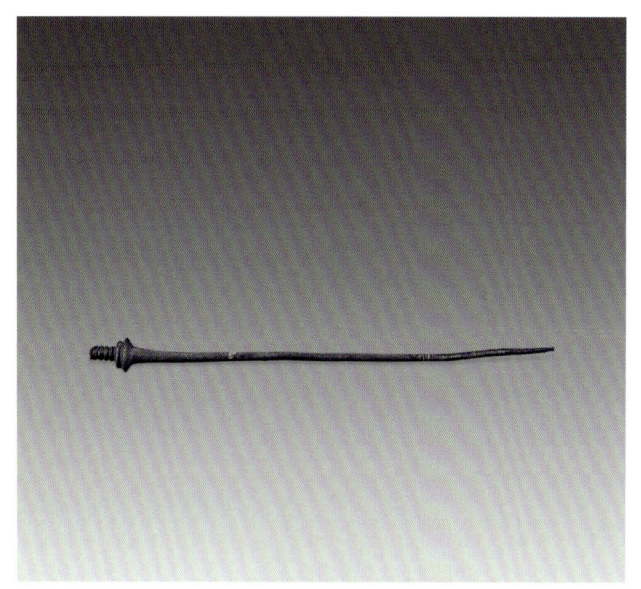

3. 银簪（M58：4）

4. 瓷罐（M63：1）

5. 铜簪（M67：1）

清代单棺墓葬随葬器物

图版四五

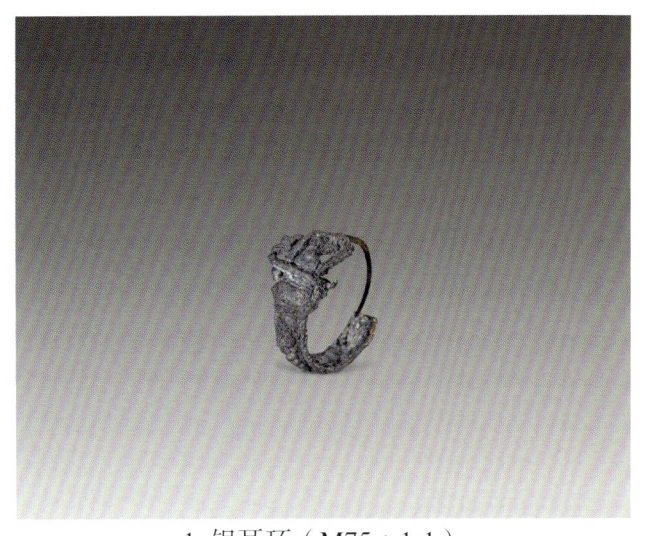

1. 银耳环（M75∶1-1）

2. 银耳环（M75∶1-2）

3. 骨簪（M75∶2-1）

4. 骨簪（M75∶2-2）

清代单棺墓葬随葬器物

图版四六

1. 铜耳勺（M77∶1）

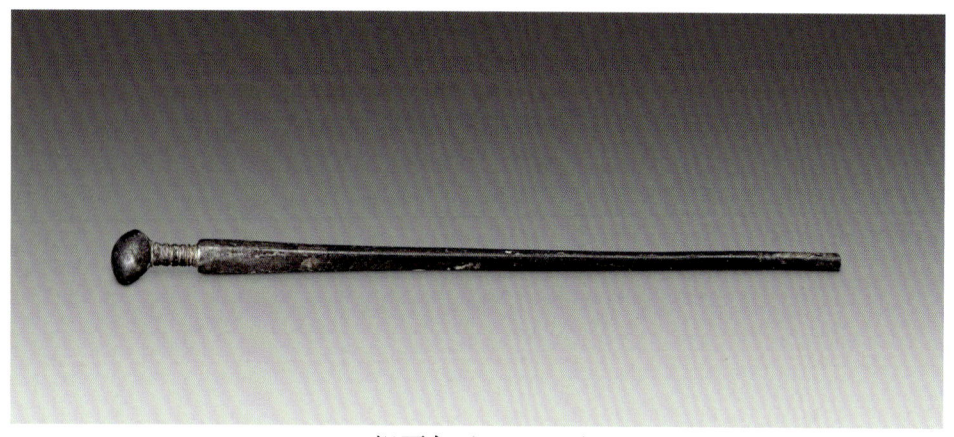

2. 银耳勺（M77∶2）

3. 瓷罐（M80∶1）

4. 瓷罐（M81∶1）

清代单棺墓葬随葬器物

图版四七

1. 耳环（M81：3-1、M81：3-2）

2. 簪（M81：4-1）

3. 簪（M81：4-2）

清代单棺墓葬随葬银器

图版四八

1. M81∶5-1

2. M81∶5-2

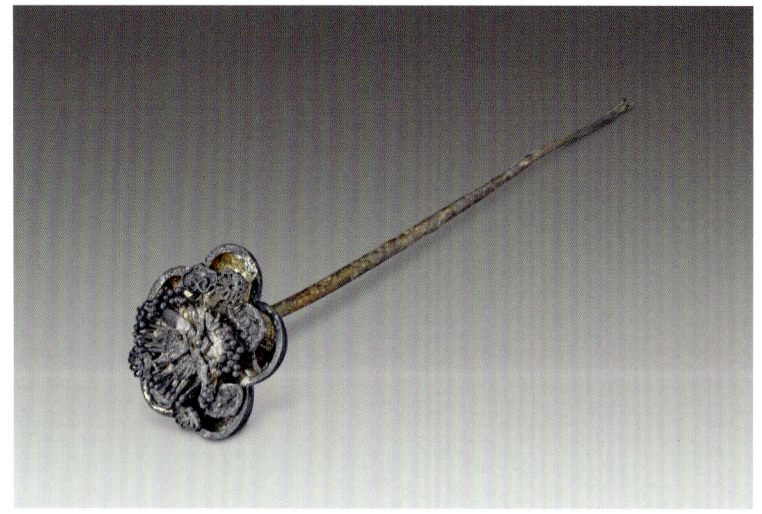

3. M81∶6-1

清代单棺墓葬随葬银簪

1. 银簪（M81：6-2）

2. 瓷罐（M83：1）

3. 瓷罐（M85：1）

清代单棺墓葬随葬器物

图版五〇

1. 釉陶罐（M10∶1）

2. 釉陶罐（M10∶2）

3. 釉陶罐（M11∶1）

4. 陶罐（M12∶1）

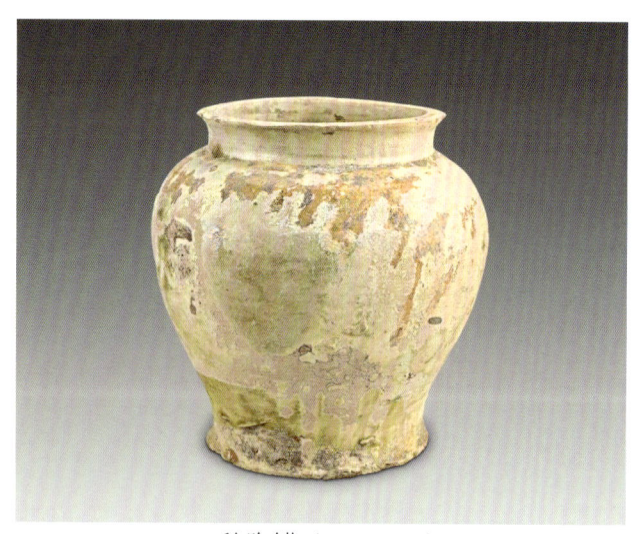

5. 釉陶罐（M12∶2）

清代双棺墓葬随葬陶器

图版五一

1. 耳环（M12∶3-1、M12∶3-2）

2. 簪（M12∶4）

3. 簪（M12∶4）字迹

清代双棺墓葬随葬银器

图版五二

1. 正面

2. 背面

3. 字迹

清代双棺墓葬随葬银押发（M12∶5）

图版五三

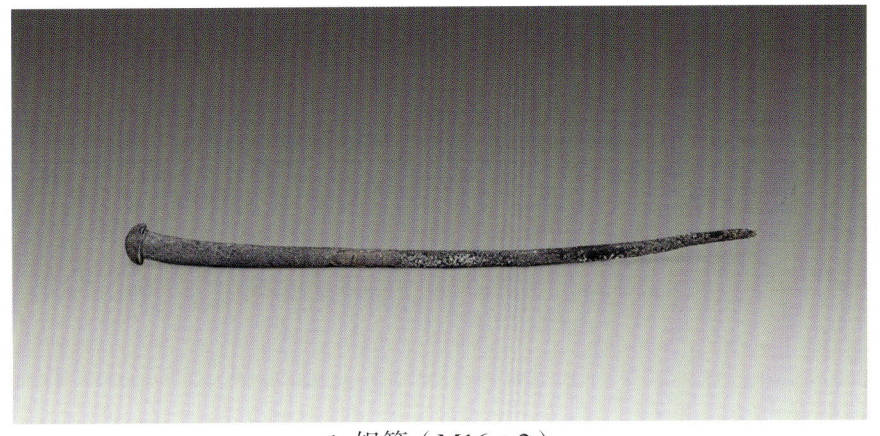

1. 银簪（M16:2）

2. 铜烟锅（M16:3）

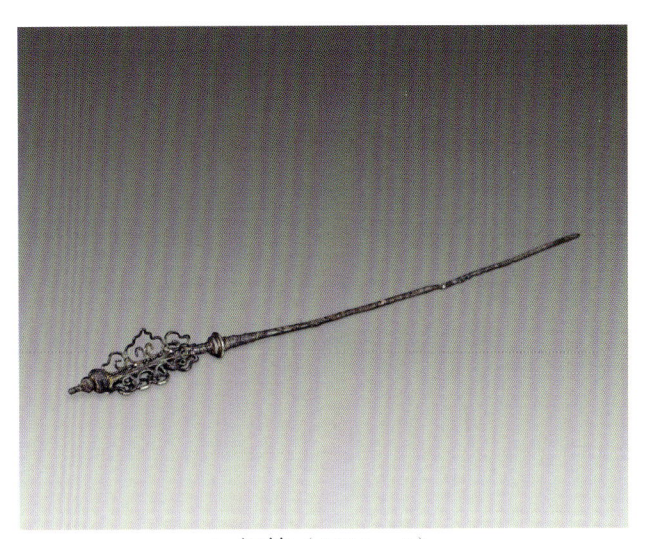

3. 银簪（M16:4）

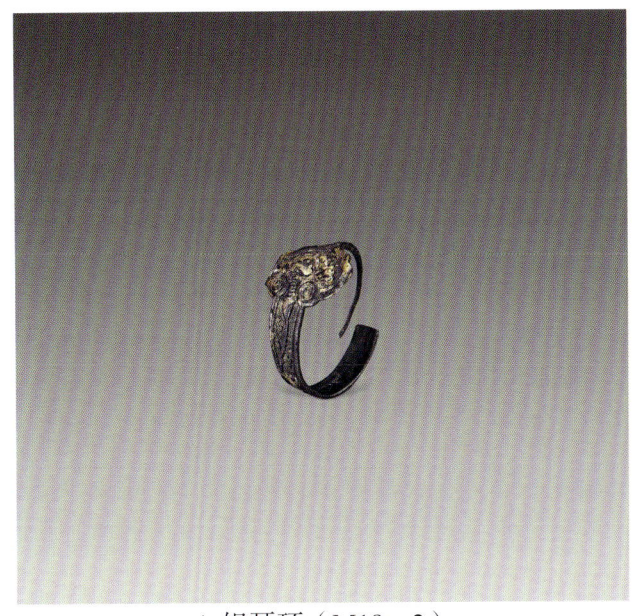

4. 银耳环（M18:2）

5. 釉陶罐（M22:1）

清代双棺墓葬随葬器物

图版五四

1. 侧面

2. 侧面 　　　3. 侧面

4. 顶面 　　　5. 外底

清代双棺墓葬随葬青花瓷罐（M35∶1）

图版五五

1. 瓷罐（M50∶1）

2. 瓷罐（M50∶3）

3. 瓷罐（M55∶1）

4. 瓷罐（M55∶3）

5. 釉陶罐（M60∶1）

清代双棺墓葬随葬器物

图版五六

1. 簪（M60:2）正面

2. 簪（M60:2）背面

3. 簪（M60:2）字迹

4. 戒指（M60:3）

5. 押发（M60:4）

6. 押发（M60:4）局部

清代双棺墓葬随葬银器

图版五七

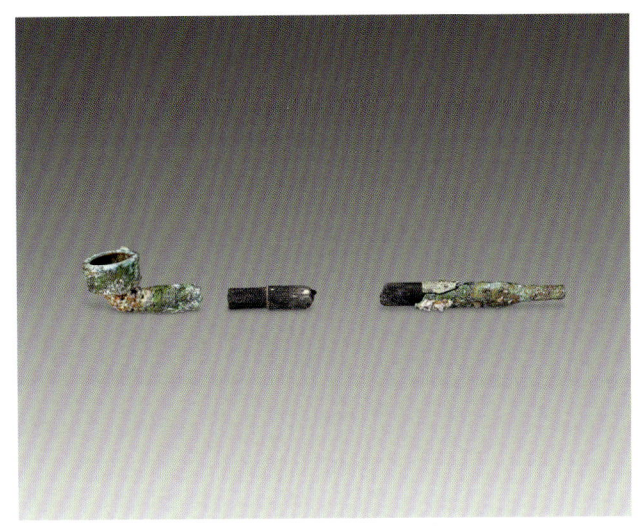

1. 铜烟袋（M62：2）

2. 釉陶罐（M64：1）

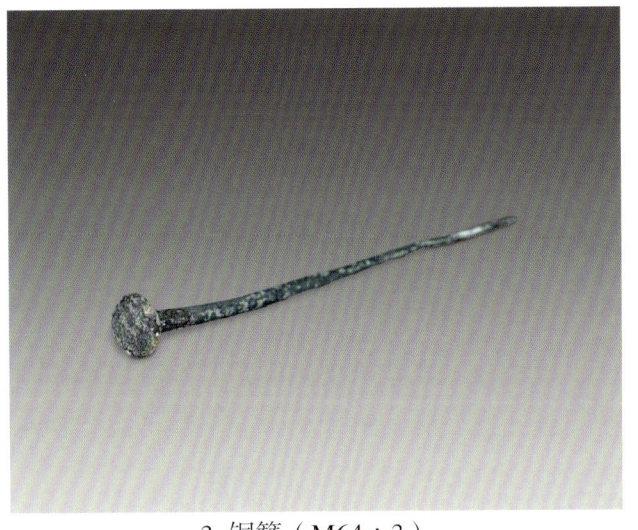

3. 铜簪（M64：3）

4. 釉陶罐（M64：4）

5. 骨簪（M64：6）

6. 瓷罐（M66：1）

清代双棺墓葬随葬器物

图版五八

1. 釉陶罐（M68:1）

2. 釉陶罐（M68:3）

3. 釉陶罐（M69:1）

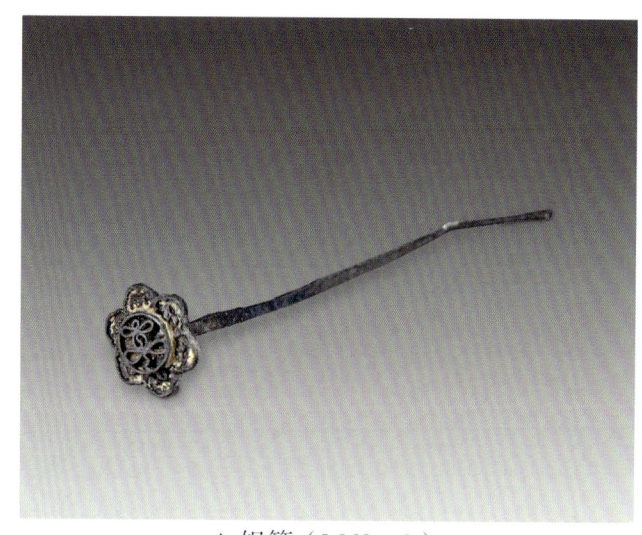

4. 银簪（M69:2）

5. 银簪（M69:4）

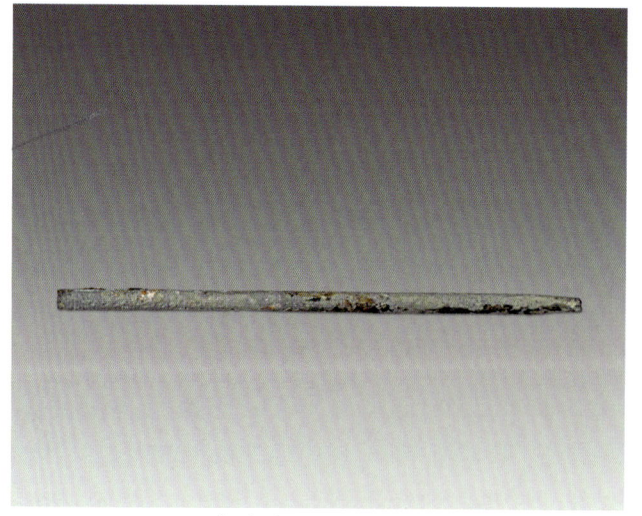

6. 铜烟杆（M70:3）

清代双棺墓葬随葬器物

图版五九

1. 铜烟杆（M70:4）

2. 铜烟杆（M70:5）

3. 银耳环（M70:6）

4. 釉陶罐（M71:1）

5. 陶罐（M72:1）

6. 釉陶罐（M72:2）

清代双棺墓葬随葬器物

图版六〇

1. 釉陶罐（M73∶1）

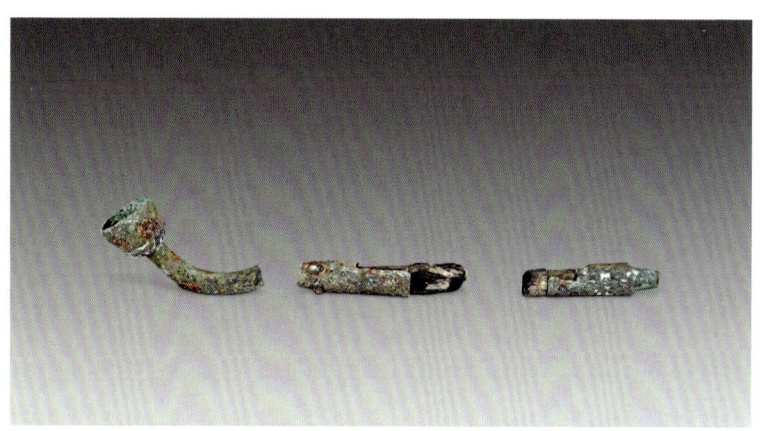

2. 铜烟袋（M73∶2）

3. 釉陶罐（M65∶1）

清代双棺、三棺墓葬随葬器物